Sabine Asgodom (Hrsg.)
Generation Erfolg

Sabine Asgodom
(Hrsg.)

GENERATION
ERFOLG

So entwickeln Sie
Persönlichkeit

Kösel

Copyright © 2010 Kösel-Verlag, München,
in der Verlagsgruppe Random House GmbH
Umschlag: Kaselow Design, München
Umschlagfotos: siehe Fotonachweis bei den Fragebögen
am Ende der einzelnen Autorinnenbeiträge
Druck und Bindung: GGP Media GmbH, Pößneck
Printed in Germany
ISBN 978-3-466-30879-8

Weitere Informationen zu diesem Buch und unserem
gesamten lieferbaren Programm finden Sie unter
www.koesel.de

INHALT

WILLKOMMEN IN DER GENERATION ERFOLG!

Dieses Buch bietet reinste Frauenpower. 14 Autorinnen, alle gestandene Frauen aus Weiterbildung und Coaching, verraten hier ihre besten Methoden und Tipps zum Thema Persönlichkeitsentwicklung. Sie schreiben für Frauen, die sich aufmachen oder bereits aufgemacht haben, in ihrem Beruf das Beste zu geben, ihre Talente einzubringen und Dinge zu verändern – also für Sie!

Das ist das Coachingbuch für Sie, wenn Sie Karriere machen wollen. Für Sie, wenn Sie eine starke Rolle in Wirtschaft und Gesellschaft spielen möchten. Es ist aber auch dann das richtige Buch für Sie, wenn Sie einem Unternehmen den Rücken kehren und sich selbstständig machen wollen. Für Sie, wenn Sie noch souveräner auftreten, noch wirkungsvoller handeln und noch klarer entscheiden wollen. Für Sie, wenn Sie ein selbstbestimmtes Leben führen wollen, das Sinn, Erfolg und Zufriedenheit verbindet.

Dieses Buch ist der Erfolgsbegleiter für Frauen, die fachlich bereits Spitze sind und ihre Führungspersönlichkeit für den Weg an die Spitze stärken wollen.

Nie standen die Chancen für Frauen, im Beruf aufzusteigen, noch mehr Einfluss und Verantwortung zu übernehmen, so gut wie heute, zu Beginn der »Zehner-Jahre« des 21. Jahrhunderts:

> Frauen steigen in die Vorstandsetagen deutscher Weltkonzerne auf – bisher hieß es dort überwiegend: »Wir müssen draußen bleiben« –, wie bei Henkel, E.ON, SAP oder Siemens.
> Eine breite Front von Politiker/innen, Manager/innen und Medien-

frauen pushen die Forderung, die Zahl von Frauen in den Aufsichtsräten zu erhöhen.

❭ Auch konservative Firmen, für die Frauen bisher gar kein Thema waren, entwickeln plötzlich Weiterbildungsangebote speziell für Frauen, um sie fit fürs Management zu machen.

❭ Und die Telekom, eines der traditionellsten deutschen Großunternehmen, beschließt in Gestalt des Personalvorstands Thomas Sattelberger, vormals profiliert als Hardliner, und seines Vorstandsvorsitzenden René Obermann, den Anteil von Frauen in Führungspositionen bei den T-Unternehmen bis zum Jahr 2015 auf mindestens 30 Prozent zu steigern – mindestens!

Andere Unternehmen werden mit Sicherheit nachziehen. Das bedeutet, dass mehrere Hunderttausend Führungspositionen in den nächsten Jahren für Frauen geöffnet werden: Nach Angaben des Statistischen Bundesamts gibt es in Deutschland derzeit rund 4,9 Millionen Führungspositionen. Da der Frauenanteil derzeit bei 16 Prozent liegt, gibt es demnach heute etwa 785 000 weibliche und 4,1 Millionen männliche Führungskräfte. Durch eine 30-Prozent-Frauenquote kämen also knapp 700 000 Frauen neu auf den Chefsessel. Wow! Das ist Ihre Chance!

Auf diese Herausforderung möchte das Buch die »Generation Erfolg« einstimmen und vorbereiten, also Frauen wie Sie. Das sind Frauen, die sich jetzt anschicken, Verantwortung in Unternehmen zu übernehmen oder auszubauen. (Übrigens: Die Inhalte gelten natürlich auch für Männer, Sie dürfen Ihren Liebsten durchaus mitlesen lassen!) Das Zeug dazu haben Sie, jetzt geht es um Selbstdarstellung, strategisches Denken und Selbstmotivation.

Drei Frauen im Vorstand steigern die Erträge

Die US-Frauenorganisation Catalyst untersuchte die 500 größten Aktiengesellschaften Amerikas und kam zum gleichen Schluss wie die vergleichsweise unverdächtige Unternehmensberatung McKinsey: Gemischte Führungsgremien sind sowohl ökonomisch als auch von der Unternehmenskultur her signifikant erfolgreicher. Die Firmen mit den meisten Frauen im Vorstand erzielten im Vergleich zu solchen ohne Frauen eine bis zu 53 Prozent höhere Eigenkapitalrendite.

Wo sich mindestens drei Frauen im Vorstand finden, steigen die Erträge nachweislich. Drei allerdings müssen es sein, um die dominierende Kultur in einer Gruppe zu beeinflussen. Die klassische Einzelkämpferin, so viel steht fest, kann nichts verändern. Entweder sie passt sich dem männlichen Verhaltenskodex an – oder sie scheitert.

SPIEGEL online, 28.1.2008

Schon seit vielen Jahren haben Frauen bewiesen, dass sie die besseren Schulabschlüsse hinlegen, die besseren Prüfungsnoten in Studium und Ausbildung erzielen, oft höher qualifiziert in ihren Jobs sind als die gleichaltrigen Männer. Dass Frauen fleißig sind, daran zweifelt sowieso niemand.

Viele Jahre wurde diese Kombination aus Fleiß und Qualität nur unzureichend gewürdigt. Unternehmen waren zögerlich, Frauen ihrer Performance entsprechend zu fördern und zu befördern. Sie waren zwar als starke Leistungsträgerinnen geschätzt, als Führungskräfte aber unterschätzt. Die Vorbehalte waren immer die gleichen: Frauen sind so anders, sie führen so anders, sie denken so anders, sie reden so anders – und außerdem können sie Kinder bekommen. Immer das alte Lied.

Jetzt rücken diese tüchtigen, klugen Frauen in den Fokus. Aus welchen Gründen auch immer:

❭ Der demografische Wandel mit der sinkenden Zahl jungen Nachwuchses schreit geradezu danach, das Potenzial der qualifizierten Frauen zu nutzen.

❭ Krisenzeiten brauchen Führungskräfte, die Mitarbeiter integrieren und motivieren können, gerade bei sinkenden Karriereaussichten.

❭ Untersuchungen beweisen, dass Unternehmen mit gemischten Führungsteams die besseren wirtschaftlichen Ergebnisse erzielen.

❭ Junge Väter entscheiden sich immer häufiger, bei der Geburt eines Kindes Erziehungsmonate zu nehmen. Das heißt, das »Ausfallrisiko« durch Kinder steigt auch bei Männern.

❯ Ja, und nur wer Böses denkt, erinnert sich daran, dass Frauen schließlich in Deutschland immer noch im Schnitt 23 Prozent weniger verdienen als Männer (Stand 2010). Auch so kann man Personalkosten sparen.

Wie trifft Sie die neue Frauenbewegung? Fachlich super aufgestellt, hoch motiviert, den Aufgaben verpflichtet und mit dem Wunsch, sich noch deutlicher zu positionieren und zu profilieren? Prima, dann sind Sie dabei. Denn ich muss nicht in die Kristallkugel blicken, um Folgendes zu sehen: Der Wettbewerb um Führungspositionen wird härter. Quote heißt nicht, dass Frauen der rosarote Teppich ausgerollt wird. Nein, Sie müssen knallhart beweisen, dass Sie den Erwartungen gerecht werden.

Die Stärkung wichtiger Soft Skills kann Ihnen dabei helfen, die Persönlichkeit zu entwickeln, den Auftritt zu professionalisieren und sich Respekt und Anerkennung zu erarbeiten. Und darum geht es in diesem Buch: darum, an Ihrer eigenen Persönlichkeit zu arbeiten. Und dann die Persönlichkeit anderer Menschen zu entwickeln.

Zu den Autorinnen

Sie haben es sicher schon bemerkt – hier schreiben lauter Frauen. Ja, sage ich Ihnen, und was für welche! Ich habe einige der besten Trainerinnen und Coaches Deutschlands gebeten, ihr Wissen und ihre Erfahrungen für dieses Buch beizusteuern. Ich arbeite seit Jahren mit diesen Kolleginnen zusammen und schätze ihre Arbeit, ihre Kreativität und Einzigartigkeit sehr. Freuen Sie sich jetzt schon auf den Fragebogen, den jede Autorin im Anschluss an ihr Kapitel ausgefüllt hat.

Jeder der hier abgedruckten Beiträge bildet einen wichtigen Puzzlestein zum Gesamtbild der Persönlichkeitsentwicklung. Die Autorinnen beschreiben echte Coachingfälle, die zu klugen Lösungen geführt haben, beschreiben bewährte Erfolgsstrategien und verraten die besten Methoden für Veränderungen.

Dies sind die Autorinnen und ihre Erfolgsthemen:

ANDREA LIENHART, Managementtrainerin und Coach aus Freiburg, plädiert in ihrem Kapitel »Begeistert von Stärken reden – geht doch!« dafür, sich an dem zu erfreuen, was man kann – und damit sichtbar zu werden.

CHRISTINE WEINER, Bestsellerautorin und Businesscoach in Mannheim, zeigt in ihrem Kapitel »Herzensbildung«, was diese mit Führung zu tun hat und warum sie auf den Stundenplan jeder Lebensschule gehört.

LIZ HOWARD, Stimmtrainerin aus New Orleans/München, gibt Ihnen in ihrem Beitrag »Ihre Stimme, Ihr Auftritt, Ihr Erfolg!« wertvolle Tipps, wie Sie Ihre Stimme zu Ihrer starken Freundin machen, damit Sie gehört werden.

ELVIRA HASLINGER, Topcoach aus Zell am See, Österreich, erklärt in ihrem Kapitel »Mach dich stark für deine Zukunft – Erfolg mit Selbstmotivation«, warum Handeln die Selbstmotivation entfacht.

MELANIE VON GRAEVE, Gründerin einer Eventagentur und Businesscoach in Frankfurt, zeigt in ihrem Beitrag »Think Business«, warum unternehmerisches Denken für den Schritt in die Selbstständigkeit genauso wichtig ist wie für den Schritt nach oben auf der Karriereleiter.

EVA LOSCHKY, Energie- und Körpersprachetrainerin aus München, erzählt im Kapitel »Wir waren locker, wir haben gelacht, wir haben gewonnen – Die Geschichte eines Blitzcoaching« die spannende Geschichte eines Blitzcoaching mit sichtbaren Folgen.

RENATE WEISS-KOCHS, Kommunikationstrainerin und Coach aus München, zeigt in ihrem Kapitel »Entfalten Sie Ihre Wirkung«, wie Sie Ihre Ausstrahlung von innen nach außen optimieren können.

CHRISTA SCHIFFER, Businesscoach und Schwertkämpferin aus Köln, verrät Ihnen in ihrem Kapitel »Souverän wie ein Samurai«, wie persönliche Souveränität zum Erfolg führt.

BARBARA GRABER, Erfolgscoach aus Klagenfurt/Österreich, beschreibt in ihrem Kapitel »PePPer Your Life!« sieben scharfe Ideen, um Ihr persönliches Erfolgsrezept zu verfeinern.

CORDULA NUSSBAUM, Zeitmanagement-Trainerin aus Sauerlach bei München, stellt in ihrem Beitrag »Zeitmanagement für kreative Chaoten« klassische Organisationsratschläge auf den Kopf, denn, so meint sie, kreative Chaoten sind wichtiger denn je.

ROSWITHA VAN DER MARKT, MBA (Harvard), Unternehmensberaterin und Führungskräfte-Coach aus Hebertshausen bei München, erklärt in ihrem Beitrag »Ein rundes, volles Leben – und ich lebe es auf meine Weise!«, warum es die größte Herausforderung des Lebens ist, sich selbst zu führen.

MONICA DETERS, erfahrene Vorstandsassistentin und der Hamburger Coach für die »Sehnsucht nach dem Mee(h)r«, beschreibt in ihrem Beitrag »Such dir einen Lotsen«, warum Frauen mehr Raum einnehmen sollten.

ICH SELBST schreibe in meinem Beitrag »Ich bin, wie ich bin« über die schwierige Balance zwischen Authentizität und Professionalität im Job und gehe der Frage nach: Wie weit müssen Frauen sich verbiegen, wenn sie Karriere machen wollen?

BILEN ASGODOM, seit vielen Jahren Projektleiterin der Asgodom Training Group (und meine Tochter), beschreibt im letzten Kapitel »Mutmacher gesucht – Wie Sie Unterstützer finden« aus ihrer Erfahrung mit der Vermittlung von Trainerinnen, Rednerinnen und Coaches, worauf es bei der richtigen Wahl eines Coachs ankommt.

Und ganz am Schluss bieten wir Ihnen einen einzigartigen Service: Diskutieren Sie mit den Autorinnen. In regelmäßigen Abständen werden die Erfolgscoaches per Internet für Ihre Fragen zur Verfügung stehen. Die Details finden Sie am Ende des Buches.

Ich wünsche Ihnen eine spannende Lektüre. Und denken Sie daran: Immer noch sind Frauen in Führungspositionen Pionierinnen, die Neuland erkunden, den richtigen Weg finden und sich immer wieder als verlässliche Partnerin beweisen müssen. Ich wünsche Ihnen dabei viel Erfolg!

Sabine Asgodom

Andrea Lienhart

BEGEISTERT VON STÄRKEN REDEN – GEHT DOCH!

SICH SELBST PRÄSENTIEREN LEICHT GEMACHT

Silvia G. ist eine attraktive junge Frau, Mitte 30, mit langen, schwarzen Haaren. Sie arbeitet als Projektleiterin in einem großen Pharmaunternehmen am Ort.

Als sie zu mir kommt, merke ich gleich, wie aufgeregt sie ist. »Stellen Sie sich vor, Frau Lienhart«, sprudelt es aus ihr heraus, »unser Geschäftsführer, Herr W., hat mich gefragt, ob ich mir vorstellen könnte, stellvertretende Personalleiterin zu werden!«

»Herzlichen Glückwunsch, Frau G.!«, antworte ich. »Sie haben natürlich Ja gesagt«.

»Hab ich nicht!«, ruft sie. Sie setzt sich hin und streicht mit den Händen über ihr dunkelblaues Kleid. »Ich weiß nicht, ob ich mir das überhaupt zutrauen kann. Herr W. hat mich gebeten, ihm in einiger Zeit Bescheid zu geben, wie ich über die Sache denke.«

»Und wie denken Sie darüber?«

»Na ja«, sagt sie. »Ich habe bisher ja eigentlich nur Teams geleitet. Als Personalverantwortliche müsste ich einen Einblick in sämtliche Abteilungen haben. Ob ich das schaffe? Ich müsste bei vielen Personalangelegenheiten mit dabei sein und mich insbesondere in juristische Fragen noch stärker einarbeiten. Bei dem Gedanken graust es mir so richtig, glauben Sie mir! Ich weiß nicht, ob ich dem Ganzen gewachsen bin. Als stellvertretende Personalleiterin wird ein großer Teil der Arbeit des Personalchefs auf mich fallen. Da müsste ich vieles selbstständig entscheiden.«

»Hm, aber offensichtlich hält Ihr Chef doch große Stücke auf Sie. Er scheint Ihnen mehr zuzutrauen als Sie sich selbst. Was hindert Sie?«

Frau G. schaut mich mit ihren großen Augen an. »Na ja, vielleicht denkt er, dass ich ganz gut organisieren kann. Er sagt mir oft, dass meine Teams immer ordentliche Arbeit abliefern. Im letzten Jahr hat eine Gruppe, die ich geleitet habe, sogar einen Preis gewonnen – na, da hab ich eben Glück gehabt! Doch wenn ich mehr Verantwortung übernehmen soll, sieht jeder, was mir noch alles fehlt zur Chefin ...« Frau G. zuckt die Schultern und blickt traurig zu Boden.

»Aber ich bin sicher, dass dieses alles kein Zufall sein kann, Frau G.: Der Preis im letzten Jahr, die Anerkennung Ihres Chefs, das Stellenangebot jetzt. Wenn Sie sich selbst einschätzen würden: Worin liegen denn Ihre besonderen Stärken?«, frage ich.

»Ach, Frau Lienhart«, ruft sie. »Ihnen kann ich es ja sagen, weil Sie Coach sind. Es fällt mir nämlich total schwer, im Mittelpunkt zu sein. Unser Personalchef mit all seiner Erfahrung steht in der Abteilung da wie ein fester Pol, um den alles kreist – sehr beeindruckend. Das bring ich einfach nicht! Außerdem bin ich zu den meisten Leuten viel zu gefällig – ich kann eben nicht Nein sagen, verstehen Sie? Geschweige denn, dass sie bei der Arbeit auf meine Anweisungen hören. Ich mache es dann einfach lieber selbst. Dann kann ich auch sicher sein, dass die Arbeit richtig gemacht wird. Ich kann niemanden richtig überzeugen, glaube ich.«

Ich beobachte Frau G. aufmerksam. Während ihrer kleinen Rede ist sie richtig in Fahrt gekommen. Jetzt glänzen ihre Augen, sie sitzt hoch aufgerichtet, und ihre Stimme hat einen lebhaften, angenehmen Klang. Sie unterstreicht ihre Worte mit energischen Handbewegungen. Sie wirkt authentisch, absolut überzeugend!

Ob ihr bewusst ist, dass sie die ganze Zeit nur von ihren Schwächen spricht, obwohl ich sie nach ihren Stärken gefragt habe?

Plötzlich muss sie lachen. »Wissen Sie, woran ich oft denken muss, seit Herr W. mir heute Nachmittag das Stellenangebot gemacht hat?« Sie kichert. »An einen Spruch, den mir meine Mutter vor 30 Jahren auf die vorderste Seite meines Poesiealbums geschrieben hat: ›Sei wie das

Veilchen im Moose, sittsam, bescheiden und rein. Nicht wie die stolze Rose, die stets bewundert will sein.«

Da muss ich ebenfalls lachen. »Dieser Spruch stand auch in meinem Poesiealbum«, sage ich. »Ich habe mich glücklicherweise nie daran gehalten. Vergessen Sie den Spruch! Ihr Chef traut Ihnen eine Menge zu. Beweisen Sie ihm, dass er damit recht hat!«

»Glauben Sie denn, dass ich das schaffe?« Mit einem Mal ist Frau G. wieder das kleine verängstigte Mädchen, auf dem die Last einer ganzen Welt liegt. Ich denke bei mir: Vor allen Dingen muss sie lernen, an sich selbst zu glauben; wir müssen unbedingt an ihrem Selbstbewusstsein arbeiten.

WAS IST DAS EIGENTLICH: SELBSTBEWUSSTSEIN?

Selbst-Bewusst-Sein bedeutet nichts anderes als: bewusst auf sich selbst zu blicken – Klarheit zu gewinnen über sich selbst.

Im Grunde weiß Frau G. doch sehr genau, wie sie andere Menschen überzeugen kann. Sie war kaum zu bremsen, als sie über ihre (vermeintlichen) Schwächen gesprochen hat. Sie sprach so voller Leidenschaft und unterstrich ihre Worte eindrucksvoll durch Mimik und Gestik. Wenn das mal nicht überzeugend war ... am liebsten hätte ich sie gefilmt!

Frau G. ist nicht die Einzige, die so begeistert über ihre Schwächen spricht. Immer wieder mache ich in meinen Seminaren und Coachings die Beobachtung, dass viele Menschen eine merkwürdige Zurückhaltung an den Tag legen, wenn sie über ihre Stärken sprechen sollen. So als sei das peinlich. Dabei gibt es niemanden – wirklich niemanden! –, der überhaupt keine Stärken hätte. Jeder Mensch beherrscht irgendetwas besonders gut – so wie auch jeder auf seine Weise einzigartig ist.

Warum fällt es dann so schwer, darüber zu sprechen? »Ich kann das nicht«, höre ich dann zum wiederholten Male von meinen Seminarteilnehmer/innen. »Ich weiß nicht, wie man das macht.«

»Stimmt nicht«, antworte ich in solchen Fällen. »Legen Sie doch innerlich einfach mal den Schalter um! Sie müssen nur damit beginnen, von Ihren Stärken ebenso begeistert zu sprechen wie von Ihren Schwächen.«

Übung

Beobachten Sie sich einfach einmal selbst, wenn Sie über Ihre Schwächen sprechen. Schildern Sie diese lebendig? Wirken Sie dabei selbstbewusst? Erzählen Sie dazu kleine Geschichten? Untermauern Sie Ihre Schilderungen durch die entsprechende Körpersprache?

Prima! Dann machen Sie es doch einfach genauso, wenn Sie über Ihre Stärken sprechen.

Manchmal bitte ich Seminarteilnehmer/innen, vor den anderen irgendetwas zu präsentieren oder vorzutragen. Dann frage ich die anderen: »Was hat uns gut gefallen an der Präsentation?« Und danach, in einer zweiten Runde, frage ich: »Welche Tipps könnten Sie Ihrem Kollegen geben, damit er noch besser wird?«

Oft notieren die Teilnehmer/innen das Feedback, das sie von der Gruppe bekommen – aber erstaunlicherweise nur dann, wenn es um die Schwächen geht. Dabei könnten sie doch ebenso gut notieren, was ihnen gelungen ist. Sie könnten doch auch aus ihren Erfolgen lernen – nicht nur aus ihren Fehlern.

Praxistipp

Wenn Sie das nächste Mal Feedback erhalten, notieren Sie sich nicht nur die Punkte, die Sie verbessern wollen. Schreiben Sie sich auch alles auf, was Ihnen gut gelungen ist.

Sie lernen nicht nur aus Ihren Fehlern, sondern auch aus Ihren guten Erfahrungen!

Tendenziell trauen sich besonders Frauen zu wenig zu und sind allzu bescheiden. Manche Männer dagegen tragen eher dick auf. Frauen muss ich im Seminar gelegentlich stärken; Männer manchmal ein bisschen auf den Boden herunterholen. Meistens ist weder den Frauen noch den Männern ihr Verhalten bewusst. Obwohl es – von außen betrachtet –

sofort ins Auge springt. Dabei ist beides gleichermaßen karrierehinderlich, das allzu dicke Auftragen und das Niedrigstapeln.

Im Job ist es sehr wichtig, die eigenen Stärken genau zu kennen und darstellen zu können. Nicht um anzugeben. Es gibt so viele Situationen im beruflichen Alltag, in denen es erforderlich ist, über die eigenen Stärken zu sprechen:

> im Mitarbeiter-Jahresgespräch beispielsweise
> bei einer Gehaltsverhandlung
> in einem Feedbackgespräch
> wenn zu Beginn eines neuen Projektes die Teilnehmer/innen zusammenkommen und sich alle kurz vorstellen
> wenn Sie in eine neue Abteilung möchten
> wenn Sie eine neue Aufgabe erhalten wollen
> wenn Sie mit Ihren Kunden telefonieren – Ihre Kunden möchten ja nicht allein vom Angebot, das Sie ihnen offerieren, überzeugt werden, sondern auch von Ihnen als Persönlichkeit ...

Reichlich Gelegenheiten also, wo Sie auf sich aufmerksam machen können – auf das, was Sie besonders gut können.

Dabei geht es nicht nur um das Üben auf der Verhaltensebene. Es nutzt gar nichts, sich zum Beispiel vorzunehmen, mit lauter Stimme zu sprechen, gerade zu sitzen oder lebhaft zu gestikulieren. Wenn ich mir selbst nicht glaube, was ich sage, dann wirken solche gestischen und mimischen Mittel aufgesetzt. Aber wenn ich von mir selbst überzeugt bin, dann geht die Körpersprache von ganz allein mit.

Wie gut es doch tut, sich an dem zu begeistern, was mir gelungen ist! Sich an dem zu erfreuen, was ich kann und was ich bewirke – an dem, was andere gut an mir finden!

Doch geben wir uns auch wirklich immer selber die Erlaubnis dafür, die eigenen Fähigkeiten und Möglichkeiten bewusst auszukosten?

Praxistipp: Wechseln Sie öfter die Perspektive!

Gelegentlich sollten Sie ganz bewusst einmal die Perspektive wechseln.

> Etwa indem Sie sich vorstellen, Sie wären Ihre eigene Personalchefin: Aus welchen Gründen würden Sie sich selbst einstellen?

> Oder stellen Sie sich vor, Sie wären zehn Jahre älter als jetzt und würden zurückschauen: Wie würden Sie sich dann wohl beurteilen in Ihrer aktuellen Situation?

> Sie könnten auch zu sich selbst sagen: Mal angenommen, meine frühere Chefin oder mein Klassenkamerad oder auch mein Kollege wäre jetzt da – was würden die mir raten?

> Oder Sie sehen sich selbst in einem Vorstellungsgespräch: Würden Sie sich wohl selber gern einstellen wollen?

Solche Vorstellungen verändern die Perspektive und weiten den Blick.

Praxistipp: Mein 360-Grad-Feedback

Wenn Ihnen dieser Perspektivenwechsel noch schwerfällt, probieren Sie es doch einfach mal mit Ihrem persönlichen 360-Grad-Feedback, um sich besser mit den Augen anderer sehen zu können.

Gewöhnlich wird ein 360-Grad-Feedback in großen Unternehmen eingesetzt, um die Kompetenzen von Führungskräften aus unterschiedlichsten Blickrichtungen zu beleuchten. Vorgesetzte, Mitarbeiter, zuweilen auch Kunden und Geschäftspartner, werden dabei um ihre Meinung gefragt. Professionell durchgeführt, ist ein 360-Grad-Feedback eine recht aufwendige Methode zur Persönlichkeitsanalyse. Doch kann es jeder – und jede – im Kleinen auch für sich selbst organisieren.

Überlegen Sie sich einige Fragen, die Rückschlüsse über Ihre Persönlichkeit ermöglichen. Stellen Sie diese Fragen – drei oder vier an der Zahl – unterschiedlichen Menschen in Ihrem Umfeld: Menschen, die Sie beruflich kennen; Menschen, die Sie privat kennen; Menschen, die Sie besonders gut – und auch solchen, die Sie weniger gut kennen. Ihre Fragen können etwa lauten:

> »Welche drei Stärken verbinden Sie mit mir?«

> »Welche drei Berufe könnten Sie sich für mich vorstellen außer dem, den ich bereits ausübe?«

Andrea Lienhart

- »Welche drei Tipps würden Sie mir geben in Hinblick auf meine Karriere?«
- »Aus welchen drei Gründen würden Sie mich beruflich weiterempfehlen?«

Die Antworten, die Sie bekommen, schreiben Sie auf. Dieses persönliche 360-Grad-Feedback wird Ihnen zeigen, wie andere Menschen auf Sie blicken. Betrachten Sie das Ganze als eine Art tiefsinniges Spiel und bewahren Sie eine gewisse Distanz gegenüber den Antworten, die Sie hören werden. Sie müssen nicht gleich einen der vorgeschlagenen Berufe ergreifen. Doch in jedem Fall erfahren Sie eine Menge über sich selbst.

Praxistipp: Das Alphabet

Wenn es Ihnen zunächst schwerfällt, Ihre eigenen Stärken zu bestimmen, dann rate ich Ihnen zu folgender Kreativitätstechnik: Notieren Sie einige Dutzend Eigenschaften von sich – Eigenschaften, so wie sie Ihnen gerade einfallen, in bunter Fülle. Sie können zum Beispiel versuchen, zu jedem Buchstaben des Alphabets eine Eigenschaft von sich zu finden. Das sieht dann vielleicht so aus:

Meine Stärken:

A ngepasst
B elastbar
C harismatisch
D ominant
E hrgeizig
F röhlich
G esellig
...

Sammeln Sie diese Eigenschaften – und dann erst, in einem zweiten Schritt, bewerten Sie sie:

> Das finde ich positiv:

> Das finde ich negativ:

Dabei werden Sie höchstwahrscheinlich feststellen, dass es Eigenschaften gibt, die sowohl Stärken als auch Schwächen sein können, je nach Situation. Wenn ich also zum Beispiel zielorientiert bin – kriege ich dann nicht manchmal einen Tunnelblick? Und bei perfektionistisch? Dann erledige ich meine Dinge sehr exakt und sehr genau – habe aber den Nachteil, dass ich unter Umständen selbst für einfache Aufgaben mehr Zeit brauche als unbedingt nötig.

Sehen Sie dieses Sammeln als kontinuierlichen Verbesserungsprozess an – und achten Sie darauf, insgesamt möglichst viele Stärken von sich zu sammeln!

Praxistipp: Der Postkartenständer

Wenn Sie das nächste Mal durch die Innenstadt bummeln, gehen Sie zu einem Laden, der Postkarten anbietet, eine schöne, große Auswahl in bunten Ständern. Greifen Sie hinein und suchen Sie sich intuitiv ein paar Motive aus, die Sie mit sich selbst verbinden. Zu Hause können Sie sich die Postkarten noch einmal vor Augen führen und darüber nachdenken, was die abgebildeten Motive mit Ihnen persönlich/mit Ihrem Job etc. zu tun haben. Auf diese Weise wird es Ihnen mit Leichtigkeit gelingen, einige Ihrer Eigenschaften aufzuspüren und zu benennen – und möglicherweise werden Sie am Ende ganz überrascht sein, was Ihnen alles zu sich selbst eingefallen ist!

Ich sehe noch die bunte Sammlung von Postkartenmotiven vor mir, die Frau G. bei einer unserer nächsten Coaching-Sitzungen vor mir ausgebreitet hat! Da tummelten sich Tiermotive neben Abbildungen von Landschaften aller Art, Sternbilder, Orchideen usw.

Frau G. war beinahe etwas verwirrt, welch unterschiedliche Motive sie aus der Stadt mitgebracht hatte. Aber je länger wir die Bilder gemeinsam betrachteten und darüber nachdachten, desto mehr bestätigte sich ihre ursprüngliche Intuition: Jedes der Motive stand tatsächlich in einem Zusammenhang mit ihrer Person; in jedem einzelnen fand sie sich zum eigenen Erstaunen selber wieder ...

Sich seiner eigenen Stärken bewusst zu sein, ist das Normalste der Welt. Darin liegt nichts Peinliches. Ihre Vorgesetzten, Ihre Kollegen und Ihre Kunden werden ein Zeichen von Professionalität darin erkennen, wenn Sie in Zukunft Ihre Fähigkeiten und Erfolge immer wieder einmal zur Sprache bringen werden.

Ich wünsche Ihnen dabei viel Erfolg!

(Was übrigens Frau G. betrifft: Die ist inzwischen längst Personalleiterin im örtlichen Pharmaunternehmen geworden. Sie ist bei den Mitarbeitern und Kollegen sehr beliebt und – nach allem, was ich höre – äußerst erfolgreich in ihrem Job.)

WER IST ANDREA LIENHART?

Diesen Beruf/diese Berufe habe ich bereits ausgeübt: Erzieherin und Pädagogin

Meine Berufung ist: Menschen Mut zu machen und Stärken zu mobilisieren

Meine Themen als Trainerin und/oder Coach sind: Führung, Kommunikation, Beruf und Karriere, Selbstmanagement

Am Coaching schätze ich besonders: Wenn die Augen der Coachees funkeln ..., zum Beispiel, wenn sie über ihre Visionen sprechen oder Ideen entwickeln oder wenn sie ein Aha-Erlebnis haben

Meine hilfreichste Erfahrung, die mir die Begleitung von Menschen ermöglicht: Meine Arbeit mit Kindern. Durch sie habe ich gelernt, Dinge zu vereinfachen und Themen klar und verständlich zu benennen. Und ich habe immer wieder erfahren, dass man sehr viel zurückbekommt, wenn man echt ist und eine Beziehung zu kleinen oder auch großen Menschen eingeht.

Eine ausschlaggebende Situation/ein wichtiger Faktor in meiner Persönlichkeitsentwicklung war/ist: Als ich mir erlaubt habe, mich auf Aufgaben zu konzentrieren, die ich am besten kann und die mir am meisten Spaß machen. Ich bin davon überzeugt, dass dies ein wichtiges Erfolgsgeheimnis ist. Wir sind immer froh, wenn wir einen Menschen treffen, der seine Aufgabe liebt.

Das will ich noch lernen: Theater spielen, insbesondere Improvisationstheater. Für meine eigene Lebendigkeit und für meine Bühnenperformance.

In diesen Situationen empfinde ich Glück: Wenn mein kleiner Kater (der Beste von allen …) schnurrend auf meinem Schoß liegt

Ein Mensch ist reich, wenn er zufrieden ist. Was immer das für die/den Einzelne/n bedeutet.

Diese Eigenschaften schätze ich bei anderen Menschen am meisten: Leidenschaft, Zuversicht und Geduld

Diese drei Stärken habe ich: Klarheit, Herzlichkeit und Humor

Diese Fehler entschuldige ich am ehesten (bei mir und bei anderen): Schokolade!

Meine Lieblingstugend: Respekt

»Es ist viel wertvoller, stets den Respekt der Menschen als gelegentlich ihre Bewunderung zu haben.« (Jean-Jacques Rousseau)

Mein Buchtipp zum Thema Persönlichkeit: Halten Sie gerade in Ihren Händen ☺

Mein Lebensmotto: Denke in Möglichkeiten!

Christine Weiner

HERZENSBILDUNG

»Man sieht nur mit dem Herzen gut.
Das Wesentliche ist für die Augen unsichtbar.«
Antoine de Saint-Exupéry

Wenn Sie ein wirkliches Puzzle vor sich hätten, das den Menschen, seine Persönlichkeit und seine Wirkung abbildet, dann wäre das Herz der zentrale und letzte Puzzlestein, der das ganze Bild abrundet und zu einem Ganzen macht. Können Sie die Befriedigung und den Stolz spüren, mit denen Sie diesen Stein in Ihr Puzzle einfügen würden? Um genau diese Sehnsucht, Erfüllung und Hingabe geht es, wenn wir von Herzensbildung sprechen.

Ist Ihr Herz in Topform oder braucht es ein wenig Bildung? Bitte kreuzen Sie an, ob Sie zustimmen oder ablehnen.

ich stimme eher zu	ich lehne eher ab	
☺	☹	1. Ich kann früh spüren, wenn um mich herum die Stimmung zu kippen droht.
☺	☹	2. Solange niemand etwas Gegenteiliges sagt, ist für mich alles in Ordnung.
☺	☹	3. Die Resultat von heute ist für mich die Basis, wenn es um morgen geht.
☺	☹	4. Wenn es einem Menschen nicht gut geht, dann sehe ich es ihm an.

☺	☹	5. Bei neuen Projekten schaue ich nicht nur darauf, was dabei herauskommt, sondern ich spüre auch hin, ob das Resultat sinnvoll ist.
☺	☹	6. Jeder ist ersetzbar.
☺	☹	7. Ich wage, Gedanken auszusprechen, die ich für richtig halte, auch wenn ich dafür noch keine Belege habe.
☺	☹	8. Ich kann bei Menschen berufliche Talente und charakterliche Stärken wahrnehmen.
☺	☹	9. Die Menschen vertrauen mir.
☺	☹	10. Ich kann gut und geduldig zuhören.
☺	☹	11. Was nicht in fünf Minuten zusammengefasst werden kann, braucht gar nicht gesagt werden.

Wenn Sie sich für die Statements der Liste entschieden haben, die über Verstand und Sachkenntnis hinausgehen, dann ist Herzensbildung für Sie längst Lebens- und Führungsalltag.

Für alle anderen eine kleine Geschichte aus meiner Coachingpraxis:

»Es ist ganz einfach: Ich will, dass mein Team besser funktioniert«, erklärte mir Peter B., ein Abteilungsleiter, der zu mir ins Coaching gekommen war. Seine Mitarbeiter beschrieb er zwar als motiviert, aber eben nicht hoch motiviert, die Kundenanfragen als zufriedenstellend, aber eben nicht wirklich richtig gut. Projekte wurden abgewickelt, und nach 17.00 Uhr war niemand mehr im Büro.

»Die machen nur Dienst nach Vorschrift«, beschwerte er sich bei mir. »Wir wären viel erfolgreicher, wenn meine Mitarbeiter sich mehr engagieren würden.«

»Wenn Sie selbst für etwas brennen, woran merken Sie das?«, wollte ich wissen und sah, wie Unwillen und leichter Ärger über Peter B.s Gesicht huschten. Über sich hatte er hier eigentlich nicht sprechen wollen.

»Na ja, ich spüre Freude«, entgegnete er verhalten.

»Was denken Sie?« Ich ließ nicht locker. »Spüren Ihre Mitarbeiter Freude?«

Peter B. schnaufte genervt durch und rollte mit den Augen.

»Eigentlich ist mir das egal. Die sollen für mich arbeiten, mehr nicht.«
Darüber hinaus seien private Dinge und berufliche Aufgaben für ihn
getrennte Bereiche.

»Da mache ich auch bei mir keine Ausnahme«, erklärte er mir. »Ich
frage mich auch nicht, wie es mir geht und ob mich ein Schuh drückt
oder nicht, sondern ich gehe meiner Pflicht nach. Motivation ergibt sich
für mich aus der Notwendigkeit der Dinge. Ich bin verantwortungsvoll
und zuverlässig. Das erwarte ich auch von anderen. Nicht mehr und
nicht weniger. Meine Abteilung ist kein Streichelzoo.«

- Wie empfinden Sie das?
- Hätten Sie Lust, sich bei Peter B. zu bewerben?
- Würden Sie sich in seinem Team wirklich engagieren?
- Möchten Sie als Frau mit Peter B. ausgehen?
- Oder als Mann mit ihm eine Bergtour machen?

Pflichtbewusst, verantwortungsvoll und zuverlässig zu sein, ist für eine
gemeinsame Arbeit, eine Partnerschaft oder eine Klettertour in den
Bergen unerlässlich, aber alles ist es eben nicht. Es fehlt der letzte
Puzzlestein. Der Herzschlag, das Bumbedibumm, um das die Welt sich
dreht, das Menschen begeistert, mitzieht und in der Arbeit zu wirklich
engagierten Mitarbeitern macht. Ohne Herzschlag geht gar nichts. Mit
Verstand allein werden Sie scheitern, wenn es um die Führung oder die
Begeisterung von Mitarbeitern geht. Das Herz ist viel schlauer und
schneller als Ihr Verstand, deswegen sollten Sie auch in diesen Bereich
des Körpers investieren.

Ein kleiner Versuch
Denken Sie eben mal an Ihr Kind oder an eine Nichte oder einen
Neffen oder ein Kind in Ihrer Nachbarschaft. Sehen Sie das Kind vor
sich? Vielleicht sogar eine süße Episode? Und ... lächeln Sie?

Natürlich! Es geht nicht anders. Kinder erreichen unser Herz in
Lichtgeschwindigkeit. Wir sehen Kinder vor uns und fühlen Wärme und
Zugewandtheit. Ihr Herz hat auf diese Bilder sofort regiert, und es war
eben nicht der Verstand, der Sie durch seine Argumente lächeln ließ.

Christine Weiner

Denn Sie haben bei dem kleinen Fantasieversuch ganz sicher nicht gedacht: »Der kleine Nachbarsjunge, der ist wirklich ein freundlicher Geselle, und wie er immer so drollig geht, das ist wirklich amüsant. Deswegen entscheide ich mich jetzt zu lächeln. Der Junge hat diese Reaktion wirklich verdient.«

Ihr Herz entschloss sich zu lächeln und der Verstand hinkte nach. Wir wissen gleich, wenn wir etwas mögen, und der Verstand liefert uns dann verzögert die passenden Argumente. Beides, Gefühl und Verstand, ist wichtig, wollen wir erfolgreich sein. Nur Gefühl ist chaotisch und nur Verstand ist kalt. Zusammen ergeben die beiden aber ein Dreamteam.

Das verführt zu der Annahme, dass das Leben mit ein bisschen Lächeln, Charme und Gefühl besser laufen könnte. Kann es auch.

Doch Herzensbildung ist mehr. Es ist ein persönliches Weiterbildungsprogramm, das sich dem Lebensalter und den Lebenserfahrungen anpassen sollte. Gefühle haben eine Art Architektur, auf die wir Einfluss nehmen können. Herzensbildung ist Selbstcoaching.

Korrektheit, Pflichtbewusstsein und Zuverlässigkeit machen aus einem Menschen noch keine Persönlichkeit – erst recht keine bemerkenswerte. In diesem Wort steckt das Wort »merken«. Das heißt, es muss etwas geben, an das sich andere erinnern, wenn sie Ihren Namen hören, und die Erfahrung zeigt: Fakten sind es nicht. Wir spüren, wenn wir einen Menschen bemerkenswert finden, und beschreiben dies mit Worten wie: »Er hat eine gute Ausstrahlung«, »Sie ist charismatisch«.

Zum Vergleich gab das Team von Herrn B. folgende Rückmeldungen:

- »Man weiß nicht, wie man bei ihm dran ist.«
- »Ich werde unsicher, wenn er da ist.«
- »Oft sieht er mich nicht, ich bin für ihn nicht wichtig.«
- »Er ist korrekt, aber ich fühle mich unwohl, wenn ich mich mit ihm allein vor dem Kaffeeautomaten treffe.«
- »Ich spüre keine Verbindung.«
- »Nein, ich glaube nicht, dass er sich für mich interessiert.«

Und auf die umgekehrte Frage, ob sich denn die Mitarbeiter für den Chef interessieren:

> »Ich weiß nicht.«
> »Ich kann es nicht sagen.«
> »Ich glaube eher nicht.«

Menschen spüren Engagement und geben darauf eine Resonanz. Sie beschreiben einen Menschen mit Herzensbildung folgendermaßen – ach, wäre es nicht interessanter, wenn auch Sie zuerst Ihre persönliche Definition von einem Menschen mit Herzensbildung notieren würden?

Sicher haben Sie ähnliche Merkmale und Charakterzüge gefunden wie andere Menschen. Ein Mensch mit Herzensbildung kann

> auf andere zugehen
> und eingehen,
> anregen,
> verzeihen,
> glaubt an sich
> und an andere,
> ist mutig,
> ehrlich,
> großzügig im Wesen,
> bereit,
> uneitel,
> achtsam,
> respektvoll,
> hat Einfühlungsvermögen,
> Mitgefühl,
> kann zeigen, was ihn selbst begeistert
> und für was er sich einsetzt und engagiert.

Als Führungskraft mit Herzensbildung erachten Sie es als Ihre Bringschuld, auf Ihr Team zuzugehen und eine Grundlage für Begegnung zu schaffen.

Christine Weiner

HERZENSBILDUNG BEDEUTET NOCH NICHT DIE GARANTIE FÜR EINEN HEILIGENSCHEIN

❯ Herzensbildung bedeutet nicht, dass diese Menschen Heilige sind. Ganz im Gegenteil, oft finden sich unter Menschen mit Herzensbildung launische, ungeduldige und aufbrausende Zeitgenossen. Mit dem kleinen Unterschied, dass sie bei Fehlverhalten um Entschuldigung bitten können, ihre unerzogenen Seiten sehen und permanent an einem angemesseneren Auftreten und Verhalten arbeiten.

❯ Herzensbildung ist das Gegenteil von »Helfersyndrom«. Mit einem Helfersyndrom brauchen Sie die Bedürftigkeit anderer Menschen, um sich selbst einen Wert zu geben. Ihrem Persönlichkeitspuzzle mangelt es dann an mehreren Teilchen und nicht nur an einem.

❯ Herzensbildung respektiert andere Menschen in ihrer Größe und ihrem Können.

❯ Es ist eine Freude, mit herzensgebildeten Menschen zusammen zu sein, mit ihnen ein Team zu bilden. Es erfüllt Menschen mit Herzensbildung dann mit Zufriedenheit, wenn sie mit anderen Menschen gemeinsam etwas bewegen – und nicht, wenn eine Anzahl Menschen etwas für sie bewegt.

❯ Menschen mit Herzensbildung sind beispielsweise karitativ tätig – allerdings, weil es zu ihrem Leben und ihrer Persönlichkeit gehört, und nicht, weil es eine gute PR für sie ist.

❯ Herzensbildung ist ein Seelenausdruck, der sich in Begegnungen, Unternehmenszielen und in der tagtäglichen Arbeit ausdrückt.

❯ Es gehört Mut dazu, Herzensbildung zu leben, denn keine Zahlen werden belegen, dass es Ihr Charisma war, das etwas in Bewegung gebracht hat. Sehr wohl aber wird sich zeigen, dass Sie es sind, die oder der Menschen und Prozesse in Bewegung zu bringen versteht.

Gefühle lassen sich nicht berechnen und man kann keine schöne PowerPoint-Präsentation mit ihnen gestalten. Vielleicht erleben gerade deshalb Herzensbildung, Bauchgefühl und Instinkt eine Renaissance. Unter Überschriften wie »Emotionale Intelligenz« und »somatische Marker«, ja sogar in der Hirnforschung finden sich immer mehr Artikel und Bücher, die belegen, dass erst Hirn und Herz aus einem Menschen eine Persönlichkeit machen.

In den Unternehmen, in denen Herzensbildung gelebt und vorgelebt wird, ist all dies spürbar. Und nachweisbar. Denn es werden Unternehmensziele mit Menschenzielen abgeglichen. Und so etwas macht kein Unternehmer, wenn es der Produktivität schaden würde.

HERZENSBILDUNG AM ARBEITSPLATZ EINSETZEN

»Und wie soll ich das alles umsetzen?«, fragte mich Peter B. »Ich kann doch nicht in die Köpfe sehen.« Hier meine Antworten:

> Mitgefühl können Sie nur entwickeln, wenn Sie sich auch selbst spüren und als Wesen mit Gefühlen achten und respektieren. Und Sie müssen zuvor anerkennen, dass es so etwas wie Seele und Gefühle gibt.

> Es ist ein »In-Kontakt-gehen«, auch vergleichbar mit Wellen, die von Ihrem Herz ausgehen und die andere Menschen erreichen: im Gespräch mit der Familie, in Zufallsbegegnungen, im Büro, bei Konferenzen, im Mitarbeitergespräch, bei der eigenen Karriereplanung und mit Kunden. Dafür brauchen Sie Ihren Verstand, Ihr Wissen, Knowhow – und auch Ihr Herz braucht einen aktuellen Bildungsstand.

Vielleicht denken Sie sich nun, dass Sie schon mit Ihrem Verstand genug zu tun haben. Der soll frisch, aufnahmefähig und trainiert sein, denn jeden Tag gibt es etwas, das zu verstehen, zu lernen und zu behalten ist. Jetzt sollen Sie auch noch Ihr Herz bilden, als wäre der Kopf nicht schon überstrapaziert.

Dass wir Emotionen haben, sagt leider noch nichts über den Bildungsstand unseres Herzens aus. Wenn Ihr Herz den Bildungsstand eines Sechsjährigen hat, dann sind Sie zwar liebenswert und bestimmt auch warmherzig, aber noch lange keine Persönlichkeit.

WIE KÖNNEN SIE IHR HERZ BILDEN?

Es gibt viele gute Möglichkeiten.

❯ Wählen Sie sich ein Vorbild. Einen Menschen, der Klarheit lebt, der seine eigenen Ziele und Themen verwirklicht, der andere begeistern kann und Menschen respektiert. Betrachten Sie diesen Menschen genau. Was macht er? Wie erreicht er andere? Können Sie von diesem Verhalten, diesen Einstellungen etwas übernehmen und in Ihren Alltag integrieren?

❯ Lassen Sie sich anregen: Lesen Sie jeden Tag einen Abschnitt Weltliteratur. Schriftsteller legen in ihre Werke viele Gefühle. Was spricht Sie an und warum? Die Antworten bringen Sie Ihrem Herz ein Stückchen näher.

❯ Wünschen Sie sich etwas vom Himmel. Werden Sie kindlich und erkennen Sie an, dass auch Sie nicht allmächtig sind, nicht alles realisieren können, und dass es etwas Größeres gibt, das über Ihnen und allen anderen Menschen wirkt.

❯ Wählen Sie nur Rundfunksender, die Qualität senden. Ich habe lange genug im Radio gearbeitet, um zu wissen, dass es zu viele Sender gibt, die Sie mit schlechten Moderationen, falschen Lachern und abgedroschenen Hits zumüllen. Abgedroschene Musik und belangloses Geschwätz gelangt durch Ihre Ohren direkt in Ihr Herz. Macht diese Musik Sie fühlend oder abgenervt? Schalten Sie um oder aus!

❯ Zeigen Sie in Begegnungen Präsenz. Präsenz bedeutet: Sie sind ganz beim anderen und in der Situation. Führen Sie dabei in dieser Zeit keine inneren Dialoge und lassen Sie Ihre Gedanken nicht schweifen. Die Menschen werden erstaunt bemerken, dass Sie »bei ihnen sind«, denn die meisten Begegnungen werden nur mit halber oder noch weniger Energie gestaltet.

❯ Abonnieren Sie keine Hochglanzmagazine, die Ihnen nur aufzeigen, wie Sie *nie* sein werden und die nichts anderes als ein Marktplatz für Produkte und Banalität sind.

❯ Führen Sie echte Gespräche. Gehen Sie in fremden Köpfen spazieren und erfreuen Sie sich an der Andersartigkeit Ihrer Mitmenschen.

- ❯ Welche Werte haben Sie? Erstellen Sie eine Liste und lassen Sie genügend Platz, damit immer neue Werte hinzukommen können.
- ❯ Werden Sie deutlich. Reden Sie nicht um den heißen Brei, sondern sprechen Sie respektvoll aus, was Sie zu sagen haben.
- ❯ Nehmen Sie sich als fehlerhaften Menschen an, der Herzensbildung übt und immer weiter üben wird. Herzensbildung ist eine Lebensschule und die Inhalte verändern sich mit Lebensalter und Lebensaufgaben.

Wenn Sie Ihre Persönlichkeit erstrahlen lassen und andere Menschen für sich gewinnen wollen, sind Fragen sehr hilfreich. Fragen, die mit echtem Interesse und Wohlwollen gestellt werden, vermitteln, dass andere Menschen Ihnen wichtig sind und Sie gemeinsame Themen finden oder Dinge lernen wollen. Fragen öffnen Türen, und Sie erfahren eine Menge, warum andere Menschen so handeln, wie sie handeln. Hintergründe werden durch Fragen deutlich und Kommunikationsschwierigkeiten nehmen erkennbar ab. Lernen Sie echte Fragen zu stellen und lauschen Sie gespannt den eigenen und fremden Antworten.

Gute Fragen sind:

- ❯ Wie ist es Ihnen in dieser Situation ergangen?
- ❯ Was würden Sie sich für die Zukunft wünschen?
- ❯ Gibt es etwas, womit ich beitragen kann, damit Sie sich hier wohler fühlen?
- ❯ Wofür ist das gerade gut?
- ❯ Wofür war das gut?
- ❯ Was hatten Sie im Kopf, als Sie das sagten?
- ❯ Was hatten Sie im Herzen, als Sie das fragten?
- ❯ Wie fühlt sich diese Situation an?
- ❯ Wie könnte es anders sein?

Gute Fragen benötigen

- ❯ den Wunsch zu erkennen,
- ❯ Offenheit,

-) Einfühlungsvermögen,
-) den Wunsch, andere Menschen in ihrer Entwicklung zu unterstützen,
-) inspirierende Führung,
-) Motivation,
-) den Glauben an den Wandel,
-) Lösungsorientierung,
-) Beziehungspflege,
-) Teamgefühl,
-) Engagement
-) und die Voraussetzung, keine Antworten im Kopf zu haben, die man gerne hören würde.

Durch Fragen kommen Sie ins Gespräch. Fragen sind wie Sudoku für Ihr Herz. Es strahlt dann und macht sich unter den Rippen breit.

Herzensbildung ist Selbsterfahrung, Herzensmanagement und eine Uni. Ständig kommen neue Kompetenzen hinzu, und immer geht das Lernen weiter, denn das Herz kennt viel mehr Gefühle als Freude, Trauer, Liebe, Stolz. Wir können uns in Gefühlen üben oder uns einmal ein Gefühl vornehmen, das wir lange nicht mehr bewusst gespürt haben und das wir wieder mehr beachten wollen.

TÄGLICHE BILDUNG FÜR IHR HERZ

Schließen Sie die Augen und lassen Sie Ihren Zeigefinger über die folgenden Emotionen kreisen. Dann tippen Sie wahllos auf eine dieser Emotionen und machen Sie diese zum Motto von diesem Tag oder zum Schirm über einer Begegnung oder spüren Sie nach, wie vertraut Ihnen diese Emotion ist, ob Sie das Gefühl häufig leben, genug leben, oder zu selten und welche Wirkung diese Emotion auf Ihren Alltag hat.

Bereicherung

Achtsamkeit

Offenheit

Einsicht Leidenschaft

Reife

Seelenfrieden Geschmeidigkeit

Stille Verlässlichkeit Gelassenheit

Glauben

Trost Hingabe

Zugehörigkeit

Wohlwollen Fürsorge Geduld

Sehnsucht einzigartig Neugier

Abschied

Entgegenkommen Neubeginn Wissensdurst

mitnehmend

Harmonie fehlerhaft

Schweigen Verständnis

Treue

HERZENS-
BILDUNG Freude

Zuversicht Mitgefühl

Selbstachtung Wissensdurst Leichtigkeit

Nachsicht

Mut

Spannung Toleranz

Respekt Bemühen

Versöhnung

Selbstliebe

Bereitschaft Ausgelassenheit

Liebe Klarheit Heimat

Zuwendung

Bewegung Sorgfalt

Herzenswärme Verzeihen

Lachen Ausdauer

Würde Übermut

Großzügigkeit

Weisheit

Rückgrat

UNSER HERZ KANN VIEL

Unser Herz kann viel. Viel mehr als nur pochen. Wenn Sie damit beginnen, Ihr Herz zu schulen, wird sich die Qualität Ihrer Beziehungen verändern. Die Beziehung, die Sie mit sich pflegen, und die Beziehung zu Ihren Mitmenschen.

Sie werden immer mehr Qualität in den Begegnungen suchen und in sie hineingeben. Immer mal wieder werden Sie vielleicht persönliche Verhaltensausrutscher erleben und genervt sein, dass Sie noch immer ungehalten, scheu, fordernd oder mürrisch sind. Aber Sie werden es bemerken, und das ist der Anfang. Und wenn Sie dann in diesen weniger schönen Momenten in sich gehen und überlegen, was der Auslöser war und wie Sie zukünftig besser reagieren können, dann sind Sie genau auf dem Pfad, über dem »Herzensbildung« steht. Ihre eigene Fehlerhaftigkeit wird Sie verständnisvoll und großzügig gegenüber anderen fehlerhaften Menschen machen.

Wie ging es mit Peter B. und seinem Team weiter? Eine hilfreiche Übung war die Gefühlsschulung. Jede Woche nahm er sich eine vergessene Emotion vor und kam so wieder »ins Gefühl«. Dadurch ging er auf seine Mitarbeiter anders zu, es verbesserte sich das Klima in der Abteilung, die Mitarbeiter fühlten Wertschätzung, zeigten mehr Freude und Engagement, Missverständnisse glichen sich aus.

Peter B. wurde privater, erzählte gelegentlich von sich und stellte viele interessierte Fragen. Das tat der gemeinsamen Aufgabe und dem Miteinander gut und im selben Jahr machte die Abteilung einen Sommerausflug. Es war der erste für dieses Team. Danach folgte das erste Fest, das diese Abteilung seit ihrem Bestehen gemeinsam gefeiert hat. Und wissen Sie, wer spät in der Nacht noch wie Alexis Sorbas auf dem Tisch tanzte? Peter B.

Foto: Timo Volz

WER IST CHRISTINE WEINER?

Diesen Beruf/diese Berufe habe ich bereits ausgeübt: In meinem ersten Beruf war ich als Erzieherin und Heilpädagogin tätig. Gelegentlich neckt mich mein Mann, dass diese Ausbildung die prägendste für mich war. Nach sieben Jahren Erfahrung im Kindergarten- und Heimbereich machte ich das Abitur nach und studierte Betriebswirtschaftslehre (FH) mit Schwerpunkt Personalentwicklung. Danach kamen zwei Jahre als Assistentin der Geschäftsleitung in einer sehr renommierten internationalen Agentur. Was das genau war, erzähle ich Ihnen gerne im Seminar oder bei einem Vortrag. Vielleicht auch am Telefon. Mal sehen. Weiter ging es mit dem Volontariat bei einer Zeitung und als Redakteurin und Moderatorin im Hörfunk und Fernsehen. Vielleicht haben Sie mich einmal gesehen? Buchtipps bei ARD 1Plus und in der SWR-Sendung »Kaffee oder Tee«. Der Übergang zurück in die Arbeit mit Menschen war fließend. Ich machte den NLP Practitioner, eine systemische Ausbildung zur Supervisorin, zum Coach und zur Beraterin, bin Stressbewältigungstrainerin und habe mein M.A.-Studium »Management von Gesundheits- und Sozialeinrichtungen« gerade beendet.

Meine Berufung ist: Menschen in ihre Kraft und Karriere zu begleiten – zum Beispiel durch Mentoring

Meine Themen als Trainerin und/oder Coach sind: Persönlichkeits- und Karriereentwicklung • Kommunikationsthemen • Networking und Networking-Knigge • Mentoring und SMS: Self-Mentoring-System® • Das Pippilotta-Prinzip

Am Coaching schätze ich besonders: Diesen besonderen Wendepunkt, der im Leben auftaucht und der einen Menschen dazu veranlasst, initiativ zu werden und das Leben neu zu gestalten

Meine hilfreichste Erfahrung, die mir die Begleitung von Menschen ermöglicht: Selbst immer wieder von anderen begleitet zu werden

Eine ausschlaggebende Situation/ein wichtiger Faktor in meiner Persönlichkeitsentwicklung war/ist: Dass ich bereits mehrfach, entgegen allen bürokratischen Bedingungen, einem Kopfschütteln und trotz Unkenrufen, etwas »Unmögliches« in mein Leben integrieren konnte

Das will ich noch lernen: Es ist wichtig, sich in dieser Welt zu zeigen. Das Licht, das wir aussenden, kann für andere Menschen ein Leuchtturm sein. Mir meines Lichts bewusst zu sein, es immer wieder neu zu justieren, ist für mich ein lebenslanger Weg des Lernens.

In diesen Situationen empfinde ich Glück: Wenn eine echte und wahrhaftige Begegnung stattfindet

Ein Mensch ist reich, wenn er Freunde hat.

Diese Eigenschaften schätze ich bei anderen Menschen am meisten: Verlässlichkeit, Unbeschwertheit, Unvoreingenommenheit, Schaffenswillen und Mut

Diese drei Stärken habe ich/Diese Fehler entschuldige ich am ehesten (bei mir und bei anderen): Ich bin oft etwas zu keck und übermütig. Dies ist meine größte Stärke und Schwäche zugleich.

Meine Lieblingstugend: Ich habe keine ausgewählte Lieblingstugend. Wichtig ist für mich »Vernunft« als Tugend. Die Vernunft beinhaltet alle anderen Tugenden, sie ist für mich wie ein Schirm darüber. Vernunft definiere ich in dem Sinn: Was ist vernünftig in dieser Situation, in meinem Leben? Was ist jetzt angemessen und unterstützend?

Mein Lieblingsautor/meine Lieblingsautorin: Astrid Lindgren, Erich Kästner, Stefan Zweig

Mein Buchtipp zum Thema Persönlichkeit: Derzeit: Elizabeth Gilbert: *Eat, Pray, Love*

Langzeit: Johann P. Eckermann: *Gespräche mit Goethe in den letzten Jahren seines Lebens*

Mein Lebensmotto: »Man muss mit allem rechnen, auch mit dem Schönen!« (Aus dem Film *Butterbrot*)

Liz Howard

IHRE STIMME, IHR AUFTRITT, IHR ERFOLG!

Damit jeder Ihrer Vorträge, jede Telefonkonferenz und jedes Ihrer Meetings ein Hit wird, sollten Sie vorher Ihre Stimme aufwärmen. Mit der von mir entwickelten Add-Lib-Methode schaffen Sie es, mehr Power, Kreativität und Selbstsicherheit zu gewinnen. Das macht Sie unüberhörbar!

Immer wieder höre ich den Satz: »Ich hasse meine Stimme auf dem Anrufbeantworter, wenn ich Telefonkonferenzen machen oder einen Vortrag halten muss ...« Autsch, das tut weh! Deshalb habe ich mich entschlossen, Ihnen eine meiner Lieblingsübungen vorzustellen. Mein Ziel ist es, dass dieses Kapitel die Meinung über Ihre Stimme ändert.

Haben Sie Lust, raus aus der Komfortzone zu treten und mit mir zu spielen? Denn Stimme ist so variantenreich. Sie kann piepsig sein, hoch, tief, vollmundig, kratzig, abgehackt oder stark. An ihrer Klangfarbe können wir erkennen, wie jemand gestimmt ist, das heißt, wie er sich augenblicklich fühlt: Ist er eher dünnhäutig, traurig, wütend, unsicher, schlecht gelaunt oder geht es ihm gut?

Wer sich mit Stimme auseinandersetzt, hört diese Unterschiede, hört diese verräterischen Zeichen des Körpers. Doch nicht nur Stimmexperten nehmen sie wahr, sondern auch jeder Ihrer Mitmenschen, vor allem dann, wenn Sie besonders im Blickpunkt stehen. Etwa bei einem Vortrag, einer Präsentation, einer Telefonkonferenz oder während eines Bewerbungsgesprächs. In jeder Sekunde Ihres Gesprächs oder Vortrags sendet das Kommunikationsmittel Stimme neben dem Inhalt, den Sie zum Besten geben, feine, kleine Psycho-Botschaften aus.

Das sollten Sie wissen und aus diesem Grund Ihre Stimme vor solchen Begegnungen stimmen. Dafür nutze ich die Methode des Add Libbing.

Allerdings stimmt Add Libbing nicht nur Ihre Stimme, es stärkt auch Ihr Selbstbewusstsein und fördert Ihre Kreativität.

Add Libbing beginnen Sie idealerweise mit einer kleinen Aufwärmübung, schließlich müssen Sie Stimme geben, indem Sie summen, singen, experimentieren. Und das – Hand aufs Herz – mag keiner gern, und schon gar nicht aus dem Stegreif. Wir alle haben Scheu, uns zu blamieren, auch wenn wir nur alleine mit einem Stimmcoach in einem Raum stehen und spielerisch loslegen sollen. Daher möchte ich Sie an dieser Stelle etwas aufwärmen.

Aufwärmübung 1

Legen Sie sich auf einen Teppich oder auf Ihre Yogamatte und versuchen Sie sich zu entspannen. Atmen Sie durch den Mund langsam aus und wieder ein. Schließlich sollen die Töne später nicht in Ihrer Kehle stecken bleiben, sondern leicht aus Ihnen heraussprudeln. Das machen Sie zehnmal hintereinander. Dann versuchen Sie – immer mit offenem Mund –, mental in Ihren rechten Oberschenkel zu atmen, und beim nächsten Einatmen visualisieren Sie Ihren linken Oberschenkel und atmen in den linken Oberschenkel. Das machen Sie abwechselnd circa zehnmal.

Aufwärmübung 2

Nun stellen Sie sich vor einen Spiegel, lächeln sich an und versuchen Sie fünf Dinge zu finden, die Ihnen an sich selbst besonders gut gefallen. Ihre schönen Zähne zum Beispiel, die Farbe Ihrer Augen, Ihr makelloser Teint, Ihr strahlendes Lächeln ... Beim Aufwärmen geht es vor allem darum, sich positiv einzustimmen. Sie sollen das kommende Training genießen, damit Ihre Stimme die Kapriolen schlagen kann, zu denen sie fähig ist.

Add Libbing – eine Anleitung

Suchen Sie sich eine bekannte Melodie aus und denken Sie sich die ersten vier Töne. Das wäre zum Beispiel von Beethovens neunter Sinfonie der Abschnitt »Freude, schöner Götterfunken«. Wer Unterstützung an dieser Stelle benötigt, findet auf meiner Internetseite unter www.soulfood-seminars.com (Passwort: Koesel AL 4444) einen Übungs-film mit mir. Den habe ich extra für Sie entwickelt, damit Sie sich leichter auf meine Methode des Add Libbing eintunen können. Wie Sie sehen werden, können Sie hier ein paarmal ansetzen und mit meiner Klavierbegleitung die Tonreihe hören, die ich Ihnen vorsumme und vor-singe, um Sie zu animieren, mit einzustimmen. So, aber jetzt zurück zum Add Libbing und wie es weitergeht.

Im Mittelpunkt dieses Improvisierens und Stimme-Aufwärmens ste-hen die Vokale A, He, I, O, You (»He« und »You« sollten dabei englisch ausgesprochen werden). Suchen Sie sich einen aus und beginnen Sie, diesen auf die vier Töne, die Sie gewählt haben, zu singen – entweder die auf meiner Internetseite oder die von der Ihnen bekannten Melodie. Vorher denken Sie an etwas Positives und atmen ganz langsam mit of-fenem Mund ein und aus. Just have fun! Vermeiden Sie es, während des gesamten Improvisierens, sich zu kritisieren. Versuchen Sie stattdessen, positiv zu denken, über Ihren Körper, über Ihren Klang. Und jetzt legen Sie los – zum Beispiel mit dem Vokal A: »Aaaaaaa.«

Dann kommt der nächste Vokal: Sie summen die vier Töne mit dem nächsten Vokal, dem He, und jetzt mit dem übernächsten, dem I, an-schließend mit dem O, bis Sie zum You anlangen. Welcher der Vokale hat Ihnen am besten gefallen? Falls Sie noch zu keinem Ergebnis gekommen sind, machen Sie das Ganze noch mal von vorn. Dann müssten Sie einen für sich entdeckt haben. Den nehmen Sie und summen ihn erneut und erneut. Und jetzt beginnen Sie, ihn zu singen. Doch vorher wieder: Langsam mit offenem Mund ein- und ausatmen, am besten ein-, zweimal zu Ihren Oberschenkeln, dabei denken Sie an etwas Positives. Und nun singen Sie Ihren Lieblingsvokal. Anschließend singen Sie alle anderen und starten mit A, dann kommt He, I, O und You.

Nach und nach bekommen Sie ein neues Gespür für Ihre Stimme, werden immer sicherer. Wenn Sie das Gefühl haben, Sie sind zu eng, es kommen nur Töne aus Ihrer Kehle, sind Sie nicht richtig entspannt. Atmen Sie dann ein und aus, legen Sie Ihre Hände zur Unterstützung an Ihre Taille und bewegen Sie sich leicht hin und her. Manchen Men-schen hilft es auch, wenn sie die Augen dabei schließen, um noch mehr Stimme zulassen zu können.

Optimal aufgewärmt bitte ich Sie nun, einfach irgendetwas zu singen, egal was Ihnen einfällt. Es muss keinen Zusammenhang und Inhalt haben, singen Sie einfach eine kleine Geschichte auf die vier Töne. Denken Sie vorher einen liebevollen Gedanken, zum Beispiel an Ihren Partner, an Ihr Kind, an Ihr Haustier, an Ihren besten Freund, an Ihre beste Freundin. Denn Ihre positiven Gefühle werden Ihre Stimme öffnen. Und eins noch an dieser Stelle: Die Geschichte, die Sie singen, muss nicht perfekt sein: Ziel ist es, zu sehen, welche Klänge aus Ihrem Körper kommen.

Jetzt beginnen Sie. Machen Sie die Augen zu, wenn es Ihnen damit leichter fällt zu singen, und bewegen Sie die Schultern. Die meisten werden nach ein, zwei Ansätzen über sich hinauswachsen, Stimme pur geben und das Gefühl haben, von einem 10-Meter-Brett gesprungen zu sein. Sie fühlen sich total energetisiert, es ist Ihnen warm, und Sie glauben, purpurrot geworden zu sein. Das ist nicht der Fall, Sie sind einfach nur bis in Ihre Fußspitzen energetisiert und können Bäume ausreißen. Das ist die Energie, in die Sie kommen sollten, bevor Sie in einen Vortrag gehen, in eine Besprechung oder in ein Bewerbungsgespräch, denn diese Power nehmen auch die anderen wahr. Dieser Energiekick dauert etwa drei Stunden an, bevor er verblasst.

Die Folge dieses »Sprungs vom 10-Meter-Brett« ist nicht nur erstens ein enormer Energieschub. Nein, Sie werden zweitens auch selbstbewusster, weil Sie sehen: »Wow, wie toll ist das, über diese Hürde zu gehen!« Und je häufiger Sie sich trauen, Ihre Komfortzone zu verlassen und Grenzen auszuloten, desto selbstbewusster werden Sie. Drittens profitiert Ihre Kreativität von dieser Grenzerfahrung, weil viele neue Ideen in Ihrem Kopf reifen. Viertens lernen Sie eine neue Sensibilität gegenüber Ihrer Stimme kennen, aber auch der Stimme anderer Menschen. Sie hören schneller, ob jemand müde, traurig, genervt oder glücklich ist. Und können Ihre eigene Stimmvariabilität bewusst in Gesprächen und Vorträgen einsetzen. Und fünftens ist Add Libbing ein wundervolles Tool, um den Kopf freizubekommen und wie im Fitnessstudio abschalten zu können.

Mehr noch: Add Libbing verbindet einen mit seiner Seele. Deshalb habe ich es in Seminaren öfter erlebt, dass Menschen während dieses

Trainings plötzlich zu weinen oder lauthals zu lachen beginnen, dass emotionale Verkrustungen der vergangenen Jahre aufbrechen. Das heißt, Add Libbing hilft zu entdecken, was in Ihnen lebt. Es stellt die Verbindung zwischen Verstand und Seele her.

Weiteres Gestaltungspotenzial

Doch mit Add Libbing, wie Sie es bisher kennengelernt haben, ist das Potenzial Ihrer Stimme nicht ausgeschöpft. Sie haben noch viele andere Möglichkeiten, Klänge und Gestaltungsmuster in sich zu erspüren, die Sie bei Vorträgen und im Gespräch einsetzen können. Um diese zu erspüren und herauszufinden, werden wir jetzt experimenteller und spielerischer. Treten Sie wieder vor einen Spiegel, schließen Sie die Augen, atmen Sie langsam ein und aus, spüren Sie Ihren Körper und denken Sie einen positiven Gedanken, zum Beispiel, wie sehr Sie Ihren Partner lieben oder Ihr Kind ...

Öffnen Sie Ihre Augen und beobachten Sie, wie sich Ihr Gesicht verändert, wenn Sie ein A singen, ein He, ein I, ein O und ein You. Wenn Sie bei einem der Vokale das Gefühl haben, wegschauen zu wollen, spüren Sie dem nach und fragen Sie sich: Warum? Das hat oft mit Kreativität zu tun: Neues ist uns per se fremd, wir hauen lieber ab, statt zu fragen: Wieso gehe ich? Manche Leute nehmen zum Beispiel vor einem A Reißaus, weil ihre Augen plötzlich so wunderschön sind. Das ist ein Schock und sie fragen sich: »Wow, bin ich wirklich so wow?«

Andere haben Angst vor einem I (was Kinder im Übrigen sehr lieben), weil es so ein breites Gesicht bewirkt. Also: Probieren Sie aus, welcher Vokal Sie unruhig macht und welcher Ihnen besonders gefällt. Ich persönlich liebe das A, das mich wie eine Sirene die obersten Töne anschlagen lässt. Ich kann da in eine Kopfstimme gehen, die die Tür zu Kindern und Tieren öffnet.

Haben Sie Ihren Lieblingsvokal entdeckt, singen Sie auf die vier Akkorde die Vokale A, He, I, O, You und werfen sich bei Ihrem Lieblingsvokal ein Küsschen zu. Machen Sie gerade bei ihm einen Kussmund zum Schluss. Und was hören Sie dabei? Der Ton kommt etwas tiefer aus Ihrem Brustkorb und Ihre Stimme wird dabei höher. Das heißt, sie haben eine Tür in Ihrem Körper geöffnet, die Ihnen eine neue Gestaltungsmöglichkeit bringt.

Um noch besser experimentieren zu können, ist es meist hilfreich, dass Sie Ihren Kiefer entspannen. Vor allem Akademiker und Geschäftsleute sind vorsichtig mit ihrem Mund. Sie haben Angst, dass ihr Mund »komisch« aussehen könnte und machen ihn deshalb sehr wenig auf. Doch um »Stimme satt« geben zu können, müssen Sie Ihren Mund aufmachen und Ihren Kiefer bewegen.

Monsterübung

Um Ihren Kiefer zu lockern und mehr Spaß zuzulassen, sagen Sie einfach »Uah, Uah, Uah«. Und jetzt nehmen Sie die Zunge mit dazu. Lassen Sie sie, während Sie »Uah, Uah, Uah« sagen, im Mund kreisen. Das klingt dann fast wie ein Monster – aber gerade dieser Ton ist gut. Lachen Sie dabei und fühlen Sie, wie Ihr Kiefer weicher und wärmer wird! Machen Sie die Monsterübung nicht zu schnell – keine Angst, Sie sind allein! – und vergessen Sie nicht, tief in Ihre Oberschenkel ein- und auszuatmen, sonst bleibt Ihnen der Ton förmlich im Halse stecken. Probieren Sie es aus: Machen Sie »Uah, Uah, Uah« ohne die entsprechende Atmung und danach mit. Merken Sie den Unterschied? Der eine Sound ist voller und »monsterlike«, der andere ist, als würden Sie sich selbst aufhängen.

Atmen Sie jetzt wieder in Ihre Oberschenkel und genießen Sie Ihren Atem, denken Sie positiv und sagen Sie »A, He, I, O, You«. Probieren Sie, ein O so groß wie möglich zu machen, und geben Sie dem You einen Kuss.

Vor dem Add Libbing

Bevor wir nun wirklich mit Add Libbing starten, summen Sie erst einmal. Summen ist gut für den Hals und für den Körper, weil es Ihre Stimme aufwärmt, sie ganz relaxt macht. Denken Sie beim Summen an gute Suppe, Ihre Lieblingssuppe (»Mhh!«), und fragen Sie sich: Wo ist das Summen in meinem Körper? Es ist vermutlich oben im Hals. Und jetzt atmen Sie in Ihre Oberschenkel und summen wieder. Wo ist das Summen jetzt? Vermutlich etwas weiter unten. Sehen Sie, wie wichtig Atmen ist und was Sie damit erreichen können!

Um Ihre Stimmbänder aufzuwärmen – schließlich wollen wir gleich den Variantenreichtum von Add Libbing üben –, machen Sie den Babysound: »Brrr, Brrr, Brrr.« Bei diesen Brrrs sollten Ihre Lippen vibrieren und Sie sich anhören wie ein Baby. Und nun spielen Sie mit dem Babysound Ihren Lieblingsvokal durch. Anschließend rollen Sie ein bayerisches Errrrrrr. Fragen Sie sich: Wo ist der Ton beim Errr, wo beim Brrr?

Beide Übungen eignen sich hervorragend, um Ihre Stimmbänder vor einem Vortrag aufzuwärmen. Und jetzt gehen Sie mit dem Errr tiefer und tiefer. Hören Sie, wie Sie neue Türen in Ihrem Körper aufstoßen? Von Ihrer Kehle gehen Sie in Ihre Brust. Atmen Sie nun in Ihre Oberschenkel, bewegen Sie die Schultern und gehen Sie mit »Errr« noch tiefer. Spüren Sie, wie tief Ihre Stimme in Ihren Körper geht?

Je tiefer Sie kommen, desto entspannter sind Sie, desto mehr Power besitzen Sie. In Gesprächen oder in einem Vortrag kommen Sie so wärmer, kraftvoller und überzeugender rüber – eine tiefere Stimme signalisiert eine besondere Sympathie. Wichtig ist, dass Sie Ihre Bandbreite kennenlernen, wissen, wo Töne sitzen und wie Sie sie abrufen können, denn das schärft Ihre Stimme, zeigt Ihnen, wo überall Sie Töne sitzen haben, wie Sie mit Stimme modulieren und sich für einen Vortrag energetisieren können.

Und: Je häufiger Sie Ihre Stimme aufwärmen, umso schneller werden Sie dabei. Dann brauchen Sie keine Stunde mehr – wie im ersten Coaching oder beim Lesen dieses Textes, sondern sind in sieben bis zehn Minuten »ready to go«!

I don't care – was die Leute sagen

Da ich zu öffentlichen Auftritten, egal ob Vortrag, Seminar oder Gospel Singing, zum Teil mehrere hundert Kilometer anreise, habe ich meist nicht die Möglichkeit, meine Stimme im stillen Bürozimmer oder zu Hause aufzuwärmen, deshalb mache ich das – lachen Sie nicht – auf dem Klo.

Ich mache die Beine ganz breit oben, atme und – was wichtig ist – ich visualisiere, wie mein Atem in die Oberschenkel fließt. Und dann sage ich »Errr« auf der Toilette. Oder »Brrrrr«. Was schert es mich, was die Leute denken! Ich habe keine Scheu und lass mich auch nicht von meiner verzagten inneren Stimme (»Was, wenn jemand mich hört?«) ins Bockshorn jagen.

Denn hier meine Gegenfrage: Was ist Ihnen wichtiger? Wollen Sie einen guten Vortrag abliefern, eine gute Präsentation? Oder ist es Ihnen lieber peinlich, wenn die Leute Sie hören?«

Ich wärme meine Stimme immer auf dem Klo auf. I don't care, es ist mir egal, was die Leute denken. Denn gern zitiere ich den Entwicklungswissenschaftler Joseph Chilton Pearce, der so weise sagte: »Um Kreativität auszuleben, müssen wir zuerst unsere Angst vor dem Scheitern loslassen.«

Und: Wer seine Stimme aufwärmt, bekommt mehr Respekt. Die Leute sagen dann, Sie geben nicht nur gute Vorträge, sondern Sie bereiten sich auch vor. Denn wer erst mit seinem Publikum beginnt, seine Stimme aufzuwärmen, verschenkt viel Potenzial!

Zurück zum experimentellen Add Libbing

Summen Sie wieder Ihren Lieblingsvokal. Denken Sie an etwas Positives, sonst macht die Tür nicht richtig auf, weil Ihr Körper zu eng ist. Denn der Körper sagt: Ich bin eng, weil du zu kritisch bist.

Und jetzt singen Sie die Vokalreihe, jeden einzeln über die vier Akkorde. Spielen Sie dabei und versuchen Sie tiefer zu gehen, Türen weiter aufzumachen.

Spielen Sie nun und singen Sie »Ouououououou« auf die vier Akkorde. »Eieieieiei«. Spielen Sie mit Ihrer Zunge, nur um zu schauen, welche Klänge sich in Ihnen verbergen, die Sie rauslassen können. Vielleicht macht es ja Sinn, den einen oder anderen einmal in einem Vortrag einzuwerfen, um die Leute zum Lachen zu bringen. Die Stimme hat so viele Möglichkeiten, den Menschen zu erreichen, also: Spielen Sie, spielen Sie, spielen Sie! Vielleicht müssen Sie das Kind in sich stärker rauslassen. Fangen Sie an, Sie sind allein, trauen Sie sich. Es muss nicht perfekt sein. Es muss nur Spaß machen. Ich sage meinen Coachees immer: »I'm sorry, you have to have fun!«

Erlauben Sie es sich, Spaß zu haben und singen Sie »Ouououououou«, »Eieieieiei«, »Uwuwuwuwu«, »Oyoyoyoy«, »Mimimimimi«, »Ähoäho-äho«. Spielen Sie einen Chinesen – wie würde es ein Chinese singen, wie ein Japaner? Gehen Sie in irgendeine andere Kultur und übernehmen Sie deren Klänge. Das ist Add Libbing: mit Vokalen spielen, damit Sie hören, was Ihre Kreativität Ihnen zu sagen hat, und neue Dinge in sich entdecken. Schließlich ist Stimme nicht nur Kommunikationsmittel. Sie hat Zwischentöne, rundet Ihre Persönlichkeit ab und bietet Ihnen dabei eine große Variabilität.

Und: Don't forget to have fun!

Probieren Sie Add Libbing aus, und sollten Sie während Ihres nächsten Vortrages merken, Ihr Körper wird eng, Ihre Stimme wandert in Richtung Kehle ab: Atmen Sie! Atmen Sie langsam in Ihre Oberschenkel, bewegen Sie die Schultern etwas, denn das gibt Ihnen schnell wieder das nötige Volumen, ganz Sie selbst zu sein. Mit diesem Trick sind Sie gegen alle einschnürenden Worst-Case-Szenarien bei Vorträgen gefeit, wie etwa Zwischenrufe, technische Pannen oder Kabelstolperer. Doch vergessen Sie vor allem eines nicht: sich aufzuwärmen mit dem Tool, das Sie immer bei sich haben – mit Ihrer Stimme, diesem gewaltigen Klangmeister. Und: Don't forget to have fun!

Foto: Orla Connolly

WER IST ELIZABETH (LIZ) HOWARD?

Diesen Beruf/diese Berufe habe ich bereits ausgeübt: Sängerin, Gesangs- und Stimmtrainerin, Motivationstrainerin, Deutschlands erste Keynote Speaker, die gesungene Vorträge hält

Meine Berufung ist: Den Menschen mithilfe des Klangs seiner eigenen Stimme zu motivieren

Meine Themen als Trainerin und/oder Coach sind: Stimme und Gesang, Motivation, beruflich erfolgreich sein mithilfe der eigenen Stimme

Am Coaching schätze ich besonders: Wenn der Mensch bereit ist, neue Schubladen zu öffnen, sich auf Neues einzulassen und Neues auch genießen und lieben zu können

Meine hilfreichste Erfahrung, die mir die Begleitung von Menschen ermöglicht: Jede Stimme hat einen besonderen Klang, der sich lohnt, entdeckt, herausgekitzelt und genossen zu werden. Meine Erfahrung ist, dass, wenn jemand seine Stimme kennengelernt hat, sich auch sein Leben positiv verändert. Das bereitet mir wahre Freude!

Eine ausschlaggebende Situation/ein wichtiger Faktor in meiner Persönlichkeitsentwicklung war/ist: Jeder muss seinen eigenen Lernprozess für sich selbst entdecken.

Das will ich noch lernen: Was heißt hier »noch«? Ich will vieles lernen in meinem Leben, dazu zählt unter den Top-Prioritäten auf jeden Fall Italienisch! Das bekomme ich nicht mehr aus meinem Kopf!

In diesen Situationen empfinde ich Glück: Wenn ich es schaffe, dass ein Mensch seine Stimme entdeckt und über sich hinauswächst

Ein Mensch ist reich, wenn er seine Berufung gefunden hat.

Diese Eigenschaften schätze ich bei anderen Menschen am meisten: Stärke, Mut, Humor und Kompetenz

Diese drei Stärken habe ich: Mut, Humor und Wahrheit

Diese Fehler entschuldige ich am ehesten (bei mir und bei anderen): Beurteilen, ohne die ganze Wahrheit zu kennen

Meine Lieblingstugend: Geduld

Mein Lieblingsautor/meine Lieblingsautorin: Toni Morrison (erste Afro-Amerikanerin, die den Nobelpreis gewonnen hat)

Mein Buchtipp zum Thema Persönlichkeit: *The 25 Principles of Success* von Jack Canfield (hat auch *Hühnersuppe für die Seele* geschrieben)

Mein Lebensmotto: »Pick yourself up, dust yourself off and start all over again!« (Zitat von Dorothy Fields, 1936)

Elvira Haslinger

MACH DICH STARK FÜR DEINE ZUKUNFT – ERFOLG MIT SELBSTMOTIVATION

Wenn neue Ziele oder Veränderungen im Leben anstehen, braucht es für gute Lösungen eine starke und authentische Persönlichkeit. Das gilt für das eigene Leben und auch, wenn wir als Führungskraft Verantwortung übernehmen müssen. Innere Klarheit, ein positives Selbstwertgefühl, Begeisterung, Selbstreflexion und ein wertschätzender Umgang mit sich und anderen sind die Basis für den Erfolg.

Das erste Treffen mit Angela S. findet in der Nähe meines Büros in einem kleinen Café statt. Eine hübsche, dunkelhaarige Frau, Mitte 30, sitzt in einer versteckten Ecke des Cafés an einem kleinen Tisch. Als ich das Café betrete, erkenne ich sie sofort. Ihr Blick ist nach unten gerichtet und sie wärmt sich ihre Hände an einer Tasse Tee. Angela S. macht einen unsicheren Eindruck auf mich.

Für mich als Coach sind diese ersten Eindrücke immer sehr spannend. Menschen erzählen mir dann etwas, obwohl wir noch nicht miteinander gesprochen haben. Angela S. berührt mich und ich freue mich auf unsere Begegnung.

Am Telefon hat sie mir erzählt, dass sie seit zehn Jahren als Qualitätsmanagerin in einer größeren Firma arbeiten würde. Das Unternehmen beliefert die Sportartikelindustrie und betreibt eine eigene Produktionsstätte. Als Deutsche, aufgewachsen in einer ländlichen Gegend, hat es sie nach dem Studium in Heidelberg beruflich nach Salzburg verschlagen. Sie liebt Salzburg, es sei ihr eine zweite Heimat geworden, erzählt sie mir alsbald und berichtet von Freunden und von versteckten Winkeln der Stadt, die sie besonders mag.

Sie arbeitet gerne für dieses Unternehmen. Es sind nicht Überstunden und Überlastung, die ihr zu schaffen machen, sondern die Führungskräfte, die dieses Unternehmen leiten. Als traditioneller kleiner Familienbetrieb, gegründet vor 35 Jahren mit zwei Angestellten, hat sich das Unternehmen großartig entwickelt und beschäftigt heute über 200 Mitarbeiter in der Produktion. Seit drei Jahren gibt es in der Firmenleitung neben dem Firmengründer noch zwei weitere Geschäftsführer, die Söhne vom Seniorchef – die Nachfolger.

Vor einem Jahr wurde eine zweite Produktionsstätte in Vorarlberg eröffnet, direkt am Bodensee an der Grenze zu Deutschland. Angela S. hatte sich in der Firma um die Stelle der Marketingchefin beworben, als die Stelle neu ausgeschrieben wurde. Sie wollte sich verändern und ihre kreativen Stärken und innovative Ideen, die sie in der Qualitätssicherung nicht verwirklichen konnte, nun im Marketing einbringen. Schon seit geraumer Zeit fühlte sie sich am falschen Platz.

Neben der Berufstätigkeit hat Angela S. auch noch Familie. Ihr Vater lebt in einem kleinen Ort am Bodensee, gleich um die Ecke der neuen Niederlassung. Er benötigt nach einem Schlaganfall dringend Pflege. Die möchte seine Tochter Angela sich mit ihren drei Schwestern am Wochenende teilen, die Mutter ist schon lange verstorben. Es sind also auch familiäre Belange, die Angela S. zu einem neuen Anfang treiben.

Ihre Bewerbung für die neue Stelle wird jedoch von beiden Geschäftsführern, den Söhnen des Seniorchefs, rigoros abgelehnt. Nur der »alte Herr« hat den Wechsel nach Vorarlberg befürwortet. Zwei Stimmen gegen eine, für Angela S.s Bewerbung bedeutet das das Aus. Obwohl ihr die beiden Juniorchefs sehr wenig Anerkennung zeigten, loben sie Frau S. jetzt und wollen sie unbedingt in der jetzigen Position behalten. Das Argument: »Es gibt für die Leitung der Qualitätskontrolle einfach keine Person, die so qualifiziert ist wie Sie!«

Angela S. »akzeptiert«. Nach ein paar Monaten aber stellt sie fest, dass sie morgens keine Lust mehr hat aufzustehen. Sie fühlt sich müde und gerädert. Ihr Schlaf wird oft durch Aufwachen gestört. Albträume treten auf, und mehr und mehr verliert sie an Energie, Ausstrahlung und Kraft. Negative Energie wirkt sich bald auf ihren ganzen Organismus aus und ihre Arbeitsleistung nimmt ersichtlich ab. Ständig ist sie müde, oft erkältet und immer deutlicher traurig und gereizt.

Elvira Haslinger

Auf meine Frage, wie ihr Zeitverhalten sei, erzählt mir Angela S., dass sie eigentlich gar keines mehr habe. »Ich bin zu erschöpft für Sport und habe keine Lust, mit anderen Menschen auszugehen.« Die depressiven Verstimmungen nehmen zu.

»Soll das alles gewesen sein in meinem Leben?«, fragt sie sich immer öfter. Die Sorge um den Vater verstärkt sich mit dem Gefühl, im Notfall zu weit weg zu sein. Und in ihrer Arbeit bemerkt sie, dass sie die Begeisterung mehr und mehr verliert.

»Ich bin im Moment einfach so unmotiviert, habe keine Lust im Job, weiß nicht, was mit mir los ist«, versucht sie ihre Lage zu beschreiben. Steigende Unzufriedenheit macht sich im Leben von Angela S. breit, die Suche nach einer Lösung ist dringend nötig. In dieser Situation ruft sie mich an, und jetzt sitzen wir am Tisch im kleinen Café. Bei Tee und Cappuccino halten wir Small Talk, ich will ihr die Angst nehmen, Vertrauen gewinnen. Plötzlich bricht es aus ihr raus:

»Ich habe ja nicht nur dieses Problem mit meinem Job, den ich mittlerweile so was von langweilig finde, und nebenbei die Sorge um meinen Vater, es kommt noch viel schlimmer. Letzte Woche ist mein Freund ausgezogen, mit dem ich acht Jahre zusammengelebt habe. Er hat sich in eine andere Frau verliebt. Mein ganzes Leben ist aus den Fugen, es geht mir so richtig miserabel.«

Tränen fließen, ich gebe ihr ein Taschentuch und warte, bis sie wieder etwas zu sich findet. Wir verabreden miteinander, bald mit dem Coaching zu beginnen. Kaum ist der erste Termin fixiert, geht es Angela S. schon etwas besser. So ist es oft, weiß ich aus Erfahrung. Wenn der erste Schritt getan ist, folgt die erste Lösung nach.

Zwei Wochen später treffen wir uns bei mir in der Beratung. Die Menschen, die zu mir ins Coaching kommen, schätzen die geschützte und anonyme Atmosphäre und fühlen sich sofort wohl in dem Raum, in dem wir arbeiten. Hell, freundliche Farben und genug Freiraum zum Träumen, Visualisieren, Realisieren, Raum, um Klarheit zu suchen, positive Selbstreflexion zu gestalten und Lösungsansätze zu finden.

Auch Angela S. spricht auf diese Atmosphäre an. Gemeinsam können wir nun für einen ersten halben Tag ihre Situation genauer betrachten und erste Lösungsansätze finden.

Sicher kennen Sie auch diese Situation. Fast jeder Mensch erlebt Zeiten, in denen scheinbar nichts mehr klappt und die Wogen über ihm zusammenbrechen. Verschiedene Übungen und Gedanken haben sich in meiner Arbeit als positiv für diese Situation erwiesen. Ein wichtiger Punkt ist für mich hier die *Eigenmotivation*.

Angela S. sitzt mir gegenüber und blickt mich erwartungsvoll an. Ich erkläre ihr, wie ein Coachingprozess abläuft, und frage sie: »Was muss heute passieren, dass Sie am Ende unserer Sitzung sagen können, es hat sich gelohnt für Sie?«

Sie überlegt lange und antwortet: »Ich möchte heute Klarheit finden, was mir besonders wichtig ist im Leben und wie ich mich besser motivieren kann.« Das Wichtigste im Coaching ist, ein genaues Ziel zu definieren. Ich wiederhole ihre Antwort und gebe ihr Moderationskarten in verschiedenen Farben in die Hände und einen dicken Stift.

»Schreiben Sie jetzt Ihr genaues Ziel auf eine dieser Karten, egal welche Farbe«, bitte ich Frau S. Sie wählt eine blaue Karte und schreibt das Ziel auf. Die Karte legt sie auf den Tisch. Ich schlage vor, dass wir uns an die Arbeit machen, und frage sie: »Welche Werte brauchen Sie, um glücklich und zufrieden zu sein? Sie haben hier sieben Karten, auf jede Karte schreiben Sie jeweils einen Wert darauf, der Ihnen besonders wichtig ist.« Es nimmt lange Zeit in Anspruch, bis Angela S. ihre Werte findet für ihr Lebensglück. »Nun legen Sie bitte die Karten auf den Tisch und reihen Sie nach der Wichtigkeit«, fordere ich sie auf. Anschließend sehen wir uns das Ergebnis an. Nach mehrmaligem Hinterfragen jedes einzelnen Wertes und einiger Korrekturen in der Wertehierarchie steht die Reihung fest:

1. Karte: in einem Team arbeiten
2. Karte: Anerkennung und Wertschätzung
3. Karte: kreativ sein können
4. Karte: Sinn finden in seinem Tun
5. Karte: viele Freundschaften haben
6. Karte: eine erfüllende Partnerschaft
7. Karte: finanzielle Absicherung

Sie können diese wichtige Übung gleich selbst einmal ausprobieren. Was sind Ihre Werte? Was brauchen Sie, um glücklich und zufrieden zu sein? Besonders in Zeiten einer Veränderung oder einer neuen Herausforderung ist es sinnvoll, seine persönliche Wertehierarchie zu kennen.

Wir sitzen wieder beide gegenüber am Tisch und ich frage Frau S.: »Sind Sie einverstanden mit einem kleinen Experiment?« Sie ist es, ich führe sie in einen entspannten Zustand und stelle ihr die nächste Frage: »Angenommen, es erscheint Ihnen nachts eine gute Fee und macht Ihnen dieses Angebot: ›Sie haben drei Wünsche frei‹, was würden Sie dazu sagen?« Angela S. überlegt: »Ich wünsche mir den Job als Marketingchefin in meiner Firma, mein neuer Arbeitsplatz ist in der Nähe meines Vaters und ich habe keinen Liebeskummer, weil ich jetzt wieder Single bin!« Ich hole sie wieder zurück ins Jetzt und wir vergleichen ihre drei Wünsche mit den Werten, die sie vorher gefunden hat und braucht, um glücklich und motiviert zu sein.

Mir ist das Ergebnis nicht aussagekräftig genug und deshalb bitte ich Frau S., ihr weitere Fragen zu ihrer aktuellen Lebenssituation stellen zu dürfen. Sie stimmt sofort zu. In der restlichen Zeit unseres Coachings arbeiten wir mit verschiedenen Methoden daran, herauszufinden, was sie am meisten blockiert und demotiviert, wovor sie Angst hat und wie sie sich davon lösen und neu durchstarten kann.

KURZE ZUSAMMENFASSUNG (REFLEXION)

Was hat Angela S. im damaligen Iststand demotiviert?

❭ zu wenig Anerkennung und Wertschätzung von ihren Vorgesetzten
❭ Ablehnung ihrer Bewerbung für die Neubesetzung im Marketing durch die Geschäftsleitung
❭ die Krankheit ihres Vaters, der intensiver Pflege bedurfte
❭ das Gefühl, dem Vater durch die große Entfernung nicht jederzeit helfen zu können, wenn ein Notfall eintritt
❭ die Trennung von ihrem Freund nach acht Jahren

Wie wirkte sich das auf ihr damaliges Leben aus?

- ❯ negatives Selbstbild (Ich bin nicht gut genug, keiner liebt mich ...)
- ❯ Angstgefühle (Ich bringe nichts auf die Reihe ...)
- ❯ das schlechte Gefühl, sich bei ihren Vorgesetzten nicht durchsetzen zu können
- ❯ gesundheitliche Probleme wie Schlafstörungen, Albträume, ständige Müdigkeit und Lustlosigkeit
- ❯ schlechtes Gewissen gegenüber dem Vater
- ❯ Trauer über den Verlust des Freundes

Lösungsansätze im Coachingprozess:

- ❯ versteckte Potenziale finden
- ❯ Stärken verstärken
- ❯ positives Selbstbild aufbauen durch Entwicklung neuer Denkweisen und Verhaltensmuster
- ❯ sich der Angst stellen (Worst Case, Plus/Minusliste)
- ❯ einen Termin mit der Geschäftsführung vereinbaren, um nochmals über die Bewerbung zu sprechen; dabei die Vorteile für die Firma aufzeigen, wenn die Stelle mit Frau S. besetzt wird
- ❯ Neuorientierung für einen eventuellen Jobwechsel, wenn die Bewerbung neuerlich abgelehnt wird
- ❯ Visionen einer glücklichen Zukunft entwickeln
- ❯ To-do-Liste erstellen

Nach unserem Coaching bitte ich im Abschlussgespräch um ein kurzes Feedback meiner Klientin. »Sie haben mir heute sehr geholfen, ich fühle mich von einem großen, dicken Stein befreit! Danke! Morgen beginne ich sofort, die ersten Schritte umzusetzen und einen Gesprächstermin mit der Geschäftsführung zu vereinbaren.« Mit diesen Worten verabschiedet sich Angela S. Sie wirkt auf mich jetzt viel ruhiger und ausgeglichener als am Anfang unserer Arbeit. Ein Aufblitzen in ihren Augen sagt mir: »Ich gebe nicht auf, nein, noch lange nicht ...«

Genauso soll es sein! Wir vereinbaren beim Abschied, der überaus herzlich ist, dass Frau S. sich in zwei Wochen telefonisch bei mir wieder melden wird.

Jetzt zu Ihnen:

Gehören Sie zu den Menschen, die gelegentlich etwas auf die lange Bank schieben, an sich zweifeln, sich unmotiviert fühlen oder das Gefühl haben, auf der Stelle zu treten? Keine Angst, Sie sind damit nicht allein auf dieser Welt, die meisten Menschen ticken so, die einen öfter, die anderen seltener.

Unangenehm und stressig wird es, wenn dieser Zustand über längere Zeit anhält und Ihnen die Energie und Lebensfreude nimmt. Wenn Sie das Gefühl haben, Ihre Batterien leeren sich und das innere Feuer versiegt, dann ist es höchste Zeit, aktiv zu werden.

Und ganz gleich, ob Sie ein Experte im Verschieben auf später sind oder ein Frischling auf diesem Gebiet: Es gibt wirksame und schnelle Methoden, seinen inneren Motor (Schubkraft) anzukurbeln. Raus aus der Komfortzone – überwinden Sie den inneren Schweinehund!

COACHEN SIE SICH SELBST!

Werden Sie zum eigenen Regisseur Ihres Lebens und leben Sie nicht fremdbestimmt! Übernehmen Sie Eigenverantwortung für Ihren Lebenserfolg und stellen Sie sich folgende Fragen. Ich nenne sie die wichtigsten W-Fragen. Nehmen Sie sich dafür genug Zeit. Auch wenn Sie ein paar Tage oder länger dafür brauchen: Es lohnt sich!

Zielarbeit

> Was will ich wirklich? (konkretes Ziel)
> Welchen Nutzen habe ich davon?
> Was ist der größte Vorteil daraus für mich, dieses Ziel zu erreichen?
> Wie reagiert mein Umfeld darauf – Vorteil/Nachteil? Wie beeinflusst mich das?

- Welche Hindernisse könnten mich scheitern lassen? (Worst Case)
- Was ist der Preis für den Erfolg – und will ich ihn bezahlen?
- Wie denke ich über mich persönlich?
- Welche meiner Stärken verwende ich, um ans Ziel zu kommen?
- Welche meiner vermeintlichen Schwächen könnten mich aus der Bahn werfen?
- Wie könnte ich diese Schwächen in neue Stärken verwandeln?
- Wie denke ich über andere Menschen? Was ist mein Menschenbild?
- Welchen Nutzen haben andere Menschen von mir?
- Wer und was sind meine Zeiträuber und Vampire, die mir meine Energie rauben?
- Wie schütze ich mich davor?
- Wann möchte ich mein Ziel erreicht haben? (genauer Termin)
- Welche Ressourcen brauche ich noch? (Dinge, Geld, Maschinen etc.)
- Wer könnte mir dabei helfen?
- Wann setze ich den ersten Schritt und starte meine Schubkraft?
- Wie motiviere ich mich, weiterzumachen, wenn es mal nicht so gut läuft?
- Wem erzähle ich als Erstem meinen Erfolg?
- Wie, wann, wo und mit wem feiere ich meinen Erfolg? (Visualisieren Sie mit allen Sinnen!)
- Wohin geht die nächste Reise, wenn ich am Ziel bin?
- Wenn meine letzte Stunde für mich schlägt, was möchte ich über mich selbst sagen können? Was habe ich im Leben erreicht, umgesetzt, getan, gegeben, genommen, erfahren, aufgeschoben, verwirklicht? Es klingt etwas makaber, aber es hilft: Schreiben Sie Ihre Grabrede!

Die »eigene Grabrede« zu schreiben, ist ein gutes Mittel der Selbsterkenntnis. Sie hilft, die wichtige Unterscheidung zu treffen zwischen »Was ist wichtig?« und »Was nehme ich nur für wichtig?« Selbstmotivation sollte für die wichtigen und nicht für die nichtigen Ziele aktiviert werden.

Es gibt erfolgreiche Tipps und Strategien, die Selbstmotivation und inneren Antrieb verstärken. Die große Täuschung allerdings, der sogenannte und sich selbst so nennende Motivationsexperten unterliegen (entweder weil sie naiv oder schlecht informiert oder weil sie zynisch sind), ist, dass sie glauben oder glauben machen, dass ihre Strategien für alle Menschen gleich sinnvoll und brauchbar sind.

Im Folgenden schildere ich Ihnen bewährte Tipps und Strategien zur Selbstmotivation. Aber ich hänge ein Warnschild dran. Auf dem steht:

1. Was Sie gleich lesen, sind praxisbewährte Selbstmotivations-Strategien. Aber sie wirken nicht bei allen Menschen in gleicher Weise.
2. Am ehesten wirken sie bei Menschen wie Angela S., die »von Hause aus« gut motiviert und gut strukturiert war, aber ...
3. ... durch mehrere, gleichzeitig auftretende widrige Lebensumstände, die sie nicht verschuldet hatte und von sich aus nicht ändern konnte (Krankheit des Vaters, vom Freund verlassen und Verwehren einer beruflichen Aufstiegschance) ...
4. ... in ein seelisches Loch gefallen war.
5. Schlechter greifen diese Selbstmotivations-Strategien bei Menschen, die in einer belasteten Situation sind,
   - aber nicht auf förderliche Kompetenzen (gute Selbstmotivation, gut strukturiert) zurückgreifen können oder
   - Menschen, die akut oder dauerhaft in seelischen Turbulenzen leben.
6. Da die hier folgenden Selbstmotivations-Tipps so einfach klingen, besteht die Gefahr, dass sie jene Menschen in Probleme bringen, die
   - versuchen, sich an die Tipps zu halten, aber
   - merken, dass sie dies nicht schaffen und dann entweder
   - sich selbst beschimpfen oder
   - resignieren.
7. Was diesen Menschen hilft, lesen Sie im Beitrag von Sabine Asgodom gegen Ende des Buches.
8. In besonderer Weise problematisch ist im Folgenden die Sache mit dem »inneren Schweinehund«. Einige Menschen, aber längst nicht alle, können sich selbst durch einen Tritt in den Allerwertesten motivieren. Andere nicht. Und das sind entweder »kreative Chaoten« (siehe den Beitrag von Cordula Nussbaum) oder Menschen mit dem Apostel-Paulus-Problem (siehe den Beitrag von Sabine Asgodom).

Tipps und Tricks zur Selbstmotivation

Besonders in schwierigen Zeiten, in denen Sie vielleicht zweifeln und sich von anderen Menschen negativ beeinflussen lassen, sich selbst blockieren und das Gefühl haben: »Rien ne va plus – nichts geht mehr«, helfen Ihnen diese Anker, gut über die Runden zu kommen und neu durchzustarten.

Führen Sie ein Tagebuch

Bevor Sie abends schlafen gehen, reflektieren Sie den Tag und tragen die Ergebnisse ein: Was lief gut, was weniger, was haben Sie daraus gelernt für die Zukunft? Schreiben Sie mindestens drei positive Dinge auf, auch wenn sie Ihnen noch so klein und unwichtig erscheinen.

Sammeln Sie Glückssteine

Für jedes positive Gefühl, das Sie an diesem Tag hatten, geben Sie einen bunten Stein in eine Glasvase. Am Monatsende zählen Sie die Steine und es geht Ihnen gut.

Stärken Sie sich mental

Jede positive Energie zieht Sie rauf, jede negative runter. Entrümpeln Sie von Zeit zu Zeit Ihren inneren Müll. Überdenken Sie Ihre Glaubenssätze und Verhaltensmuster. Kreieren Sie neue, die Ihnen Kraft und Mut geben. Schreiben Sie sich kurze Botschaften auf kleine Zettel, die Sie an sichtbaren Stellen in Ihrer Wohnung, im Auto oder Büro anbringen:

> ⟩ »Yes, I can.«
> ⟩ »Ich glaube fest an mich.«
> ⟩ »Ich bin stark und mutig.«
> ⟩ »Ich bin mir das wert.«
> ⟩ »Ich halte durch.«

Dasselbe gilt für die Zielarbeit

Schreiben Sie in einem Satz auf, was Sie genau und wann erreicht haben wollen, aber im Istzustand:

Elvira Haslinger

- falsch (weil zu unpräzise): »Ich möchte bis Ende des Jahres meinen Verkaufsumsatz erhöhen.«
- richtig (weil konkret): »Ich habe am 31. Dezember 2010 mein Ziel, einen Verkaufsumsatz von 100 000 Euro, erreicht.«

Du bist, was du denkst!
Visualisieren Sie ein genaues Bild davon, was Sie unbedingt erreichen wollen. Spüren Sie rein mit allen Sinnen: Was sehe ich, was fühle ich, was höre ich, was rieche ich, was schmecke ich? Holen Sie sich das Bild gedanklich jeden Abend vor dem Einschlafen, spüren Sie das glückliche Gefühl bereits jetzt, das Sie haben werden, sobald Sie am Ziel sind. Ihr Unterbewusstsein kann nicht unterscheiden zwischen Realität und Fiktion.

Streichen Sie im Kopf das Wort »müssen«
Gehen Sie mit Freude an die Arbeit, ohne sich darin zu verbeißen. Druck erzeugt Gegendruck, und das blockiert. Den inneren Antrieb (Schubkraft) forcieren Sie mit der Visualisierung des Zieles, der Kraft Ihres Glaubens und einer positiven Grundeinstellung zum Leben. Programmieren Sie ein neues Wort im Gehirn für »müssen«, zum Beispiel »dürfen«.

Entwickeln Sie Mut, trauen Sie sich zu trauen!
Würden Sie spontan auf einer Bühne vor 100 Zuschauern den Klassiker »Rote Lippen soll man küssen ...« trällern? Nein? Warum nicht? Was könnte dabei Schlimmes passieren? Notfalls werden Sie ausgelacht, was für Sie vielleicht beschämend sein kann, weil Sie als Kind lernen mussten: »Du darfst dich nicht wichtig machen! Du darfst nicht auffallen, das gehört sich nicht!« Genau diese Denkmuster aus der Kindheit sind oft die Blockaden im Erwachsenenalter, die uns davon abhalten, neue Dinge einfach auszuprobieren. Dabei ist erwiesen, dass 80 Prozent unserer Ängste im Leben niemals Wirklichkeit werden. Deshalb rate ich Ihnen, machen Sie es einfach, tun Sie es! No risk, no fun!
Psychologen haben übrigens festgestellt, dass Menschen mehr Angst

haben, einen 100-Euro-Schein zu verlieren, als die Hoffnung, einen zu gewinnen.

Kennen Sie Menschen mit großer Angst vorm Fliegen, die andererseits täglich im Auto telefonieren ohne Freisprechanlage? Da frage ich mich: Was ist lebensgefährlicher? Nun es ist nicht unbedingt notwendig, dass Sie gleich mit großen Mutproben wie zum Beispiel mit einem Fallschirmabsprung aus 3 000 Meter Höhe starten, um erfolgreicher durchs Leben zu gehen. Bereits eine kleine Dosis mehr Mut kann Ihre innere Schubkraft starten.

Beginnen Sie mit kleinen Mutproben, wenn die Angst Sie stoppt:

- Gehen Sie zum Friseur und lassen Sie sich einen neuen Haarschnitt verpassen. Oder eine neue Farbe, die Sie schon immer wollten, sich bisher jedoch nicht trauten.
- Tragen Sie flache Schuhe, kaufen Sie sich die neuesten High Heels in der trendigsten Farbe und überraschen Sie den Partner damit.
- Halten Sie eine kleine Rede bei der nächsten Familienfeier.
- Überraschen Sie beim nächsten Meeting mit einer tollen Präsentation.
- Fühlen Sie sich zu alt, um in die Disco zu gehen? Dann machen Sie genau das! Sie werden sehen, es passiert Ihnen gar nichts, im Gegenteil, es macht Spaß, mal wieder richtig abzurocken!
- Schlüpfen Sie einmal einen Tag oder eine Woche in eine andere Rolle und machen Sie genau das, was Sie sonst keinesfalls tun würden. Spielen Sie zum Beispiel die Zicke oder Unangenehme, wenn Sie ansonsten als braver Typ gelten und nicht auffallen wollen. Kleiden Sie sich für eine Party mal so richtig sexy, wenn Sie sonst nur konservative Outfits tragen. Sehen Sie das Ganze einfach nur als ein Spiel, das Sie für kurze Zeit ausprobieren. Sie werden Spaß daran haben, wenn Sie in die Augen der überraschten Betrachter blicken und ihr Erstaunen bemerken. Das gibt Ihnen ein starkes Gefühl der Selbstbestätigung.

Der Knackpunkt zur Selbstmotivation

»Wie überwinde ich meinen inneren Schweinehund und werde dadurch wieder erfolgreicher, stressfreier und glücklicher?«

Verhaltensforscher haben nachweisen können, dass bei einigen Menschen nicht Motivation das Handeln erzeugt, sondern umgekehrt: Handeln entfacht Motivation!

Sobald Sie sich ein genaues Ziel gesetzt haben, etwas, was Sie unbedingt erreichen wollen und woran Sie fest glauben, dass Sie es schaffen, setzen Sie den ersten Schritt auf der Startbahn. Mit jedem Schritt, den Sie vorwärtsgehen, bekommen Sie einen inneren Schub.

Ich vergleiche das mit einem Skispringer: Sobald er grünes Licht bekommt, begibt er sich sofort in die ideale aerodynamische Position, fährt los, und mit jedem weiteren Meter seines Anlaufes erhöht er neben der Geschwindigkeit seine Schubkraft. Letztere beeinflusst wesentlich die Höhe und Weite des Sprunges. Für mich jedes Mal ein Wunder, wenn diese Superathleten weit über 100 Meter in der Luft schweben mit der Leichtigkeit eines Adlers und wie ein Akrobat wieder gesund am Boden landen.

Unser innerer Antriebsmotor funktioniert ähnlich. Mit jedem Schritt, den wir nach vorne gehen und uns unserem Ziel nähern, fällt es uns leichter weiterzugehen. Aller Anfang ist schwer, aber noch schwerer und demotivierender ist es, stehen zu bleiben.

Nehmen Sie sich einen Coach

Haben Sie wenig Erfolg damit, sich selbst zu coachen, oder ist Ihre Schubkraft nicht stark genug, um ans Ziel zu gelangen? Dann holen Sie sich Hilfe und Unterstützung.

Was früher nur im Sport normal war, ist heute selbstverständlich und alltäglich: sich professionelle Hilfe für eine bestimmte Zeit als Unterstützung zu holen, sei es im beruflichen oder privaten Kontext.

Mein Tipp

Suchen Sie sich einen Coach, der viel Erfahrung mit Menschen hat und eine gute Ausbildung. Der Ihnen keine Ratschläge gibt, sondern die richtigen Fragen stellt und nicht stur nach gelernten Methoden vorgeht.

Der genau auf Ihre persönlichen Bedürfnisse und Wünsche eingeht und Sie darin unterstützt, schneller ans Ziel zu gelangen, jedoch nicht abhängig von ihm zu werden. Professionelles Coaching im beruflichen oder privaten Kontext ist Hilfe zur Selbsthilfe. Damit motivieren Sie sich selbst, auf der Startbahn loszulegen und die volle Schubkraft zu bekommen.

FREMDMOTIVATION – MEHR SCHEIN ALS SEIN

Wenn Sie erwarten, dass Sie von anderen Menschen motiviert werden, dann hinterfragen Sie zuerst einmal bei sich selbst, warum Sie das brauchen. Für die Momentaufnahme eines Glücksgefühles kann diese Fremdmotivation gute Dienste leisten, zum Beispiel das Gespräch mit einer guten Freundin, der Sie zum hundertsten Male Ihren Liebeskummer erzählen. Sie hört zu, obwohl sie es nicht mehr hören kann. Aber sie ist Ihre beste Freundin und sie versucht, Sie aufzuheitern, abzulenken, oder macht Ihnen zuliebe Dinge, die sie selbst gar nicht will. Hauptsache, sie hat das Gefühl, sie kann Sie motivieren, dass Sie wieder besser drauf sind.

Anderes Beispiel: Sie gehen auf eine Vernissage, wo Sie interessante Menschen treffen. Dort haben Sie einen schönen Abend, das gibt für den Moment ein schönes Gefühl und positive Energie, die jedoch nach ein paar Tagen wieder verflogen sind. Oder Ihr Partner lädt Sie ins Kino ein, Sie sehen sich zusammen den neuesten Film an, Spannung pur, es geht Ihnen so richtig gut. Am nächsten Morgen gehen Sie ins Büro und erzählen Ihrer Kollegin ganz begeistert von dem Film. Einen Tag später haben Sie ihn bereits vergessen. Die erlebten positiven Gefühle sind weg und haben keinerlei Einfluss mehr auf Ihre Tagesverfassung, null Schubkraft.

Fazit:

Auf Dauer können Sie Ziele nur erreichen, wenn Sie sich immer wieder selbst motivieren können. Weitergehen, hinfallen, aufstehen, weitergehen …

Wie ging es mit Angela S. weiter?

Seit Ende unseres Coachings ruft sie mich alle paar Wochen an und erzählt mir ihre Fortschritte. Heute bestimmen wieder Lebensfreude und ständige Weiterentwicklung ihr berufliches und privates Leben. Am Telefon höre ich ihr Lachen, die Kraft ihrer Stimme, die Freude und die Lust am Leben. Ihren Traumjob hat sie bekommen, seit zwei Monaten leitet sie das Marketing, dessen Abteilung extra wegen ihr in die Zweigniederlassung nach Vorarlberg verlegt wurde, damit sie in der Nähe ihres kranken Vaters sein kann. Die Begeisterung sprudelt nur so aus ihr heraus, ist ansteckend.

Sie hat ein tolles Team mit motivierten Mitarbeitern und sie geht jeden Morgen wieder eine Stunde walken. Nach einem ausgiebigen Frühstück freut sie sich auf ihren Job, der sie extrem fordert – und das findet sie spannend. Sie motiviert sich jeden Tag aufs Neue. Wie hat sie das geschafft? Sie hat sich ihren Traum erfüllt, fest daran geglaubt, es zu schaffen, danach gehandelt, Mut entwickelt und sich durchgesetzt in der Chefetage!

Sie konnte letztendlich einen von den zwei Geschäftsführern nach langem Hin und Her doch noch überzeugen, dass sie mit der Position als Marketingchefin weit mehr Profit für das Unternehmen bringt als in der alten Abteilung.

Damit hatte sie zwei Befürworter, den Senior und einen Junior, der dritte Geschäftsführer musste sich geschlagen geben. Ein neuer Qualitätsmanager wurde von ihr eingeschult und damit stand dem Umzug nach Vorarlberg nichts mehr im Wege. Der Abschied von Salzburg fiel ihr trotzdem schwer, von ihren Mitarbeitern, Kollegen und Freunden, aber die neue Herausforderung und ihr Erfolg entschädigen sie für diesen Verlust.

Inzwischen hat sie neue Freunde gefunden, und bei einem ihrer Telefonate sagt sie: »Obwohl ich stets mein Bestes geben will, habe ich festgestellt, es muss nicht immer alles perfekt sein, manchmal genügt auch ein kleines bisschen weniger und es reicht noch immer, dass alle zufrieden sind. Ich habe etwas Wichtiges gelernt: Ich kann endlich Nein sagen, wenn ich nein meine.« Kluge Entscheidung!

In einem ihrer letzten Telefonate erzählt sie:

»Meine Niederlagen haben mich stärker gemacht als je zuvor, heute kann ich mich durchsetzen, sei es bei meinen Vorgesetzten, Mitarbeitern oder Kunden. Privat bin ich glücklicher Single. Ich suche nicht, lasse mich finden. Ich fühle mich selten einsam, habe viele Bekannte und tu das, was mir Spaß macht. Selbst meinem Vater geht es wieder besser und wir verbringen viel Zeit zusammen.

Seit drei Monaten bin ich Mitglied in einem Salsaklub, da geht die Post ab. Ich weiß, ich finde wieder einen Partner, wenn die Zeit reif ist dafür. Es geht mir sehr gut, ich erfreue mich an kleinen Dingen, die täglich mein Leben bereichern. Sei es ein liebes Gespräch mit einer Kollegin, einem Kunden oder einem Menschen, den ich gerade kennenlernen durfte.

Mich freut der Duft meiner Lieblingsrose, eine blühende Wiese, ein Waldlauf, der Hund meines Nachbarn, der mich jeden Abend bis zu meiner Wohnungstür begleitet. Oder ein Treffen mit Freunden, ausgehen, faulenzen, lesen, ein wohltuendes Entspannungsbad nehmen. Meine Glücksvase, gefüllt mit den Glassteinen, steht auf meinem Tisch im Schlafzimmer. Jeden Abend kommt mindestens ein Stein dazu.

Die Vase ist mein Anker für Tage, wo es vielleicht einmal nicht so gut läuft. Dann zähle ich die Steine und sehe, wie viel Glück und Freude ich schon gehabt habe, und es geht mir gleich wieder besser. Ich bin so dankbar für alles, was ich auf dieser schönen Welt erleben darf, möchte alle Chancen nützen und so wenig wie möglich etwas aufschieben. Das Leben ist keine Generalprobe, das weiß ich heute!«

Nach solchen positiven Feedbacks von meinen Klienten weiß ich oft nicht, wer glücklicher ist: der Coach oder der Coachee!

Foto: Fa. Event Diary GmbH

WER IST **ELVIRA HASLINGER?**

Diesen Beruf/diese Berufe habe ich bereits ausgeübt: Vertriebsmanagerin, Sales-Director, Trainerin für Leadership und Persönlichkeit, Erfolgscoach

Meine Berufung ist: Menschen zu motivieren, sich persönlich weiterzuentwickeln und sich stark und mutig zu machen für eine erfolgreiche Zukunft

Meine Themen als Trainerin und/oder Coach sind: Potenzialentwicklung in jedem Bereich, sei es in der Führung, im Team oder als Einzelperson

Am Coaching schätze ich besonders: Die Beratung ohne »Ratschlag«. Der Coachee setzt sich eigene Ziele und erreicht sie durch professionelle Begleitung schneller und effizienter.

Meine hilfreichste Erfahrung, die mir die Begleitung von Menschen ermöglicht: Die eigene persönliche und berufliche Erfahrung. Ein langer Weg, gepflastert aus Erfolg und Scheitern.

Eine ausschlaggebende Situation/ein wichtiger Faktor in meiner Persönlichkeitsentwicklung war/ist: Zu erkennen, dass für den eigenen Erfolg nicht das ausschlaggebend ist, was wir in der Schule oder auf Universitäten lernen

Das will ich noch lernen: Alles, was mich meinen Zielen näher bringt

In diesen Situationen empfinde ich Glück: Wenn meine Enkelkinder mich anrufen, weil sie mich vermissen. Wenn ich Zeit habe für meine Freunde. Wenn ich meine Ängste überwinde und Dinge tue, die nicht in die Normalität anderer Menschen passen. Wenn ich abends den Sternenhimmel sehe und Gott danke, dass er die Welt so schön geschaffen hat. Wenn ich am Meer den Sonnenuntergang gemeinsam mit einem lieben Menschen erlebe und Friede und Geborgenheit in mir ist. Wenn ein Kunde so zufrieden ist mit meiner Arbeit, dass er mich weiterempfiehlt.

Ein Mensch ist reich, wenn er all die Dinge tun kann, die er zwischen morgens und abends tun will.

Diese Eigenschaften schätze ich bei anderen Menschen am meisten: Empathie und Wertschätzung für alle Bewohner dieser Erde

Diese drei Stärken habe ich: Menschen ihre eigene Wahrheit lassen, Mut zum Erfolg, Disziplin

Diese Fehler entschuldige ich am ehesten (bei mir und bei anderen): Alle Fehler, die unabsichtlich entstehen und dazu dienen, daraus zu lernen

Meine Lieblingstugend: Ein Optimist zu sein!

Mein Lieblingsautor/meine Lieblingsautorin: Paulo Coelho, Julia Onken

Mein Buchtipp zum Thema Persönlichkeit: *Was Sie hierher gebracht hat, wird Sie nicht weiterbringen* von Marshall Goldsmith • *Raus aus der Komfortzone, rein in den Erfolg* von Sabine Asgodom

Mein Lebensmotto: Trau dich, es ist dein Leben!

Melanie von Graeve

THINK BUSINESS

»Wie wäre das wohl, wenn ich Karriere mache, wenn ich vielleicht sogar selbst Chef oder gar Chef meiner eigenen Firma wäre?« Sofort blinkten viele rote Ampeln und Warnungen in meinem Kopf und alle begannen mit dem Wörtchen »aber« ...

Mehr als zehn Jahre war ich Vorstandssekretärin und Assistentin – und eigentlich gab es auch gar keinen Grund, daran etwas zu ändern. Eigentlich. Wenn mich nur nicht immer mal wieder dieses nagende Gefühl überfallen hätte, dass ich noch nicht angekommen bin, dass ich noch etwas Neues, anderes, Eigenes tun möchte.

»Wie machen die anderen das nur?«

Ich habe mich mehrere Jahre bewusst mit den Lebens- und Erfolgskonzepten ganz unterschiedlicher, für mich bemerkenswerter Menschen beschäftigt: Wirtschaftsgrößen, Führungskräfte, Politiker, Chefs, Selbstständige, Unternehmer. Ich las alles, was ich über das Thema Erfolg und Karriere fand, und nahm auch mein Umfeld genau unter die Lupe: Was machen diese für meine Begriffe erfolgreichen Menschen – und vor allem: Wie unterscheiden sie sich von mir? Welche Eigenschaften sind es, die ich benötigen würde, um ebenso erfolgreich zu sein? Ob ich das lernen kann?

Die üblichen Erfolgsrezepte, wie Mut, ein perfektes Konzept, die richtige Idee zur rechten Zeit, fand ich gelinde gesagt wenig hilfreich. Ich bin nicht mutig. Meine Ideen ließen sich auch mit viel Wohlwollen nicht als Konzept bezeichnen. Und ob ich zur rechten Zeit am richtigen Ort war, weiß ich auch erst hinterher. Da muss es doch noch Tipps geben, die näher an der Praxis sind.

Die gibt es tatsächlich. Schade für mich, dass ich einige der Erfolgscodes erst im Rahmen meiner unternehmerischen Tätigkeit und meiner heutigen Aufgaben als Chefin entschlüsselt habe – ich hätte meine Angestelltenjahre damit wesentlich angenehmer und erfolgreicher gestalten können.

Die für mich spannendsten und hilfreichsten Tipps für beruflichen Erfolg habe ich Ihnen zusammengestellt. Einige davon werden Sie bereits mitbringen, bei anderen werden Sie vielleicht etwas »nacharbeiten« oder sich fortbilden wollen. Ich verspreche Ihnen: Die investierte Zeit lohnt sich!

Und wo liegt Ihr Vorteil? Mögliche Nebenwirkungen können sein:

> die nächste Stufe auf Ihrer persönlichen Karriereleiter,
> als unentbehrlicher, das Unternehmen bereichernder Mitarbeiter wahrgenommen zu werden – damit machen Sie Ihren Job krisensicher,
> persönlicher, finanzieller und unternehmerischer Erfolg,
> und vor allem: Mehr Anerkennung und Freude im Beruf – und das kann in Zeiten, in denen eine Negativschlagzeile die nächste jagt, wirksamer sein als Medizin.

Also los, starten wir mit Ihrem persönlichen Erfolgskonzept:

»Wie komme ich dahin, wo ich hin möchte?« Am Anfang steht Ihr WAS und WOHIN, Ihre Idee, Ihr Leitbild

Die ersten Schritte sind wie so oft die schwierigsten, aber auch besonders wichtig für Ihre Erfolgsplanung. Beschäftigen Sie sich gründlich mit der Frage, was Sie eigentlich tun oder erreichen möchten. Und das ist keine Frage, die sich mal eben schnell bei einer Tasse Kaffee beantworten lässt. Denn Erfolg hat viele Gesichter. Der eine mag Erfolg mit Geld gleichsetzen, dem anderen ist vielleicht Freizeit wichtiger und Erfolg für ihn daher die Möglichkeit, sich mit möglichst wenig Arbeit möglichst viel Freizeit erlauben zu können. Für den einen sind es jubelnde Fans, für den anderen die Entwicklung seiner eigenen Persönlichkeit.

Wie definieren Sie Erfolg für sich ganz persönlich?

Melanie von Graeve

Daraus können Sie nun Ihre persönlichen Ziele ableiten. Ziele sollen Lust machen, Ihnen eine Perspektive geben. Setzen Sie sich daher möglichst konkrete, messbare und realistische Ziele, die Sie mit einem Termin versehen. Erscheint Ihnen Ihr Ziel zu groß, zerlegen Sie es in überschaubare Zwischenziele und legen Sie auch für diese Termine fest.

Hier eine gute Übung, die Ihnen helfen kann, Ihren persönlichen Wünschen auf die Spur zu kommen:

Begeben Sie sich doch mal ganz in Ruhe und in ungestörter Umgebung auf ein gedankliches Abenteuer, auf eine kleine Gedankenreise, zu der Sie alle »realistischen Ratgeber« wie »Das klappt doch eh nicht« und alle »Aber« ganz bewusst ausladen. Bauen Sie in Gedanken Ihr persönliches Berufs-Luftschloss. Erfinden Sie Ihre persönliche Zukunftsvision, einen Science-Fiction Ihres beruflichen Schaffens, und schmücken Sie dieses Bild liebevoll mit vielen Details. Dieses Spiel dauert bei manchen nur zehn Minuten, bei anderen einen ganzen Tag. Wichtig: Setzen Sie sich nicht unter Druck. Sie entwickeln hier Ihr Leitbild für eine glückliche Zukunft – dieser Tagtraum ist damit sehr gut investierte Zeit.

Und wenn Sie sich so richtig schön eingerichtet haben und Sie sich in Ihrem Bild pudelwohl fühlen, dann stellen Sie sich Fragen zu Ihrem Traumbild, zum Beispiel:

- Worin besteht Ihr beruflicher Traum? Was ist Ihre Inspiration, Ihr Ziel, Ihr Leitbild?
- Was haben Sie in diesem, Ihrem Zukunftsbild getan, womit haben Sie sich beschäftigt?
- In welcher Umgebung waren Sie tätig?
- Haben Sie allein oder mit Kollegen gearbeitet?
- Hatten Sie Mitarbeiter/Angestellte?
- Zu Hause oder in einem externen Büro?
- In Deutschland oder im Ausland?
- Wie haben Sie sich dabei gefühlt? Waren Sie glücklich?
- Wenn ja: Konnten Sie erkennen, woran das lag?

Auf diesem Wege fand ich zu meinem Traumberuf, der Organisation von Veranstaltungen und Unterstützung von Firmen bei ihren Events. Dazu habe ich übrigens mehrere Anläufe über einen Zeitraum von mehreren Wochen benötigt. Der Funke hat dann bei einem Wanderurlaub in den Dolomiten gezündet. Und sobald ich mein Wunschbild einmal vor meinem geistigen Auge gesehen hatte, hatte ich Feuer gefangen. Nachdem mir mein WAS klar war, brannte ich darauf, meinen Traum auch zu erreichen.

»Nach dem WOHIN kommt das WIE«: Wie geht es nun weiter?

Nachdem Sie nun Ihr WOHIN kennen, können wir uns den Werkzeugen zuwenden, die Ihnen helfen werden, Ihr Ziel zu erreichen.

Worauf muss ich achten, worauf sollte ich aufpassen? Was ist richtig, was falsch? Was funktioniert? Und was muss ich können, was wissen, was mitbringen?

Fragen gibt es reichlich – begeben wir uns auf die Suche nach den Antworten!

Abschauen ist erlaubt: Lernen Sie durch Vorbilder!

In meiner Findungsphase habe ich verzweifelt nach *der* neuen Geschäftsidee gesucht, nach etwas, das noch nie da gewesen ist, nach etwas, worauf die Welt gewartet hat – und habe es nicht gefunden. Diesen Fehler begeht so mancher, und es ist reine Zeitverschwendung. Viele erfolgreiche Menschen tummeln sich gerade in Geschäftsfeldern oder Bereichen, in denen der Wettbewerb groß ist – denn Wettbewerb sagt ihnen in erster Linie einmal, dass es in diesem Bereich einen Markt gibt. Es kommt auf den Menschen, auf die Persönlichkeit, auf unternehmerisches Können an, nicht auf die Idee oder das Produkt!

Produkte sind austauschbar, Menschen nicht. Das wurde mir als Chefin meiner eigenen Agentur mit der Zeit immer klarer – wertvolle Mitarbeiter sind für mich Menschen, die im Sinne der Firma, für die sie tätig sind, unternehmerisch denken und handeln, also alles daransetzen, diese Firma voranzubringen. Und genau das sind die Menschen, die ich heute suche, abwerbe, einstelle, fördere!

Schauen Sie sich Menschen aus Ihrer beruflichen und auch privaten Umgebung, die Sie als erfolgreich empfinden, doch mal gründlich an und hinterfragen Sie: Wer ist mit welchen Eigenschaften erfolgreich? Worin unterscheiden sich diese Menschen von mir? Was kann ich von ihnen lernen?

Lassen Sie dabei außer Acht, ob Ihnen diese Menschen sympathisch sind oder nicht. Hier geht es darum, welche Tipps und Tricks Sie von diesen Menschen für Ihre Karriereplanung mitnehmen können – und dazu müssen diese Menschen keine menschlichen Vorbilder für Sie sein. Ein wenig Distanz kann sogar den Blick schärfen.

Meine Erfahrung: Es gibt nicht nur einen richtigen Weg oder ein Erfolgsrezept.

Planen Sie Ihre Karriere im Einklang mit Ihren Werten! Mir sind völlig unterschiedliche Menschen mit voneinander abweichenden Philosophien, Werten, Strategien begegnet, die jeweils ihren persönlichen Erfolgsweg gefunden haben. Und doch gab es Eigenschaften, die diese so unterschiedlichen Menschen verbanden:

A. Persönliche Erfolgstugenden:
unbequem und unentbehrlich

Hierunter fasse ich Eigenschaften zusammen, die Sie persönlich und Ihre Arbeitsweise betreffen. Diese sind natürlich auch im Angestellten-Dasein wichtig, werden jedoch unentbehrlich, wenn Sie ein eigenes Unternehmen aufbauen möchten.

1. DIE WICHTIGEN DINGE ANPACKEN UND
AUCH ERLEDIGEN

Die Erfolgreichen unterscheidet von den Träumern, dass sie zupacken, dass sie die Dinge angehen und auch erledigen – und zwar konstant und konsequent.

Oder wie es der wunderbare Randy Pausch in einer Vorlesung zum Thema Zeitmanagement so treffend zusammenfasste: »Being successful doesn't make you manage your time well. Managing your time well makes you successful.« Was etwa so viel bedeutet wie: »Erfolgreich sein bedeutet nicht, dass Sie mit Ihrer Zeit gut haushalten können. Gutes Haushalten mit Ihrer Zeit macht Sie erfolgreich.«

Und Randy Pausch sagt zum selben Thema: »Wenn Sie eine Kröte schlucken müssen, schlucken Sie sie sofort. Wenn Sie mehrere Kröten schlucken müssen, nehmen Sie sich die größte zuerst vor.«

Gefahr: Das Klischee »Selbstständige arbeiten selbst und ständig« trifft leider nur zu häufig zu – sowohl für Unternehmer als auch für Führungskräfte. Selbstausbeutung mag sogar eine gewisse Zeit funktionieren. Es ist aber niemandem geholfen, am wenigsten Ihnen und Ihrer Karriere, wenn Sie nach einigen Jahren Raubbau an sich selbst ausgebrannt sind. Viele Menschen lenken erst dann ein, wenn sich familiäre oder gesundheitliche Krisen anbahnen – und das ist zu spät. Planen Sie die Zeit, um Ihre Batterien wieder aufzufüllen (also Familie, Freunde, Fitness, Entspannung, Inspiration etc.), genauso bewusst wie Ihre geschäftlichen Termine.

Wenn dies auch für Sie ein Risiko werden könnte, können Sie vom

Thema Zeitmanagement profitieren, um die Ihnen zur Verfügung stehende Zeit nicht zu vergeuden. In Randy Pauschs »Lecture Time Management« erhalten Sie dafür viele sehr wertvolle Anregungen (siehe www.youtube.de, Suche: Randy Pausch Time Management).

Tipp:

Setzen Sie Prioritäten! (»Doing the right things vs. doing things right«, Peter Drucker)

Verlieren Sie nicht vor lauter Abtauchen in der täglichen Arbeitsflut Ihre Erfolgsziele aus den Augen. Halten Sie regelmäßig inne und hinterfragen Sie: Welche meiner aktuellen Aktivitäten und Tätigkeiten sind wirklich unternehmensrelevant? Welche Aufgaben, Termine, Kontakte, Tätigkeiten bringen mich den Zielen näher, die ich mir selbst gesteckt habe?

---

2. FINANZIELLE DISZIPLIN – IM SINNE IHRER FIRMA

Setzen Sie sich auch als Angestellte aktiv für die wirtschaftlichen Interessen Ihrer Firma ein!

Ein Beispiel aus unserem Agenturalltag: Ich habe eine tolle Mitarbeiterin, die bei den Kunden, deren Veranstaltungsprojekte sie bei uns betreut, durch ihre besonders hilfsbereite Art sehr geschätzt wird. Bei der Mehrheit unserer Eventprojekte werden die erforderlichen Stundenzahlen in der Angebotsphase abgeschätzt, weil unsere Kunden die Sicherheit wünschen, die ihnen Pauschalpreise bieten. Wenn meine Mitarbeiterin nun vergisst oder es ihr unangenehm ist, die nachträglich vom Kunden gewünschten Zusatzleistungen auch ordentlich anzubieten und abzurechnen, verringert sie durch ihre Hilfsbereitschaft unseren Unternehmenserfolg (denn ihre Arbeitszeit bei uns möchte sie von mir ja vergütet bekommen) und wird somit im Extremfall gar zu einem wirtschaftlichen Risiko.

Sich bei einer guten Partnerschaft dem Kunden als hilfsbereit zu zeigen, ist eine schöne und wichtige Geste. Wenn unentgeltliche Arbeit aber zum Normalfall wird, könnte man meinen, Ihre Preise seien nicht richtig kalkuliert. Und wenn ich als Kunde für eine (Zusatz-)Leistung zweimal nichts bezahlen musste, halte ich das beim dritten Mal für normal.

Stellen Sie Ihre Leistungen und Tätigkeiten ruhig immer mal wieder auf den Prüfstand, ob diese nicht nur Ihren Kunden, sondern auch Ihrem Unternehmen nutzen. Die Devise »Kunde ist König« ist hierbei wenig hilfreich und sollte besser durch »Kunde ist Partner« ersetzt werden.

Ein typischer Fehler bei Unternehmensgründern: die Ausgaben zu schnell an die Einnahmen anpassen. Bilden Sie erst mal Rücklagen, ein finanzielles Polster – idealerweise für mindestens sechs Monate. Das gibt Ihnen die Sicherheit, auch schwierige wirtschaftliche Zeiten überstehen zu können. Denn im Businessleben geht es nun mal auf und ab, das ist völlig normal.

Gefahr: Sparsamkeit ist gut, darf aber nicht geschäftsschädigend werden. Vor lauter Sparsamkeit auch noch die eigene Putzfrau spielen? Sie wollen und sollen Geld verdienen – und das machen Sie nicht, wenn Sie abends um zehn Ihr Office putzen ...

Tipp:

Veraltete Technik von Computer bis Fax kostet im täglichen Betrieb häufig viel Zeit – und damit kostet Sie die Leihgabe oder das Superschnäppchen auch Geld! Wenn Sie hier mal die Kosten für Ihre Arbeitszeit plus entgangene Geschäftsmöglichkeiten und Gewinne mit berücksichtigen, rechnet sich ein funktionstüchtiger Drucker oder moderner PC ganz schnell.

---

3. LASSEN SIE SICH HELFEN – ERFOLG PASSIERT NICHT (VON) ALLEIN!

Wo wird es bei Ihnen eng, wo drückt der Schuh? Know-how, Kapazität, Kompetenz? Lassen Sie sich helfen. Holen Sie sich die Unterstützung, die es Ihnen ermöglicht, Ihr »Projekt Karriere« zu verwirklichen. Bei Angestellten könnte dies das Know-how eines externen Beraters sein, die Erweiterung der Kapazität durch qualifizierte Unterstützung für das eigene Team oder ein zielgerichtetes Coaching für die ermittelte Aufgabenstellung. Die erfolgreichsten Profis in Sport, Wirtschaft und Politik holen sich ganz selbstverständlich Unterstützung für ihre jeweiligen Aufgabenstellungen – warum nicht auch Sie? Das spart Zeit und damit im Endeffekt auch Geld.

Selbstständigen kann beispielsweise ein gut funktionierendes Office Zeit sparen – und dabei helfen, den Überblick zu behalten. Woran machen Sie ein gut funktionierendes Office fest? Die beiden Punkte, die sich in meiner Firma am schnellsten positiv auf den Umsatz ausgewirkt haben, waren, dass Anfragen am selben Tag erledigt und Rechnungen direkt nach der Veranstaltung gestellt werden.

Aber auch der Zeitgewinn, den ich auf einmal erlebte, nachdem wir klare Office-Strukturen, die Abschaffung meiner Papierberge und ein funktionierendes Zeitmanagement eingeführt hatten, zahlte sich ganz schnell in barer Münze aus, weil ich damit wesentlich mehr Aufträge annehmen konnte. Bloß nicht am falschen Ende sparen: Wenn Sie professionelle Entlastung wünschen, müssen Sie auch eine professionell ausgebildete Kraft einstellen. Unser Office hat mir ermöglicht, meinen Umsatz in meinem dritten Unternehmerjahr zu verdreifachen.

Tipp:

Als Unternehmerin oder Führungskraft sind Sie dafür da, dass der Laden läuft, dass potenzielle Kunden und Geschäftspartner von Ihrem Unternehmen erfahren, dass sich Ihre Kunden bei Ihnen gut aufgehoben fühlen. Darin liegt Ihr Wert, damit machen Sie Geschäfte. Und Ihre zeitliche Kapazität stellt auch Ihre natürliche Wachstumsgrenze dar – Sie können sich nicht duplizieren ... Ein gut funktionierendes Team ist somit ohne Übertreibung Ihre Lebensader.

4. IM MITTELPUNKT STEHEN SIE!

Seien Sie als Mensch erkennbar, greifbar, verlässlich, eben authentisch – und zwar gleichermaßen nach allen Seiten, also für Kollegen, Mitarbeiter, Kunden etc. Das klingt ganz einfach, war es für mich aber nicht. Eigentlich kein Wunder, wo ich doch in meinem vorigen beruflichen Leben gründlich gelernt hatte, mich möglichst gut anzupassen und im Sinne meiner Chefs zu denken und zu handeln – was rückblickend wohl auch der Grund war, weshalb ich mich verändern musste. Und wie steht es mit Ihnen?

Weshalb Authentizität für den Erfolg so wichtig ist: Es ist Ihre Chance, die Mitarbeiter/Kollegen/Kunden zu bekommen, die Sie sich wünschen, die Sie verdienen. Durch Ihre optimistische, positive Ausstrahlung, Ihre Leidenschaft für das, was Sie tun, werden Sie andere Menschen für sich einnehmen und begeistern und sogar anstecken – dass dies leider auch umgekehrt mit negativen Gefühlen funktioniert, haben wir wohl alle schon erlebt.

Sympathie und Antipathie haben für mich im Geschäftsleben wesentliche Vorteile: Ich erkenne recht schnell, mit wem ich arbeiten kann – und mit wem nicht. Und das klappt eben nicht mit allen Menschen gleichermaßen gut. Wenn ich hier Falsches vorspiegele, muss ich mit den Konsequenzen leben. Was bringt es beispielsweise, einem Menschen Sympathie zu heucheln, um ihn als Kunden zu gewinnen, und dann mühsam über die nächsten Monate hinweg zu erkennen, dass man einfach nicht erfolgreich zusammenarbeiten kann und Sie schon die Telefonnummer im Display oder der E-Mail-Absender lustlos macht?

Konzentrieren Sie sich lieber darauf, die Menschen zu finden, die Ihnen sympathisch sind, die Ihnen Energie geben, um dann gemeinsam zu überlegen, wie Sie miteinander arbeiten, welche Projekte Sie gemeinsam verfolgen und wie Sie voneinander profitieren könnten. Dieser Rat gilt für alle arbeitenden Menschen auf allen Stufen der Hierarchie.

Nehmen Sie sich deshalb die Zeit, zu überlegen:

- ❯ Welche Eigenschaften und Werte sind mir bei Menschen wichtig?
- ❯ Mit welchen können Sie nicht gut leben?

Tipp:

Hier unterscheide ich gar nicht mehr zwischen privat und geschäftlich. Ich habe für mich festgestellt, dass ich mit niemandem gut – sprich erfolgreich – arbeiten könnte, mit dem ich privat nicht gerne Zeit verbringen würde.

---

5. MUTIGES HANDELN UND HARTNÄCKIGKEIT

Ganz klar: Es werden ab und an Probleme auf Sie zukommen, egal ob im Angestelltendasein oder als Selbstständiger. Es wird schwierige Zeiten, anstrengende Vorgesetzte oder Kunden geben usw. – das gehört ganz einfach dazu. Egal wie gut Ihr Selbstmanagement ist, ganz gleich wie gut Sie organisiert sind und wie vorausschauend Sie planen. Zum Erfolg gehören Herausforderungen wie das Salz in die Suppe. Und das ist gut so, denn nur daran wachsen wir. Auch wenn wir in den Situationen selbst gerne dankend verzichten würden – im Nachhinein wird uns auf einmal völlig klar, weshalb gerade diese Herausforderung wichtig war, wie wir daran gewachsen sind.

Dieses Wissen soll Ihnen Mut machen, um sich nicht von den ersten Schwierigkeiten oder verschlossenen Türen abschrecken zu lassen. Wussten Sie, dass die Autorin Joanne K. Rowling über Jahre hinweg von sämtlichen Verlagen, die sie mit ihrem ersten Harry-Potter-Manuskript kontaktiert hatte, nur Absagen bekam? Dass ihr diese Experten allesamt rieten, sich wieder eine Anstellung zu suchen, und ihr erklärten, dass sich mit Kinderbüchern kein Geld verdienen ließe? Und dass diese Frau heute reicher ist als die Königin von England?

Manche Mauern zwischen uns und unseren Zielen sind vermutlich ganz einfach dazu da, damit wir testen können, wie sehr wir etwas wirklich wollen. Schauen Sie sich die Lebensläufe von Menschen an, die Sie bewundern. Sie werden vor allem eines finden: mutiges Handeln, gepaart mit Hartnäckigkeit. Auch eine Prise Ehrgeiz und Spaß am Wettbewerb kann nicht schaden.

Eine wunderbare Übung: Machen Sie regelmäßig Dinge, vor denen Sie sich ein wenig gruseln – vielleicht eine Präsentation oder einen Vortrag halten, Ihr Unternehmen bei einem Netzwerkabend präsentieren, fünf neue Akquisetermine vereinbaren.

Denn jede noch so spannende Aufgabe entwickelt sich über kurz oder lang zur gemütlichen Komfortzone – und die Gefahr des geistigen Erschlaffens droht erneut. Bleiben Sie so wach und wissbegierig, wie Sie es jetzt und heute sind. Dieses Gefühl ist das größte Glück im Leben und hält Sie jünger als jede Antifaltenspritze!

Nun, wie ist es um Ihre persönlichen Erfolgstugenden bestellt? Bewerten Sie doch mal selbst (von 0: Noch nicht vorhanden, bis 10: Darin bin ich spitze):

Die wichtigsten Dinge anpacken und auch erledigen	
Finanzielle Disziplin	
Sich helfen lassen	
Im Mittelpunkt stehen *Sie*	
Mutiges Handeln und Hartnäckigkeit	

Was bringen Sie bereits mit? Wo sind Sie schon gut aufgestellt? Wo möchten Sie nacharbeiten?

Melanie von Graeve

B. Strategische Erfolgstugenden: Erfolge planen und verfolgen

Beim Thema strategische Erfolgsplanung und -verfolgung kamen ganz neue Herausforderungen auf mich zu, mit denen ich mich in meiner Angestelltenlaufbahn bisher nicht beschäftigt hatte.

6. SELBSTMOTIVATION: RÜCKSCHLÄGE VERKRAFTEN, AUS FEHLERN LERNEN

Leider werden Sie nicht von heute auf morgen den Stein der Weisen finden, nur weil Sie zur Chefin/zum Chef geworden sind oder sich selbstständig gemacht haben. Stattdessen gibt es auf einmal keinen Vorgesetzten mehr, der Ihnen sagt, was Sie tun sollen und vielleicht sogar auch noch, wie. Vieles werden Sie selbst herausfinden (müssen) – dabei werden Sie die Entscheidungen treffen, von denen Sie zum jeweiligen Zeitpunkt glauben, dass es die richtigen sind. Und sind wir im Nachhinein nicht alle schlauer? Führungskraft sein ist eben kein Lehrberuf. Nachdem ich irgendwann selbst Chefin war, wuchs mein Mitgefühl für meine früheren Vorgesetzten enorm – unsere Sicht der Dinge hängt eben ganz stark davon ab, welche Position wir gerade einnehmen.

Zwei Tipps sind hier wirklich wichtig:

1. Versuchen Sie, aus Fehlern, Pannen, Fehlentscheidungen etc. zu lernen. Hinterfragen Sie, weshalb Sie die Entscheidung getroffen haben (ohne die Schuld bei anderen zu suchen), welche Informationen oder Fakten Sie dazu geführt haben (ohne dies auf falsche Informationen von anderen zu schieben), und vor allem reflektieren Sie bitte, wie Sie die gleiche Situation mit Ihrem heutigen Wissen lösen würden und künftig lösen werden! Ich ärgere mich heute deutlich weniger über Patzer – was kein leichter Weg war –, ich würde mich aber sehr ärgern, wenn mir die gleichen Fehler mehrmals passieren und ich aus dem Fall der Fälle keine Konsequenzen gezogen habe. Lehren sind dazu da, gezogen zu werden.

2. Ziehen Sie nach dieser »Nachbereitung« einen Schlussstrich unter den Vorgang und machen Sie mit Ihrer Arbeit weiter. Gerade bei Frauen erlebe ich häufig, dass diese sich nach Fehlern in einer regelrechten Selbstzerfleischung üben, oft noch Jahre später peinliche Situationen so detailgetreu zurückrufen können, dass ihnen die Schamesröte sofort wieder ins Gesicht zieht. Das führt vor allem dazu, dass Sie Angst davor bekommen, erneut etwas falsch zu machen. Und im nächsten Schritt bekommen Sie dann womöglich sogar Angst davor, überhaupt noch Entscheidungen zu treffen.

Wenig erfolgreiche und wenig beliebte Führungskräfte zeichnen sich häufig dadurch aus, dass sie Entscheidungen nicht selbst treffen, sondern delegieren, damit sie nicht angreifbar sind und für nichts verantwortlich gemacht werden können. Erfolgreiche Menschen treffen ihre Entscheidungen und stehen auch zu ihren Fehlern.

7. NETZWERKEN: TUE GUTES UND SPRICH DARÜBER

Dieser Tipp richtet sich an alle, die Kontaktpflege, Akquisition und Marketing in eigener Sache nicht besonders lieben und/oder Netzwerkveranstaltungen für Zeitverschwendung halten. Man kann sich ja auch wunderbar hinter dem vollen Schreibtisch verstecken. »Nein, ich kann heute nicht zu dieser Veranstaltung. Ich habe noch so viel im Büro zu tun …« Administrative Tätigkeiten sind schön und gut, aber bei der Ablage werden Ihnen mit hoher Wahrscheinlichkeit weder neue Kunden begegnen noch wird Ihnen Ihr Traumjob angeboten. Und was bringt Ihnen die beste Geschäftsidee, wenn niemand davon weiß?

Suchen und pflegen Sie wichtige, interessante Kontakte. Netzwerke sind dazu gedacht, in der jeweiligen Situation jemanden finden zu können, der wiederum jemanden kennt, der genau das bietet, was Sie jetzt gerade benötigen. Und eine wichtige Netzwerkregel lautet: »Nur wer viel gibt, erhält auch viel zurück.« Gehen Sie deshalb beim Netzwerken mit Rat und Tat in Vorleistung und freuen Sie sich darüber, was zurückkommt (was allerdings einige Zeit dauern kann!).

Melanie von Graeve

Bauen Sie sich möglichst schnell Ihr persönliches Erfolgsnetzwerk auf. Besuchen Sie dazu Branchen- und Netzwerkveranstaltungen und suchen Sie gezielt neue Kontakte und/oder neue Kunden. Berichten Sie selbstbewusst von sich und Ihren Erfolgen und (Dienst-)Leistungen (natürlich ohne anzugeben) und tauschen Sie Ihre Erfahrungen und Ihr Know-how mit anderen aus. Ihr Gesprächspartner sollte nach dem Gespräch wissen, was Sie tun und wofür er Sie ansprechen oder anfragen kann.

Ein Kardinalfehler ist hierbei ein Zuviel an Information. Trainieren Sie eine kurze (unter 30 Sekunden), knackige (gerne ungewöhnliche) Selbstvorstellung, angepasst an die jeweilige Situation und Ihr jeweiliges Gegenüber. Lieber mit einer knackigen Aussage neugierig machen und damit zum Nachfragen anregen als ein Überschütten mit Infos nach dem Motto: »Mein Auto, mein Haus, mein Boot« oder »Wir machen dies, das und jenes – und das übrigens auch noch«. Sie erwecken damit den Eindruck der Angabe oder des Gemischtwarenladens.

Bei mir dauerte es mehrere Monate und viele Veranstaltungen, bis ich mir meine Selbstvorstellung erarbeitet hatte, mit der ich mich wohlfühlte und die auf Resonanz stieß.

Tipp:

Es gibt viele gute Gründe dafür, Menschen zu fördern und ihnen zu helfen, ihr Potenzial, ihre Talente zu entwickeln. Ich sehe im Potenzial der anderen immer auch Kreativität, neue Ideen, Kontakte, Erfahrungen, neue/andere Herangehensweisen und die Möglichkeit für strategische Allianzen. Frei nach dem Motto »Frag nicht, was die Welt für dich tun kann, sondern was du für die Welt tun kannst« glaube ich fest daran, dass im Leben alles, was wir geben, über verschlungene Pfade zu uns zurückkommt. Vielleicht ist der Berufseinsteiger von heute, dem Sie bei der Jobsuche behilflich sein können, ja Ihr Kunde von morgen? Bei mir passierte dies bereits mehrfach.

Ideal wäre es, wenn auch Sie – unternehmensintern oder extern – einen Mentor finden, der Sie bei der Erreichung Ihrer Ziele fördert und unterstützt.

---

8. WISSEN IST HOLSCHULD: KONTINUIERLICHE WEITERBILDUNG

Es gab sie wohl wirklich mal, die Zeiten, als wir einen Beruf erlernten, und dann das Gelernte ein Leben lang ausübten. Aber diese Zeiten sind – Gott sei Dank – vorbei! Wie langweilig wäre das denn auch?!

Auf Ihrer Karriereleiter hat Ihre persönliche Weiterbildung absolute Priorität. Sie werden aber nun nicht mehr zu Fortbildungen geschickt, sondern müssen selbst die Themen ermitteln, die Sie auf dem Weg zu Ihren Zielen weiterbringen. Und sobald sich das Karriererad erst einmal richtig dreht, wird der Terminkalender immer voller und damit die Zeitfenster für die eigene Weiterbildung immer enger. Bleiben Sie unbedingt am Ball, betreiben Sie kontinuierliche Weiterbildung. Ermitteln Sie hierzu regelmäßig (mindestens einmal pro Jahr):

- ❭ Welche Fähigkeiten und Fertigkeiten fehlen Ihnen derzeit, um Ihre Arbeit schneller und besser zu erledigen?
- ❭ Welche Themen interessieren Sie, was finden Sie spannend? Arbeiten Sie an Ihren Stärken!
- ❭ Was tut sich in Ihrer Branche? Was sind die Neuigkeiten, die auf »Ihren« Branchenmessen präsentiert werden?
- ❭ Wo können Sie von Ihren Kunden etwas über deren Wünsche und Bedürfnisse erfahren? Tragen Sie solche Informationen aktiv in Ihr Unternehmen und arbeiten Sie daran, mit Ihren Produkten und Dienstleistungen bei den Wünschen Ihrer (potenziellen) Kunden zu sein.

Auf dem Laufenden bleiben ist wichtig, um

- ❭ Kontakte aufzubauen und zu pflegen – Fortbildungsveranstaltungen, Konferenzen und Tagungen sind ideale Kontaktbörsen und Plattformen für Ihr Erfolgsnetzwerk!
- ❭ neue Produkte oder Dienstleistungen zu entwickeln oder auch erfolglose über Bord zu werfen!

Melanie von Graeve

Machen Sie sich schlau, und zwar konsequent – egal ob das Ihr Unternehmen, Ihre Produkte oder Ihre beruflichen Fertigkeiten betrifft. Planen Sie Weiterbildungszeit fest in Ihrem Kalender ein. Ein Weiterbildungstag pro Monat ist die richtige Menge für mich. Das verstehe ich übrigens als meine persönliche Belohnung.

9. DAS OHR AN DER ZIELGRUPPE: GANZ NAH AM KUNDEN SEIN!

Erfolgreiche Firmen richten ihr Angebot, ihre Produkte, ihre Dienstleistungen und ihre gesamte Organisation am Bedarf und den Wünschen ihrer Kunden aus – nicht umgekehrt! Das geschieht nicht von selbst, sondern nur in einem fortwährend andauernden Verbesserungsprozess.

Derzeit habe ich den Eindruck, dass in Deutschland eine regelrechte Jagd auf neue Kunden ausgebrochen ist: Neukundenrabatte, Neukundengeschenke, Preisnachlässe für Neukunden – wir werden gelockt und geködert, bis wir dann endlich Kunden sind. Als bestehende Kunden oder Stammkunden werden wir dann leider vernachlässigt ... Beispielsweise locken Banken Neukunden derzeit gerne mit drei bis vier Prozent Zinsen aufs Tagesgeld – allerdings nur für sechs oder neun Monate, als Bestandskunde erhalten sie dann weniger als ein Prozent. Die Gefahr dabei: Zum einen wird das Entwicklungspotenzial, das in den bereits bestehenden Kunden liegt, völlig übersehen. Zum anderen erziehen wir unsere Kunden mit solchen Praktiken selbst zur Untreue, zum permanenten Wechsel, um die jeweiligen attraktiven Neukunden-Angebote auszuschöpfen.

Eine wertvolle Übung hierzu (eignet sich hervorragend für ein Brainstorming in Ihrem Team): Fragen Sie sich im ersten Schritt mal ganz ehrlich,

) was Sie sich als Ihr eigener Kunde wünschen würden,
) was Sie lästig oder umständlich fänden,
) was Ihnen auf den Wecker fiele.

Fragen Sie dann Ihre Kunden direkt (zum Beispiel auf Messen, Veranstaltungen oder über Ihren Vertrieb): »Was würden Sie sich noch von uns wünschen? Welche Leistung, welche Veränderungen würde Ihnen Ihre Arbeit erleichtern?«

Hierin liegt für mich der Grundstein für eine wirkliche Partnerschaft mit unseren Kunden, denn mit einem Partner tausche ich mich aus, seine Meinung und seine Wünsche nehme ich ernst. Ihr Kunde fühlt sich dadurch wertgeschätzt, selbst wenn er im Moment gar keine aktuellen Veränderungswünsche haben sollte. Durch kontinuierlichen Austausch und Kommunikation kann eine lebendige Kundenbeziehung entstehen. Die Devise »Kunde ist König« finde ich hingegen wenig reizvoll, denn einem König muss ich gehorchen und dienen – und sei es gegen meine Überzeugung oder wider besseres Wissen.

Meine Produkte und (Dienst-)Leistungen sollen und müssen meinen Kunden einen möglichst hohen Wert und Nutzen bringen, ansonsten habe ich als Partner keine gute Arbeit geleistet. Es versteht sich wohl von selbst, dass erfolgreiche Unternehmen nicht nach dem Motto »Take the money and run ...« arbeiten können und wollen.

Tipp:

Ein offenes Ohr für die Wünsche Ihrer Kunden hilft Ihnen außerdem, künftige Produkte und Dienstleistungen zu entwickeln, die dem tatsächlichen Bedarf Ihrer Zielgruppe entsprechen, nicht nur dem von Ihnen erwarteten Bedarf. Am Markt oder am Kunden vorbei anzubieten, bedeutet meist ein rasches Ende für das Unternehmertum. Wichtig ist daher gerade für Unternehmer und Selbstständige auch das Loslassen-Können. Halten Sie nicht krampfhaft an Produkten oder Leistungen fest, die nicht gefragt sind. Eine Vielzahl der Unternehmer aus meinem Umfeld bietet bereits nach fünf Jahren Unternehmertum nicht mehr (ausschließlich) die Leistungen an, mit denen sie zu Beginn an den Start gingen.

---

10. LASSEN SIE LOS: DELEGIEREN KÖNNEN UND WOLLEN

Sie wissen bereits, dass Sie nur im Team und mit einem guten Team erfolgreich sein können. Wenn Loslassen und Delegieren nur nicht so schwierig wären! Kontraproduktive Gedankengänge lauten dazu beispielsweise: »Wenn ich es selbst mache, weiß ich, dass es richtig/ordentlich/pünktlich gemacht wird.« Dieses Verhalten zeigt Ihren Mitarbeitern, dass Sie ihnen nicht vertrauen oder ihnen (zu) wenig zutrauen.

Oder: »Bis ich das erklärt habe, habe ich es auch selbst erledigt.« Das führt häufig dazu, dass nur langweilige Handlangerdienste delegiert werden, keine verantwortungsvollen, attraktiven Aufgaben. Beides geht natürlich nicht lange gut, denn weder werden Sie mit dieser Einstellung gute Mitarbeiter lange an sich binden können – die wollen nämlich MACHEN –, noch werden Sie wachsen können.

Hier einige Tipps, die Ihnen das Delegieren erleichtern können:

❯ Delegieren Sie klare Aufgaben – der Empfänger muss verstehen, was genau Sie von ihm möchten.
❯ Lassen Sie sich vom Empfänger noch mal kurz in seinen eigenen Worten wiederholen, wie er seine Aufgabe verstanden hat.
❯ Vergeben Sie mit der Aufgabe eine exakte Zeit- und gegebenenfalls auch eine Budgetvorgabe.
❯ Vereinbaren Sie verbindliche Termine für Zwischenbescheide, bei denen Sie sich über den Stand der Dinge informieren lassen, um im Fall der Fälle noch rechtzeitig eingreifen zu können.
❯ Wenn eine Aufgabe aus mehreren Arbeitsschritten besteht, sagen Sie, was Ihnen am dringendsten/wichtigsten ist.

Mit dieser Vorgehensweise werden Sie nach und nach dahin kommen, dass Sie nur noch ein Ziel und den Kostenrahmen vorgeben und Ihren Mitarbeitern die Ausarbeitung und Arbeitsschritte überlassen können – doch das ist meist ein Prozess, für den sich Chef und Mitarbeiter erst aufeinander einspielen müssen.

Nutzen Sie das Know-how, die Talente und Erfahrungen Ihrer Mitarbeiter. Lob und Anerkennung sind die stärksten Motivationsinstrumente und wirken wesentlich nachhaltiger als Geld. Wir wollen doch alle wahrgenommen und wertgeschätzt werden!

Und: Versuchen Sie, der Chef zu werden, den Sie sich heute wünschen würden. Typische Falle: Wir wiederholen Fehler anderer.

Damit Sie das nicht aus den Augen verlieren, halten Sie bitte schon mal heute fest, wie Sie sich heute, als »Noch-nicht-Führungskraft«, Ihren idealen Chef wünschen würden. Machen Sie sich dazu eine Notiz und legen Sie diese am besten auf Wiedervorlage für in einem Jahr. Prüfen Sie von Zeit zu Zeit, ob Sie sich als Chef oder Führungskraft in die gewünschte Richtung entwickeln!

Na, Lust auf das Abenteuer Karriere bekommen? Freuen Sie sich darauf. Sie werden auf Ihrem Weg viele tolle und spannende Menschen kennenlernen und auch viel Neues über sich selbst entdecken. Nach meiner Selbstständigkeit fühlte ich mich wie ein Baum im Wald, der ein Stückchen gewachsen ist. Ich bekam mehr von Wind und Regen zu spüren – dafür hatte ich aber auf einmal auch viel mehr Sonnenschein. Für mich ist das ein faires Geschäft!

Ein letzter Tipp: Gut gemeinte Ratschläge ... viele Stimmen, noch mehr Meinungen ...

Wenn ich an die vielen Ratschläge zurückdenke, die ich in meiner Gründungsphase erhalten habe ... Jeder sagte mir etwas anderes, was ich seiner oder ihrer Meinung nach tun oder lassen sollte. Gar nicht wenige rieten mir völlig von meinem Projekt ab. »Du bist doch sicher, du hast es doch gut« war die häufigste Meinung. Sich gemeinsam etwas nicht getrauen oder etwas nicht schaffen, verbindet. Wenn Sie sich bewegen, weiterentwickeln, verändern, werden Sie Ihrer Umwelt vielleicht suspekt. Denn Sie machen vor, dass man etwas ändern kann, wenn man sich bewegt. Brrrr – das bedeutet ja Arbeit!

Mir half und hilft: neugierig sein, Glaubenssätze anderer über Bord werfen und einfach ausprobieren, was ich spannend finde.

Trauen Sie sich, konkret zu werden? Diese Fragen sollen Ihnen den Weg aus Ihrer Komfortzone erleichtern:

> Welche Menschen in Ihrem privaten oder geschäftlichen Umfeld könnten Sie Ihren Zielen näher bringen? Wer könnte Ihr Mentor oder Ihr Erfolgscoach werden?
> Mit wem möchten Sie sich im nächsten Monat über Ihre Erfolgsstrategien unterhalten?
> An welchen Themen möchten Sie in den nächsten drei Monaten arbeiten?
> Welche Bereiche möchten Sie im nächsten halben Jahr verbessern?
> Was wird Ihr Weiterbildungsthema des Jahres?

Meine Inspirationsquellen

Asgodom, Sabine: *Greif nach den Sternen! Die 24 Erfolgsgeheimnisse für Glück, Geld und Gesundheit*, München: Kösel, 3. Aufl. 2009

Asgodom, Sabine: *Raus aus der Komfortzone, rein in den Erfolg. Das Programm für Ihre persönliche Unabhängigkeit*, München: Goldmann 2010

Asgodom, Sabine: *Reden ist Gold. So wird Ihr nächster Auftritt ein Erfolg*, Berlin: Ullstein-TB 2006

Bock, Petra: *100 Fragen Ihr Leben betreffend*, München: Droemer/Knaur 2009

Malik, Fredmund: *Führen, Leisten, Leben. Wirksames Management für eine neue Zeit*, Frankfurt/Main: Campus 2006

Im Internet unter www.youtube.de:

Jobs, Steve: »Stanford Commencement Speech 2005«, http://www.youtube.com/watch?v=D1R-jKKp3NA

Obama, Barack: Song »Yes We Can«, http://www.youtube.com/watch?v=jjXyqcx-mYY

Pausch, Randy: »Last Lecture: Achieving Your Childhood Dreams«, http://www.youtube.com/watch?v=ji5_MqicxSo und »Lecture: Time Management«, http://www.youtube.com/watch?v=oTugjssqOT0

Foto: Constanze Wild

WER IST MELANIE VON GRAEVE?

Diesen Beruf/diese Berufe habe ich bereits ausgeübt: Vorstandsassistentin, Event-Managerin – heute Agenturleiterin, Trainerin, Dozentin

Meine Berufung ist: Know-how vermitteln, Mut machen

Meine Themen als Trainerin und/oder Coach sind: Think Business! Die entscheidenden Eigenschaften für Ihren beruflichen Erfolg. • Event-Management – Sie wollen überzeugen, also müssen Sie begeistern! Event-Coaching

Am Coaching schätze ich besonders: Menschen auf ihrem persönlichen Erfolgsweg begleiten zu dürfen

Meine hilfreichste Erfahrung, die mir die Begleitung von Menschen ermöglicht: Die Erfahrung aus gegensätzlichen Sichtweisen: zehn Jahre Begleitung meiner Vorgesetzten aus Assistenzsicht und nun zehn Jahre Erfahrung bei der Begleitung meiner Mitarbeiter, Kunden, Projekte und Seminarteilnehmer

Eine ausschlaggebende Situation/ein wichtiger Faktor in meiner Persönlichkeitsentwicklung war/ist: Eine in jeder Hinsicht untadelige Vorstandssekretärinnen-Kollegin wurde als »Altlast entsorgt«, nachdem ihr Chef das Unternehmen verließ und sein Nachfolger seine eigene Sekretärin mitbrachte. Ich lernte dadurch, dass Fleiß und Anpassung allein keine Erfolgsrezepte sind und ganz andere Dinge für den beruflichen Erfolg entscheidend sind. Seitdem befasse ich mich mit dem Thema Think Business – und machte mich selbstständig.

Das will ich noch lernen: Noch 10 000 Dinge – von Geduld bis Weisheit

In diesen Situationen empfinde ich Glück: Mit meinem Mann auf dem Motorrad über Berge brausen – und zum Glück auch bei meiner Arbeit

Ein Mensch ist reich, wenn er glücklich ist.

Diese Eigenschaften schätze ich bei anderen Menschen am meisten: Lebensfreude, Lebensklugheit und Humor

Diese drei Stärken habe ich: Bin mutig, zupackend, unterstützend

Diese Fehler entschuldige ich am ehesten (bei mir und bei anderen): Impulsivität, Ungeduld

Meine Lieblingstugend: In Liebe und Freundschaft verschwenderisch

Mein Lieblingsautor/meine Lieblingsautorin: Michael Ende (die Idee mit den Zeitdieben bei »Momo« ist einfach wunderbar)

Mein Buchtipp zum Thema Persönlichkeit: *Nathan der Weise* von Gotthold Ephraim Lessing (Tipp: Hörbuch mit Ernst Deutsch)

Mein Lebensmotto: »Das Gras wächst nicht schneller, wenn man daran zieht.« (Afrikanisches Sprichwort)

Eva Loschky

WIR WAREN LOCKER, WIR HABEN GELACHT, WIR HABEN GEWONNEN – DIE GESCHICHTE EINES BLITZCOACHING

Das war so ein Anruf, wie ich ihn eigentlich gar nicht so gern habe – schon weil er nicht über mein Bürotelefon kam. Aber die Sache schien dringend zu sein:

»Frau Loschky, ich weiß mir keinen anderen Rat, als Sie um Hilfe zu bitten. Am kommenden Freitag trete ich in einer Podiumsdiskussion auf. Es wird richtig groß – vor vielen Menschen. Ich bin schon so oft gefragt worden, aber ich habe das noch nie gemacht. Bisher habe ich immer abgelehnt – ›Nein, das kann ich doch nicht.‹ Aber dieses Mal möchte ich nicht mehr kneifen – ich möchte das endlich einmal tun. Und jetzt sackt mir gerade das Herz in die Hose. Ich kann nachts nicht mehr schlafen, und mein Herz fängt sofort an zu rasen, wenn ich an diesen Abend denke. Außerdem kenn ich mich: Ich stehe stocksteif da, kriege keine Luft und piepse mit hochrotem Kopf. Am liebsten würde ich absagen. Bitte: Können Sie mir helfen?«

Spontan entschließe ich mich zu einem Blitzcoaching am Telefon.

Telefonisches Coaching biete ich sonst nur Klienten an, mit denen ich bereits in einem Seminar oder im Einzelcoaching gearbeitet habe, deren Körpersprache ich klar vor meinem inneren Auge habe und deren Stimme und Sprechweise deutlich in meinem Ohr klingt. Doch hier ist es anders, ich möchte Anne W. – so hieß die Anruferin, wir haben diesen Beitrag durchgesprochen und sie hat ihr Okay zur Veröffentlichung gegeben – unterstützen, denn solch eine tolle Auftrittschance bekommt man ja nicht alle Tage angeboten. Und dass ihr dieses Angebot bereits mehrere Male gemacht worden ist, denke ich, muss ein Wink mit dem Zaunpfahl sein, und das Leben will, dass sie auf die verdammte Bühne geht!

Anne W. hat mich in meinem Herzensanliegen gepackt: Ich möchte Menschen – und besonders den oft zurückhaltenden, in aller Regel aber hoch kompetenten Frauen – dazu zu verhelfen, Bühnenverdruss in Bühnengenuss zu verwandeln. Denn ich selbst kenne das Gefühl des Versagens aus meiner Zeit als klassische Sängerin zur Genüge. Zu oft – oder war es vielleicht doch nur ein paarmal? – war es mir passiert, dass ich auf der Bühne einen Blackout hatte, dass hohe Töne wegkrachten, weil ich plötzlich nicht mehr wusste, wie das Atmen, ja sogar, wie das Singen geht.

Dieses Gefühl, vor Scham in den Boden versinken zu wollen, diese Peinlichkeit erfasste jeden Millimeter meines Körpers. Ich brauchte Jahre, bis sich meine Zellen erholten: Jahre, in denen ich allerdings wieder auf der Bühne stand – diesmal als Schauspielerin.

Während meiner Zeit als Schauspielerin war ich mit folgender schwierigen Situation konfrontiert: Bis zum Tag der Premiere arbeiten die »Meister« mit uns Performern, intensiv, manchmal Tag und Nacht – man ist wie in einem Rausch. Dann verabschieden sich die »Meister« und das Ensemble geht auf Tournee. Jetzt heißt es, sich alleine, ohne »Coaches«, zu beweisen. Und das konnte ich, konnten wir damals nicht: punktgenau in Stadt X zur Stunde Y in Topform sein. Meine Kollegen behalfen sich mit Drogen aller Art, ich selbst suchte einen anderen Weg. Und fand ihn damals noch nicht. Ich litt darunter, dass manche Aufführungen schlecht waren, und hatte Skrupel, dafür so viel Geld zu bekommen. Die Diskussionen im Ensemble waren unfruchtbar, ich fing an, mich unwohl zu fühlen. Radikal, wie ich damals war, verließ ich die »Maulwerker«, wie sich die bis heute erfolgreiche Gruppe nannte. Ich wollte mich sozial engagieren, nicht einfach »nur Kunst« machen. Berlin bot mir reichlich Gelegenheit ...

Schließlich begann ich eine Ausbildung zur Logopädin, wurde Gesprächstherapeutin, arbeitete in den unterschiedlichsten Bereichen, machte mich im Gesundheitswesen selbstständig.

Ein Lehrauftrag für Sprecherziehung an der Hochschule der Künste 1989 brachte mich zurück auf den Weg zur Stimme, zum Sprechen, zum

Atmen, zum Bühnenevent – jetzt in der Rolle des Coach und Trainers, in der Rolle der Frau, die hinter der Bühne stand und den Sängern half, ihre Aufführung zu meistern. In meiner logopädischen Praxis kamen die Menschen hinzu, die ihre Stimmauftritte auf den kleinen und großen, privaten und beruflichen Bühnen des Lebens erfolgreich meistern wollten.

Jahre des Forschens und Experimentierens gemeinsam mit meinen Klienten folgten. Ich fing an, Seminare zu geben, Vorträge zu halten, meine eigene Methode, die Loschky-Methode®, zu entwickeln. Inzwischen mache ich das über 25 Jahre, und meine Leidenschaft ist ungebrochen.

Viele Menschen machen sich nicht klar, dass ihre Stimme ein wichtiger Karrierefaktor ist – ich behaupte sogar, einer der wichtigsten. 80 Prozent aller Berufe sind Kommunikationsberufe, das heißt: Wir werkeln nicht still und allein vor uns hin, sondern reden, teilen mit, geben Anweisungen, stellen Fragen, nehmen Teil an Konferenzen – und dort machen sich die Menschen von weiter oben in der Hierarchie, die über unsere Karriere entscheiden, ihren Eindruck von uns.

Es ist ein Irrtum zu glauben, es kommt dabei vor allem auf das *Was* an, auf die sachliche Mitteilung. Das ordentliche *Was* wird vorausgesetzt. Die Prämie bekommt, wer das richtige *Wie* des Vortrags beherrscht. Insofern ist unsere Stimme unser akustischer Fahrschein zum Erfolg. Wenn Sie mit Ihrem Auftritt – und inhalieren Sie dieses Wort ganz tief: Wenn Sie vor mehr als einem Menschen etwas sagen, dann ist das ein Auftritt – und Ihrer Stimme beim Gegenüber unangenehme Gefühle auslösen, werden Sie es extrem schwer haben, Ihre Inhalte zu vermitteln. Und umgekehrt gilt: Ein guter Auftritt und eine angenehme Stimme öffnen Ohren und Herzen.

Viele Menschen haben zwar Wichtiges zu sagen, aber man hört ihnen einfach nicht zu. Das kann viele Gründe haben: Sie sprechen zu leise, zu verhaucht, zu belegt, zu hoch, zu schrill, zu gepresst, zu schnell und ohne Pausen oder sie machen den Mund nicht weit genug auf. All dies führt dazu, dass Ihre Botschaften nicht gehört werden, oder andersherum gesagt: Je besser Sie sprechen, desto leichter hört man Ihnen zu.

Was viele nicht wissen: Wenn wir unserem Gegenüber zuhören, übertragen sich Atemrhythmus und Stimmlippenbewegung vom Sprecher auf uns. Wir schwingen mit – und im günstigen Fall swingen wir sogar mit. Zuhörer sprechen mit einer kleinen Verzögerung innerlich mit und erinnern sich so – zumindest: auch so – an das Gesagte. Und genau deshalb ist die Sprechweise so wichtig. Sie muss für die Zuhörer angenehm und entspannend sein – und eben nicht unangenehm und belastend.

Wer beim Sprechen das muskuläre Wechselspiel von Anspannen und Loslassen beherrscht, erreicht, dass die Zuhörer an diesem ihnen nicht bewussten Spiel, diesem »Zusammenklang«, teilnehmen und dabei wach und aufmerksam bleiben.

Wie eine klangvolle Stimme entsteht?

Zunächst einmal ist wichtig: Sie werden mit einem großen Stimmpotenzial geboren. Beim Erwerb Ihrer Muttersprache imitieren Sie die Sprech- und Atemmuster Ihrer Mutter, Ihres Vaters oder anderer für Sie wichtiger Menschen. Es gibt also nicht etwa nur Charakterprägungen, sondern auch Stimmprägungen. Konkret: Ähnlich wie ein Neugeborenes jede Sprache lernen kann, sich dann aber einengt auf die Muttersprache, so engen wir auch unser Stimmpotenzial ein auf eine bestimmte Art zu sprechen: Dialekt oder Hochdeutsch, eher laut oder eher »Ein Mädchen erhebt seine Stimme nicht«. Und wie bei allen Dingen, die uns in der frühen Kindheit beigebracht, beigebogen oder eingehämmert worden sind, gilt auch bei der Stimme: Jeder bekommt eine zweite Chance. In Ihnen steckt eine sehr viel breitere stimmliche Klangpalette, die Sie aktivieren können.

Der Schlüssel für eine gesunde und belastungsfähige Stimme ist das richtige Einatmen beim Sprechen. Dieses Einatmen gliedert Ihren Text, Ihre Rede in klare Abschnitte, also in die richtigen Verständnisportionen für Ihre Gesprächspartner. Eine sinnerfassende Einheit sollte sieben bis 14 Wörter nie überschreiten. Die Kommunikationsforschung hat zum Beispiel gezeigt, dass die meisten Zuhörer bei Sätzen mit mehr als 14 Wörtern schlicht abschalten und nicht mehr zuhören.

Das Einatmen beim Sprechen erfordert eine klare muskuläre Körperaktion: Mund, Kehle und Bauch öffnen sich, der Beckenboden dehnt sich, die Knie geben nach – dies ist ein Moment der Öffnung, der Entspannung. Die Ausatmung dagegen bedeutet Spannungsaufbau eben dieser Muskulatur. Das Ausatmen versetzt unsere Stimmlippen in Schwingung und wird dadurch in Schallwellen umgewandelt, in unseren Stimmklang. Daher bestimmt die Qualität des Ausatmens die Qualität des Tons.

Sowohl beim Einatmen als auch beim Ausatmen gibt es eine Reihe von Fehlerquellen, die die Qualität der Stimme herabsetzen. Dynamische Sprechsequenzen entstehen durch den Wechsel von exaktem körperlichem Spannungsaufbau beim Ausatmen und einer 100-prozentigen körperlichen Entspannung für die Einatempause. Gelingt dieser Wechsel, ist die Stimme klangvoll und belastungsfähig.

Aber zurück zu Anne W. Ich habe sie gefragt, wie sie auf mich gekommen ist. Ihre Antwort: »Ich habe Sie Anfang des Jahres in Ihrem Vortrag ›Wer überzeugen will, muss brennen‹ erlebt. Sie haben keine Flipcharts und PowerPoints gebraucht, Sie konnten alle mitreißen und haben eine Freude versprüht, die mich angesteckt und mir gutgetan hat. Das möchte ich auch können, habe ich damals gedacht!«

In diesem Vortrag geht es darum, wie man sich stimmlich, energetisch und körperlich auf Reden, Präsentationen, Meetings, wichtige Kunden- oder Mitarbeitergespräche vorbereitet, wenn man gehört werden will und überzeugen möchte. Aufbauend auf der alten, für viele Menschen aber völlig neuen Erkenntnis, dass 90 Prozent unserer Wirkung durch den visuellen und akustischen Eindruck, den wir machen, entstehen und nur zehn Prozent durch die Inhalte, die wir vortragen, schlage ich vor, mehr Augenmerk und tatsächliches Üben auf die 90 Prozent zu legen. Denn wir bereiten bis tief in die Nacht den Inhalt, die PowerPoint-Präsentation vor – zehn Prozent unserer Wirkung –, den Rest beachten wir kaum.

Ein Gorilla ist hier schlauer als so mancher Mensch: Der Gorilla, lehrt die Tier-Verhaltensforschung, bereitet sich konzentriert auf allen anderen Ebenen vor, sprich: körperlich, energetisch, stimmlich, bevor er einem anderen Gorilla gegenübertritt, bevor der andere Gorilla in Sicht ist. Denn für ihn ist klar: Er möchte kraftvoll, standfest und friedfertig seine Position erfolgreich behaupten. Die fünf Taktiken, die er dazu vorwiegend einsetzt, habe ich mit dem Publikum aktiv in diesem Vortrag trainiert:

Gorillataktik 1: Beweg Dich!

Gorillas laufen schnell auf zwei Beinen, bevor sie dem anderen Gorilla begegnen.

Bringen Sie sich vor einer Kommunikationssituation auf Trab: Federn Sie bei fetziger Musik zwei bis drei Minuten aus den Knien heraus. Schütteln Sie sich im Sinne von »igittigitt« von Kopf bis Fuß durch. Ergebnis: Müde Tiger werden munter, schlechte Energien und Stress verschwinden, neue Kraft erwächst!

Gorillataktik 2: Wecke Deine Stimme auf

Gorillas trommeln sich auf die Brust.

Machen Sie sich mit dem Klang der eigenen Stimme vertraut und wärmen Sie diese auf, bevor Sie in das Kundengespräch, das Meeting, die Präsentation gehen. Klopfen Sie sich auf die Brust und geben Sie dazu einen Ton. Rufen Sie wie Tarzan dabei laut »Jane«! Denn: »Im *richtigen Ton* kann man alles sagen, im falschen gar nichts. Die Kunst ist es, den *richtigen Ton* zu treffen.« (George Bernard Shaw)

Gorillataktik 3: Mach den Mund auf!

»Nur wer das Maul aufmacht, dem schaut man drauf.« (Martin Luther)

Gorillas rufen laut »U«.

Sagen Sie ein paarmal auf verschiedene Art »Aha! Aha? Aah!« Die Zähne sind dabei knapp zwei Finger breit auseinander, die Lippen sind entspannt, die Zunge berührt vorne die unteren Schneidezähne. Sie lassen den Mund zwischen den »Ahas« für den Ein-Atem einfach geöffnet.

Gorillataktik 4: Finde Standfestigkeit!

Gorillas halten die Knie meist etwas gebeugt.

Stehen Sie mit lockeren Knien, entspannen Sie Ihre Beckenboden- und Bauchmuskulatur. Sie stehen fest und sicher, nehmen einen klaren

Standpunkt ein, vermitteln Vertrauen und Offenheit. Der »Gorillastand« ermöglicht es Ihnen, Ihr stimmliches Potenzial auszuschöpfen und Stress und Emotionen gelassen zu begegnen.

Gorillataktik 5: Bleibe souverän!

Gorillas sind friedliebend.

Wann immer Miesepeter die Stimmung trüben wollen, Kritiker das Wort ergreifen, atmen Sie aus, entspannen Sie Ihren Bauch. Sie bleiben körperlich offen und gelassen. Sie kontern nicht, Sie bedanken sich für den Einwand, wiederholen kurz, was das Gegenüber gesagt hat. Dann fahren Sie fort. Oft möchten Kritiker einfach nur Beachtung!

Plötzlich erinnerte ich mich an Anne W.: Sie war eine von drei bezaubernden Winzerinnen, noch dazu aus meiner Heimat, der Pfalz, die uns am Abend des Vortrags vor einigen Monaten mit herrlichem Sekt verköstigt hatten. Nun war ich erst recht motiviert, das Coaching fortzusetzen.

Anne soll in einer Podiumsdiskussion ihren »Cremant Pfalz« vorstellen, einen Sekt, hinter dem sich ein Qualitätsgedanke verbirgt, der sich in jedem Arbeitsschritt wiederfinden lässt: Kelterung ganzer Trauben, mindestens neun Monate Flaschengärung, Restzuckergehalt unter 15 Prozent Zucker usw. Überträgt man diesen Cremant-Anspruch auf einen Stimmauftritt – sei es Diskussion oder Präsentation, Rede oder wichtiges Gespräch –, heißt das: Kenne die Zutaten eines Stimmauftrittes genau: Nur zu zehn Prozent geht es um die Argumente (in Annes Fall um die Details des Cremants), zu 90 Prozent entscheiden unsere Ausstrahlung, unsere Leidenschaft, unsere Körpersprache, unsere Sprechweise.

Ich stellte Anne folgende Fragen, die jeder Mensch vor einem Auftritt klären sollte – ach, Schluss mit der Zurückhaltung, es muss heißen: »klären *muss*«. Denn sonst bleibt der Erfolg aus:

- Über welches Thema werde *ich* sprechen? Dieses Thema muss klar eingegrenzt werden – und deshalb muss auch klar ausgegrenzt werden: Worüber werde ich *nicht* sprechen?
- Warum bin *ich* die richtige Expertin/der richtige Experte für dieses Thema?

❭ Warum hat man *mich* sonst noch eingeladen? (Vielleicht, weil ich sympathisch bin, vielleicht auch nur, weil sogar die borniertesten Veranstalter inzwischen merken, dass die Frauen im Publikum – und viele Männer auch – nicht nur Männer erleben wollen?)

❭ Wenn *ich* in Hochform bin, wenn *ich* mein Publikum begeistere: Wie bin *ich* dann, was zeichnet *mich* aus?

Anne W.s Antworten sprühen vor Leidenschaft. Sie ist Chefin eines Familienunternehmens, eines großen Sekt- und Weingutes. Sie ist diejenige, die besonders gut verkaufen kann. Zum einen, weil sie die Besonderheiten ihres Cremants mit Herzblut und großer innerer Überzeugung sinnlich darstellen kann. Der Zuhörer spürt die handgelesenen Trauben förmlich in der eigenen Hand, hat Sorge, dass sie unverletzt zur Pressung kommen, schmeckt die samtige Fülle, spürt das leise Prickeln auf der Zunge. Zum anderen – und das sieht Anne als ihr »besonderes Etwas« –, weil sie sich Zeit für ihre Kunden nimmt, ihnen genau zuhört. »Jeder Kunde interessiert mich als Mensch«, sagt sie, »ich möchte das Besondere des Menschen, der vor mir steht, erfassen. So bleibt er mir zum einen im Gedächtnis, was für spätere Kontakte sehr wertvoll ist. Zum anderen weiß ich dann, welcher Wein ihm schmeckt, und kann gezielter anbieten.«

Das scheinen die Veranstalter zu wissen: dass Anne die Menschen im Publikum liebt und in der Lage ist, durch ihre Ausstrahlung, ihre Lebendigkeit und ihr ansteckendes Lachen Herzenskontakte herzustellen. Außerdem bauen die Veranstalter zusätzlich auf ihre hohe Fachkompetenz.

Meine Rolle in dieser Phase des Gesprächs ist, Annes besondere Fähigkeiten, die sie in der Regel mit einem kleinen Nebensatz wegwischt, weil sie ihr so unbedeutend, so »ganz normal« erscheinen, aufzugreifen und für sie »unter die Lupe zu legen«, damit sie ihnen Beachtung schenken und sie wertschätzen kann.

»Unsere Kunden sind am glücklichsten, wenn ich da bin«, sagt Anne W. nachdenklich. »Sie sind die Seele Ihres Betriebes«, antworte ich, »wenn Sie nicht da sind, fehlt Ihre Wärme.« So hat es Anne noch nie gesehen.

»Aber«, wendet sie ein, »all das kann ich überhaupt nicht zeigen, wenn ich da vorne stehe und was über die Vorzüge von Sekt erzählen soll. Ich schnappe nach Luft, merke, wie sich alles im Hals staut. Ich fühle mich steif, unsicher, meine Stimme klingt schrecklich, leise, hoch. Ich komme über den ersten Satz nicht hinaus – peinlich ohne Ende. Das ist der Grund, warum ich bisher Reden vor Publikum vermieden habe.« Sie hat zwar schon viele Ratschläge bekommen: »Locker bleiben, erst einmal einatmen, ganz natürlich und langsam reden.« Usw. Doch all diese Ratschläge haben ihr bisher nichts gebracht.

»Lassen Sie mir ein bisschen Raum für eine Erklärung, denn ich möchte, dass Sie intellektuell verstehen, was Stress und Emotionen mit Ihrem Atem- und Körpermuster machen und welche Auswirkungen das wiederum auf die Stimme hat. Denn wenn Ihr Kopf Ihren Körper versteht, ist es leichter, das Richtige beim Auftritt zu tun:

1. Stress – und jeder Auftritt bedeutet Stress – zieht die Beckenbodenmuskulatur zusammen, oder anders ausgedrückt: Ihr Po spannt sich unbewusst an, Ihr Bauch wird fest. Stress schnürt Ihren Unterleib wie ein Mieder fest zusammen. Als Folge können Sie nur noch in den Brustkorb atmen, Ihr Atem wird flach und hoch. Sie schnappen nach Luft und fühlen sich steif und angespannt.
2. Alle Emotionen (Wut, Unsicherheit, Angst, Freude, Aufregung, Lampenfieber) – und jeder Auftritt bedeutet Emotion – äußern sich körperlich auf folgende Weise: Das Gewicht wird auf die Fersen verlagert, die Knie drücken sich durch, Po und Bauch verschließen sich, werden eng. Sie atmen in den Brustkorb (je nach Emotion unterschiedlich). Unbewusst verstärkt dieser Atem in den Brustkorb Ihre Emotion. Unsicherheit wird größer, Lampenfieber wächst.
3. Wenn Ihr Atem nur noch ein Drittel seines Volumens hat, weil Ihr Unterleib aufgrund von Stress und Emotion zugeschnürt ist, Sie sozusagen die Dame ohne Unterleib sind, wird Ihre Stimme automatisch hoch und flach. Denn Stimme ist in Schallwellen umgewandelter Aus-Atem, und die Qualität des Aus-Atems bestimmt die Qualität des Tons. Wenn Sie dann vor lauter Verlegenheit den Mund nicht mehr aufmachen, dann wird die Stimme zusätzlich leise – Sie werden

nicht gehört. Das wiederum verstärkt Ihre Unsicherheit, Ihren Stress – der körperliche Kreislauf beginnt von vorne.

Und an diesen drei Punkten müssen Sie *vor* dem Auftritt arbeiten.«

MACH DIE PORTION KLEIN, DAFÜR FEIN! DIE KONKRETE VORBEREITUNG AUF DEN AUFTRITT

Ich lasse Anne W. die Reaktionen auf Stress und Emotion körperlich ausprobieren und mache selbst mit. Wir stehen beide am Telefon, drücken unsere Knie fest durch, verlagern das Körpergewicht auf die Fersen. Wir nehmen wahr, wie sich unser Bauchraum verengt, wie wir nur noch in den Brustkorb atmen können. Nun atmen wir zusätzlich noch einmal kräftig ein, bevor wir anfangen zu reden.

Wir hören durch das Telefon, wie sich unsere Stimmen verändern. Anne ahnt bereits jetzt, was bei ihren letzten Auftritten schiefgelaufen ist.

1. Reduzieren Sie Stress – tanken Sie Energie

Stress aktiviert einen Teil des vegetativen Nervensystems, den Sympathikus, so stark, dass dessen Gegenspieler, der Parasympathikus, der für Erholung, Entspannung und für den Aufbau von Energie verantwortlich ist, außer Gefecht gesetzt wird. Um am Abend in Topform zu sein, empfehle ich Anne W. am Vormittag Bewegung mit anschließender Ruhephase. Warum? Bewegung aktiviert den Sympathikus zusätzlich. Der Mensch braucht diese zusätzliche körperliche Stimulanz, bevor er Stress abbauen und in eine Wohlspannung finden kann.

Ich überlege gemeinsam mit Anne W., welche Form der körperlichen Aktivität ihr entspricht, wo die reelle Chance besteht, dass sie dies auch tatsächlich tut. Anne W. entscheidet sich für einen Spaziergang, den sie schnellen Schrittes in den nächsten Tagen und am Auftrittstag machen wird.

Ich empfehle all meinen Coachees oder Seminarteilnehmern herauszufinden, was individuell zu ihnen passt, wie sie in ihre ureigene Bewegungsfreude finden und dabei den Atem aktivieren (ich zum Beispiel lege mir gerne fetzige Musik auf und tanze dazu) – denn es geht ja darum, dass man es tatsächlich tut. Denn meist wissen wir mehr als genug, aber handeln nicht. Ein bekanntes Dilemma!

Deshalb merke: Eine Minute Bewegung (federn, tanzen, schütteln, auf einem Bein von A nach B hüpfen und auf dem anderen zurück) ist bereits deutlich mehr als nichts! Mach die Portion klein, dafür fein!

Jetzt kommt der wichtigste und schwierigste Teil dieses Stressabbau-Programms: Nach der Bewegung muss man, muss Anne, *ohne* irgendetwas zu tun, mindestens zehn Minuten ruhen: Eieruhr stellen, Augen zu, Beine hoch, fertig.

Das ist ein schwerer Übungsteil – denn man muss ihn »in echt« machen! Oft sind wir nach der Bewegung so aufgekratzt und gut drauf, dass wir diesen zweiten Teil des Stressabbau-Programms weglassen. Das ist ein großer Fehler: In der Ruhezeit unmittelbar nach der Aktivität wird von der übervollen Aktivitätsschale rübergeschaufelt in die Regenerationsschale – die Waage kommt ins Gleichgewicht, Spannung weicht, die Energie fließt, Kraft wächst.

Kurz vor dem Auftritt empfehle ich Anne einen »Quickie«, um sich von Stress und Lampenfieber zu befreien:

»Stellen Sie sich irgendetwas vor, was Sie loswerden möchten: das Lampenfieber, ein Stückchen Folie an den Fingern, Anspannung. Dann lassen Sie den Körper ein Riesen-»Igitt« erfassen, angefangen beim Kopfschütteln, Mund auf, Zunge raus, Stimme dazu, der Rest vom Körper kommt auch noch dazu. Lassen Sie ein paar Wellen des »Igitt« durch den Körper fegen und beenden Sie den Quickie mit einem kräftigen Schütteln der Hände. So als wollten Sie Wassertropfen abschütteln. Das können Sie zum Beispiel vor dem Auftritt in der Toilette tun – da entdeckt Sie niemand und Sie können gleich die Kleidung wieder richten.«

2. Emotionen sind für Sie kein Fluch, sondern Ihre Chance

Anne weiß, dass Emotionen und Stress ihren Körper zuschnüren. Deshalb muss sie lernen, diese Körperreaktionen aktiv zu verändern. Sie muss »stehen wie ein Gorilla«: Knie locker, das Gewicht nach vorne auf die Fußballen verlagert, Beckenboden, Bauch, Po bewusst entspannen.

Anne wird den Gorillastand bis Freitag, dem Tag der Gesprächsrunde, oft üben: beim Zähneputzen, beim Warten, bis der Autotank wieder voll Benzin ist, beim Stehen an der Supermarktkasse usw. Auf dass sie »das Stehen wie ein Gorilla« verinnerlicht hat, wenn Emotionen sie beim Auftritt packen: Knie locker, Bauch entspannen, Po locker – das muss sie sich selbst im entscheidenden Moment zurufen!

3. Atmen Sie aus!

Anne hatte bisher stets ein Luftproblem bei ihren Auftritten. Deshalb war sie davon ausgegangen, dass sie vor dem ersten Wort erst einmal kräftig einatmen muss. Falsch!

Dieser kräftige Ein-Atem landet oben im Brustkorb und verstärkt die vorhandene Emotion. Außerdem zieht er den Unterleib noch mehr zusammen und verstärkt den Stress. Kontraproduktiv!

Deshalb: Wenn Sie spüren, dass die Luft knapp wird, müssen Sie ausatmen und danach den Bauch- und Beckenraum sehr gut entspannen, Knie lockern, Mund öffnen und los geht's mit dem Reden.

Wichtiger Hinweis am Rande: Wenn der erste Satz ein Knüller ist und das Interesse weckt, geht es viel leichter weiter!

Anne ist von diesen drei Tipps begeistert, denn sie weiß jetzt, was sie ändern kann, um ihre Startschwierigkeiten zu überwinden. Denn sie hat bereits erfahren: »Wenn es dann mal läuft, kann mich nichts mehr bremsen. Dann brenne ich für meine Anliegen und begeistere!«

Doch es gibt noch mehr zu besprechen. Anne W. soll sich bei ihrem Auftritt absolut wohlfühlen in ihrer Haut – denn nur dann kann sie ihre optimale Leistung bringen.

Die Kleidung muss mit Bedacht ausgewählt sein: Ist zum Beispiel die Hose zu eng, bleibt sie der Mensch ohne Unterleib, denn der Bauch kann nicht wirklich entspannen. Deshalb: Die Kleidung muss einerseits stets kleiden und dem Dresscode entsprechen, andererseits müssen wir uns in ihr 100 Prozent wohlfühlen. Je mehr der Redner bei sich selbst zu Hause ist, desto wohler fühlt sich der Gast, das Publikum.

»Wissen Sie denn, wie der Raum aussieht, in dem diese Talkrunde stattfindet?«, frage ich Anne zum Abschluss. Und wieder habe ich den Kern getroffen. »Absolut unmöglich«, antwortet sie, »da muss man auf so schrecklichen Barhockern sitzen. Wie kann man da eigentlich vernünftig drauf sitzen?«

»Oh, keine Ahnung«, reagiere ich, »ich selbst mache auf einem Barhocker keine gute Figur, so kurze Beine, wie ich habe. Ich brauche stets Bodenkontakt, wenn ich gut sein möchte. Ich begutachte den Raum, die Sitzmöglichkeiten stets selbst, indem ich rechtzeitig vor Ort bin, alles checke und meinen Bedürfnissen gemäß arrangiere. Ich frage Sie: Müssen Sie denn da drauf sitzen, wenn Sie reden? Oder könnten Sie einfach aufstehen und reden oder von Anfang an stehen?«

Das hatte sich Anne gar nicht so richtig überlegt. »Stellen Sie sich mal eine Dame im Minikleid vor. Meinen Sie, die fühlt sich auf einem Barhocker auf der Bühne wohl?«, fahre ich fort und gebe ihr abschließend den Rat:

»Seien Sie rechtzeitig, mindestens eine Stunde früher vor Ort. Checken Sie den Raum, bereiten Sie Ihren Platz vor, probieren Sie das Stehen, das Sitzen aus, sprechen Sie Ihre ersten Sätze laut an diesem Platz, stellen Sie das Glas so hin, dass Sie auch danach greifen können. Dann gehen Sie nochmals nach draußen, schütteln sich durch, atmen aus und denken Sie dran: Ihr Publikum freut sich auf Sie! Und: Atmen Sie aus, bevor Sie zu sprechen anfangen. Lockern Sie Ihre Knie, entspannen Sie Ihren Bauch!«

Wir verabschieden uns ausgesprochen herzlich nach ungefähr 45 Minuten Telefonat.

Ich schicke ihr gleich im Anschluss an unser Gespräch noch einmal eine Zusammenfassung der Tipps per Mail:

14 TIPPS FÜR IHREN AUFTRITT

1. Wählen Sie am Abend vor dem Stimmauftritt mit Bedacht Kleidung, in der Sie sich wohlfühlen!
2. Vermeiden Sie unnötigen Zeitdruck, fahren Sie lieber früher los!

3. Seien Sie rechtzeitig vor Ort, kundschaften Sie den Raum aus, stellen Sie sich an den Platz Ihres Vortrages, seien Sie nett zum Personal. Ein Lächeln wirkt oft Wunder!
4. Probieren Sie die Stühle aus, wählen Sie Ihren Platz sorgfältig aus! Beachten Sie die Lichtverhältnisse und »rücken Sie sich ins rechte Licht«.
5. Probieren Sie die Technik in Ruhe so lange aus, bis Sie sich sicher damit fühlen!
6. Bewegen Sie sich! Machen Sie noch einen kleinen Spaziergang und gehen Sie die Treppen hoch, statt den Aufzug zu benutzen. So bauen Sie Adrenalin ab, das Sie hindert, während Ihres Stimmauftritts aufzublühen!
7. Gehen Sie vor dem Auftritt noch einmal zur Toilette, schütteln Sie alle Spannung aktiv aus Ihren Händen, grimassieren Sie heftig, um das Gesicht aufzuwecken, federn Sie aus den Knien, Schulterkreisen – egal was, Hauptsache, Sie bringen sich in Schwung und Ihre Energien auf Trab.
8. Überprüfen Sie Ihr Outfit und Make-up!
9. Malen Sie sich Ihren Auftritt in den schönsten Farben aus und visualisieren Sie, wie Ihre Zuhörer Ihnen freudig applaudieren, wie Ihre Zuhörer von Ihren Ausführungen begeistert sind!
10. Sorgen Sie dafür, dass Sie ein Glas Wasser haben, und nehmen Sie während der Diskussion oder des Gesprächs immer mal wieder langsam und bewusst einen Schluck!
11. Stehen Sie während der Diskussion auch einmal auf, lockern Sie Ihre Knie. Beim Sitzen achten Sie darauf, den Bauch zu entspannen!
12. Atmen Sie aus, entspannen Sie den Bauch, nehmen Sie Blickkontakt zu den Zuhörern auf und sprechen Sie erst dann!
13. Machen Sie sich bewusst, dass die Blicke des Publikums oder des Gegenübers positiv auf Ihnen ruhen!
14. Steigern Sie durch gezielte Gesten die Aufmerksamkeit. Sprechen Sie mit Händen und Füßen – seien Sie eine Italienerin: Aktive Bewegungen sind das beste Mittel gegen die Starre des Lampenfiebers!

MANTRA FÜR SIE: ICH ATME ERST AUS UND FANGE DANN AN ZU SPRECHEN!

Ich habe mir angewöhnt, bei einem Auftritts-, Rede- oder Stimmcoaching die Tipps stets nach dem Coaching den individuellen Anforderungen anzupassen. Meistens mache ich daraus eine Visitenkarte für den Geldbeutel oder gestalte eine Postkarte und schicke das Ganze per Post. Das ist meiner Erfahrung nach eine sehr effektive Nachbereitung und ein wunderbarer Impuls für meinen Kunden. In Anbetracht der Zeitnot bei Anne W. schicke ich ihr die Tipps per Mail.

Am folgenden Samstag erhalte ich morgens um 11.00 Uhr eine Mail von ihr. Diese Mail macht mich glücklich, denn ich fühle mich in meiner Arbeit verstanden. Diese Mail möchte ich Ihnen nicht vorenthalten:

Liebe Frau Loschky,

Sie machen sich keinen Begriff, welches Geheimnis Sie mir offenbart haben.

Für Leute, die das können, hört es sich lächerlich an, wenn ich sage, dass ich mich die ganze Woche auf diesen Freitag vorbereitet habe. Ihre praktischen Anleitungen, Bauch und Po locker, ausatmen, sicherer Stand.

Frau Loschky, bis gestern habe ich alles falsch gemacht. Dass ich irgendwie ein Luftproblem hatte, spürte ich. Deshalb bin ich davon ausgegangen, dass ich unbedingt vor dem ersten Wort kräftig einatmen muss. Zudem war bei mir immer alles angespannt, Bauch fest, Po zusammen, sogar meine Gesichtszüge waren versteinert. Dass ich in dieser Position nie über den ersten Satz hinausgekommen bin und allem, was mit Reden vor Publikum zusammenhing, auswich, erklärt sich selbst mir jetzt von selbst.

Frühere Ratschläge, du musst nur locker bleiben und ganz natürlich, langsam reden usw., das war alles viel zu unkonkret, das konnte mir nie helfen.

Ich hatte bequeme Kleidung, genau den richtigen Schick getroffen, machte wirklich eine »gute Figur«. Zugegeben: Die letzten drei Nächte konnte ich nicht mehr richtig tief schlafen. Beim Fertigmachen, im Auto dorthin, auch dort noch blieb ich annähernd ruhig. *Lass locker, atme aus, ich habe mich im Griff gehabt.*

Vor Ort gab es sechs Barhocker für acht Leute. *Gut, dass wir auch darüber gesprochen hatten, ich blieb stehen!* Anhand der Probeliste konnte ich sehen, ich sollte als Vierte meinen Einsatz haben. Ich war ruhig. Als der zweite Sprecher endete und es nur noch kurze Zeit dauerte, bis ich an der Reihe war, hat es mich wieder gepackt. Es kam wie eine Welle über mich, mein Herz raste, ich war kurz davor, abermals die Kontrolle über meinen Körper völlig zu verlieren. – *Du hast noch einen Moment Zeit, mach dich locker, atme aus, öffne dich, lass dir helfen, geh da vor, stehe fest, du hast Zeit, atme aus, locker!*

WER IST EVA LOSCHKY?

Diesen Beruf/diese Berufe habe ich bereits ausgeübt: Schauspielerin, Logopädin, Gesprächstherapeutin, Keynote Speaker, Trainerin, Coach

Meine Berufung ist: Menschen zu unterstützen, ihr eigenes Energiefeuerwerk zu zünden, punktgenau in Topform zu sein, Redesicherheit für ihre Stimmauftritte des privaten oder beruflichen Lebens zu gewinnen, Bühnenlust zu entwickeln, schwierige Situationen stimmlich souverän zu meistern

Meine Themen als Trainerin und/oder Coach sind: Stimm- und Redetraining/-coaching, Auftrittstraining/-coaching, Energie- und Stressmanagment, erfolgreicher (körperlicher und stimmlicher) Umgang mit Emotionen und Konflikten

Am Coaching schätze ich besonders: Die Möglichkeit, vorwärtsstrebende Menschen dabei zu unterstützen, ihre ureigenen Fähigkeiten anzuerkennen, ihnen (wieder) zu vertrauen, Worte dafür zu finden, um das eigene Anliegen anschließend freudig und voller Herzblut mit überzeugender Stimme und klaren Sätzen in die Welt zu tragen. Berührend finde ich im Coachingprozess stets die Begegnung auf Augenhöhe und die tiefe gemeinsame Freude, wenn des Pudels Kern gemeinsam entdeckt wird.

Meine hilfreichste Erfahrung, die mir die Begleitung von Menschen ermöglicht: Das war die äußerst subtile Personenführung des Regisseurs Achim Freyer, die ich vor 30 Jahren als Schauspielerin erleben durfte. Achim Freyer hat die Gabe, das, was einen Menschen auszeichnet, auf der Bühne ins rechte Licht zu rücken (egal ob es der Bühnenarbeiter, Beleuchter oder der Star ist).

So schaffte ich es mit seiner Hilfe, einerseits in der maximalen Zeitlupe einen Gang diagonal über große Bühnen vollkommen meditativ und exakt zu gestalten, bestückt mit einem Kehlkopfmikro, welches meine Atembewegungen akustisch über Lautsprecher in den Saal schickte. Andererseits durfte ich stimmlich und körperlich explodieren und damit die zwei Seelen in meiner Brust dem Publikum zeigen und es begeistern. Achim Freyer macht seine Arbeit mit einer Hingabe, die mich noch heute tief bewegt und nachhaltig prägt.

Eine ausschlaggebende Situation/ein wichtiger Faktor in meiner Persönlichkeitsentwicklung war/ist: Zum einen die Entscheidung für ein Leben zu zweit mit einem Partner, der mir stets ein starkes Gegenüber bietet und die damit verbundene Entwicklung, auch schwerste Konflikte erfolgreich bewältigen zu können unter Anerkennung der Tatsache, dass »die Wahrheit zu zweit beginnt« (Michael Lukas Moeller). Andererseits öffnete mir der Schritt, mich nach einem Coaching bei Sabine Asgodom vollständig aus dem Gesundheitswesen zu lösen, um mit 52 Jahren eine Karriere als freie Trainerin, Rednerin und Coach zu starten, Herzen, Welten und (wieder) Bühnen und erweckte meine dämmernde Intelligenz! Dem Himmel oder besser gesagt dem Coaching sei Dank!

Das will ich noch lernen: Ich möchte noch einfacher, schlichter werden in dem Sinne, dass ich stets meiner inneren Essenz vertraue, diese nicht verrate und meinen Gegenüber heiter und gelassen begegne.

In diesen Situationen empfinde ich Glück: Wenn ich in unserem Haus am See bin, frühmorgens um den See jogge, anschließend ins Wasser springe und schwimme, um in der Sonne zu frühstücken und erst dann zu arbeiten. Wenn ich inspirierende Gespräche und Begegnungen erlebe. Wenn ich auf der Bühne stehe und das Publikum mitreißen und begeistern kann.

Ein Mensch ist reich, wenn er sich selbst verwirklicht und glücklich ist.

Diese Eigenschaften schätze ich bei anderen Menschen am meisten: Herzenswärme, von innen kommende Freundlichkeit, Optimismus, Ideenreichtum, Visionen, Zuverlässigkeit, Offenheit, Lebensfreude

Diese drei Stärken habe ich: Lebensfreude, Energie, Blick nach vorne

Diese Fehler entschuldige ich am ehesten (bei mir und bei anderen): Wenn ein Fehler passiert, zu dem ich beziehungsweise der andere steht • wenn im Chaos mal was untergeht

Meine Lieblingstugend: Freude

Mein Lieblingsautor/meine Lieblingsautorin: Habe ich nicht. Bücher begeistern mich oder nicht – ich achte dann gar nicht auf den Autor (peinlich?!)

Mein Buchtipp zum Thema Persönlichkeit: Sabine Asgodom: *Greif nach den Sternen! Die 24 Erfolgsgeheimnisse für Glück, Geld und Gesundheit* und Petra Bock: *Die Kunst, seine Berufung zu finden.*

Diese zwei Bücher haben mich 2006 bewogen, meiner Persönlichkeit zu vertrauen – deshalb nenne ich sie.

Mein Lebensmotto: Geht nicht, gibt's nicht! Alles ist möglich, wenn ich es wirklich möchte!

Renate Weiss-Kochs

ENTFALTEN SIE IHRE WIRKUNG

»Ein Bild sagt mehr als tausend Worte.«
Sprichwort

Wenn Menschen über eine besondere Wirkung und Ausstrahlung verfügen, vermitteln sie immer einen überzeugenden Gesamteindruck. Dieser besteht aus vielen unterschiedlichen Facetten. Ihre Wirkung auf andere Menschen wird dann am stärksten und nachhaltigsten sein, wenn Ihr Auftreten »ganzheitlich« überzeugt und alle Ebenen der Kommunikation berücksichtigt.

Dafür gibt es vier wesentliche Bereiche, die Sie bewusst einsetzen können, um authentisch und überzeugend zu wirken. Diese vier Bereiche sind:

1. Der optische Eindruck
2. Ihr Körperausdruck
3. Ihr Auftreten
4. Ihre Ausstrahlung

EIN COACHING IN DER PRAXIS

Vor einiger Zeit habe ich eine Klientin beraten, die bereits eine gute berufliche Position hat, mit der sie im Prinzip auch zufrieden ist – gleichzeitig möchte sie sich weiterentwickeln. Dabei kommt es jedoch immer wieder vor, dass sie übergangen wird oder dass ihre Vorschläge abgeschmettert werden.

Der optische Eindruck

Als ersten Schritt besprechen wir ihre äußere Erscheinung. Sie sieht gut aus, ist auch gut gekleidet, sendet aber einige zu »mädchenhafte« Signale aus. Wir machen einen Plan, wie sie durch ihren optischen Eindruck nach und nach kompetenter erscheinen kann.

Der Körperausdruck

Schon beim ersten Termin ist mir aufgefallen, dass die Körpersprache gelegentlich unsicher ist. Sie verfügt über keine Strategien, mit Widerstand umzugehen. Wir trainieren auf körperlicher Ebene, mit welchen Signalen sie zukünftig stark und sicher auftreten kann. Einige »Hausaufgaben« verstärken den Transfer in den Berufsalltag und die Verankerung des neuen Verhaltens.

Kommunikation und Auftreten

Beim nächsten Termin üben wir, den Ablauf eines Gesprächs zu strukturieren und mit Widerstand umzugehen. Schon bald erkennt meine Klientin, wie und auf welche Weise sie dies anwenden kann. Wir trainieren so lange Situationen aus ihrem beruflichen Alltag, bis meine Klientin sich kongruent diesen Anforderungen stellen kann.

Ausstrahlung

Dieses Mal zeige ich meiner Klientin, wie sie ihre individuellen Fähigkeiten noch stärker in ihrer Neurologie verankern kann. Meine Klientin versteht immer mehr, wie viel Einfluss sie auf ihr Selbstbild und damit auf ihren Erfolg hat. Wir stellen eine gezielte Abfolge von Selbstcoaching-Übungen zusammen, die ihr dabei helfen werden, die neuen Fähigkeiten und das neue Verhalten nachhaltig zu integrieren und immer weiter zu verstärken.

Nach einer Weile erhalte ich eine E-Mail von meiner Klientin, dass sie eine neue, anspruchsvolle Position bekommen hat ...

Diese und tausend andere Geschichten dieser Art zeigen, dass Sie, liebe Leserinnen und Leser, viel mehr Einfluss auf Ihre Wirkung und Ihren individuellen Erfolg haben, als Sie bisher vielleicht angenommen haben.

Lassen Sie uns gemeinsam der Frage nachgehen: *Wie entfalte ich Wirkung?*

Wirkung durch Ihren optischen Eindruck

Eine schöne Diskussion gibt es um das Alter der Weisheit, dass ein Bild mehr sagt als tausend Worte. Vermutlich ist diese Weisheit vor 80 Jahren von Werbeprofis in die Welt gesetzt worden, die die Industrie animieren wollten, mehr Bilder in ihre Anzeigen aufzunehmen. Und da haben die Werbeprofis wohl gedacht, dass eine »alte chinesische Weisheit« wirkungsvoller ist als die Empfehlung eines Werbeprofis, der etwas verkaufen will – Bilder nämlich.

Und schon sind wir mittendrin im Thema. Denn es geht um Wirkung!

Ein Bild übermittelt eine Fülle von Informationen. Bewegte Bilder wechseln diese Fülle im Zehntelsekundentakt – und somit sind wir Menschen tagaus, tagein, Sekunde für Sekunde einer überwältigenden Flut von Reizen auf das Nervensystem ausgesetzt. Um diese gigantische Informationsfülle zu verarbeiten – oder besser: abzuarbeiten, um den winzigen, für den Moment relevanten Bruchteil in unser Bewusstsein zu lassen –, benutzt das Gehirn sogenannte Filter und ordnet Informationen bestimmten Kategorien zu. Wenn wir einen anderen Menschen sehen, wird somit blitzartig ein Assoziationsfeld geöffnet und der Mensch dieser »Schublade« zugeordnet.

WIE SCHNELL ENTSTEHT EIN EINDRUCK?

Der visuelle Sinn reagiert blitzschnell: Im Allgemeinen fällt der Blick zunächst auf den Kopf und das Gesicht, »scannt« den Kommunikationspartner von oben nach unten und wandert danach wieder zurück. Die ersten, entscheidenden Signale, die wir von uns in die Welt hinaussenden, sind deshalb

- Körperausdruck, Energie
- Kopfhaltung, Gesichtsausdruck, Mimik
- Kleidung, Farben, Kontraste
- Formen, Linien
- Proportionen, Silhouette
- Stilelemente, Accessoires
- Statussymbole

Dieser erste Eindruck wirkt dabei wie ein Filter. Sprache, Stimme, Fachkompetenz und Ihre Persönlichkeit vertiefen dann diesen ersten Impuls. Denn frei nach Paul Watzlawick gilt: Sie können nicht *nicht* wirken! Das bedeutet, dass Sie immer wirken – auf irgendeine Weise! Nutzen Sie dieses Know-how für Ihre beruflichen Ziele und gestalten Sie Ihre Wirkung ganz bewusst.

Beantworten Sie für sich ein paar einfache Fragen:

1. Wie wollen Sie wirken?
2. Was sollen Vorgesetzte, Kollegen, Mitarbeiter oder Kunden von Ihnen denken?
3. Welche Ziele haben Sie und welche Wirkung unterstützt Ihre Ziele?
4. Wie sieht jemand aus, der die Position und das Einkommen hat, das Sie anstreben?
5. Wie möchten Sie auf keinen Fall wirken?
6. Konzentrieren Sie sich auf drei wesentliche Aspekte, die Sie ausdrücken wollen – Ihre »Botschaft!«
7. Wie setzen Sie diese Botschaft optisch um?

DIE WICHTIGSTEN ASPEKTE FÜR EINE ÜBERZEUGENDE OPTISCHE WIRKUNG

Body oder Brain?

Senden Sie die richtigen Signale aus? Was steht bei Ihrer optischen Selbstpräsentation im Vordergrund? Der Kopf? Der Körper?

Tipp: Lenken Sie den Blick auf Ihren Kopf. Dies gelingt mit einem hellen Kragen, einem guten Haarschnitt, bei Damen mit einem typgerechten Business-Make-up, mit einer Kette und Ohrsteckern.

Farbe und Typ

Tragen Sie Farben, die Sie frisch und ausgeruht wirken lassen. In für Ihren Typ ungeeigneten Farben wirken Sie schnell müde, fahl oder überarbeitet.

Fragen Sie sich: In welchen Basisfarben wirke ich besser:

❯ in Blau, Dunkelblau, Grau, Anthrazit, Schwarz, Weiß oder
❯ in Beige, Braun, Honig, Karamell, Creme, Elfenbein?

Mit welchen aktuellen Farben kann ich modische und fröhliche Akzente setzen?

Sehen Sie sich mehrfach schnell im Spiegel an: Fällt Ihr Blick auf Ihr Gesicht oder auf Ihre Kleidung?

Ihr Blick sollte – wie der Blick der Menschen, denen Sie gefallen oder sogar imponieren wollen – auf Ihr Gesicht fallen. Damit das geschieht, helfen die folgenden Fragen:

❯ Wie intensiv dürfen die Farben Ihrer Garderobe sein?
❯ Wirken Sie in matten Tönen elegant oder eher langweilig?
❯ Strahlen Sie mit starken Farben »Power« aus oder werden Sie davon »erschlagen«?
❯ Entwickeln Sie ein Farbschema für Ihre Garderobe. Eine typgerechte Basisgarderobe lässt Sie eine »heiße Arbeitswoche« ohne zusätzlichen Outfit-Stress überstehen.
❯ Verfügen Sie über ausreichend Basisgarderobe in neutralen Tönen?

> Besitzen Sie zusätzliche Garderobeteile in aktuellen Farben, mit denen Sie Ihre Basisgarderobe variieren können?
> Oder fehlen Ihnen lediglich einige stylische, trendige Accessoires?

Persönlichkeit und Stil

Welcher Stil unterstreicht Ihre Persönlichkeit, Ihre Kompetenz?
Was passt zu Ihrer Branche, zu Ihrem Umfeld, zu Ihren Zielen?
Wer Ihrer Kollegen oder Vorgesetzten präsentiert sich so, wie es Ihnen gefällt?

Der klassische Stil

Unter »klassischer Garderobe« wird im Allgemeinen das Kostüm, der Hosenanzug oder auch eine Kombination verstanden. Ob Sie diese Klassik entweder seriös und konservativ oder auch modisch up to date interpretieren, hängt von Ihrem Umfeld und von Ihrer Persönlichkeit ab. Im »Big Business« wird klassische Garderobe erwartet, wie beispielsweise ein dunkler Anzug, in kleineren Unternehmen oder in einer ländlichen Gegend kann dieser Stil unter Umständen übertrieben wirken.

Der sachliche Stil

Das ist Garderobe, die sich klar, puristisch, sozusagen schnörkellos präsentiert. Dieser Stil basiert auf einer klassischen Grundlage, ist jedoch einfacher und alltagstauglicher, wie beispielsweise eine Bluse oder ein Pullover zu einer Stoffhose (keine Jeans), dazu ein schlichter Schuh oder eine Stiefelette. Auch mit weicheren Farben und strukturierten Stoffen wird eine »reduzierte« Wirkung erzielt: Sie wirken dadurch sehr professionell, jedoch nicht »overdressed«. Dieser Stil ist für viele Branchen und Positionen sehr gut geeignet.

Der sportliche Stil

Sportlich, unkompliziert und natürlich – so wollen sich viele Menschen auch im Beruf präsentieren. »Sportlich« wird die optische Aussage vor allem durch gröbere Stoffe, natürliche Farben und rustikale Schuhe. Auch wenn dieser Stil sehr bequem ist – übertreiben Sie das sportliche Erscheinungsbild besser nicht: Sie tun sich selbst keinen

Renate Weiss-Kochs

Gefallen, wenn Ihre Vorgesetzten oder Kunden mit Ihrer Person sofort »Freizeit« assoziieren.

Der extravagante Stil
Dieser Look – individuell und außergewöhnlich – passt am besten zu innovativen und kreativen Branchen wie Werbung, Design oder Mode. Mit diesem Erscheinungsbild können Sie sehr modern oder auch unangepasst wirken. In konservativen Branchen werden Sie damit anecken. Wenn Ihr Image »Innovation« vermitteln soll, wird man diesen Stil von Ihnen aber erwarten.

Der romantische Stil
Wenn Sie sich »romantisch« präsentieren, mit Blümchen, Schleifchen und zarter Spitze, wird man Ihnen in jedem Fall weniger Kompetenz zutrauen. Dieser Stil ist für das Berufsleben somit nicht geeignet.

Die wichtigen Fragen, die sich hier anschließen, sind:

❯ In welchem Stil möchten Sie sich beruflich präsentieren?
❯ Oder entspricht eine Mischform von zwei Stilen Ihrer Persönlichkeit am besten?

Übung: Stil und Styling analysieren
Sammeln Sie Bilder aus Zeitschriften, die Sie sofort ansprechen und bei denen Ihnen Stil, Outfit und das Styling eines Menschen gut gefallen. Jetzt analysieren Sie diese Bilder: Wodurch wurde diese Wirkung erzielt? Ist es die Kleidung? Sind es Frisur und Make-up? Sind es die Accessoires? Was genau ist das Besondere an dieser Erscheinung? Diese Analyse funktioniert auch gut bei Schaufensterpuppen! Die können Sie beliebig lange anstarren, und schon bald wird Ihr Blick geschärft sein für Details, Stilelemente und Accessoires. Dadurch wird es Ihnen leichtfallen, ein businesstaugliches, typgerechtes und dabei individuelles Erscheinungsbild zu kreieren.

Die Wirkung von Kontrasten

Der Kontrast von hellen und dunklen Tönen wirkt grundsätzlich kompetent. Durch den Kontrast wird zudem ein gewisser Abstand hergestellt. Durch den Hell-Dunkel-Kontrast wirkt Ihre Erscheinung sofort »offizieller« und förmlicher. Testen Sie diese Wirkung, wenn Sie stärker Grenzen setzen wollen. Der Kontrast wird auch als Wirkungselement für den klassischen Stil genutzt.

Ein helles Outfit wirkt verbindlicher und stellt weniger Abstand zu Ihrem Gesprächspartner her. Durch eine hellere, weichere Farbe wirkt ein klassisches Kostüm oder ein Businessanzug etwas weniger förmlich. Es ist ein interessanter Trick, den förmlichen »Businesslook« auf ein weniger formelles Umfeld abzustimmen.

Die Wirkung von Stoffen und Strukturen

Je fester und glatter ein Stoff ist, desto klassischer und auch konservativer wirkt das gesamte Erscheinungsbild. Wenn das für Ihr Umfeld zu overdressed ist, können Sie diese klassische Wirkung durch weichere, strukturierte Stoffe etwas reduzieren. Dadurch wirkt Ihre gesamte Erscheinung professionell und überzeugend und dabei gleichzeitig sachlich, alltagstauglich und unkompliziert. Auch modische Schnitte und aktuelle Accessoires tragen zum individuellen Businesslook bei.

Wirkung durch Accessoires

»Die Accessoires machen den Look!«, sagen die Stylisten. Häufig investieren Frauen regelmäßig in neue Kleidung und vernachlässigen dabei die Accessoires. Dabei bekommt ein »normales« Outfit durch modische Accessoires sofort neuen Schwung. Investieren Sie Zeit und Geld nicht nur in die Garderobe, sondern auch in das »Styling«. Als Accessoires können Sie einsetzen: Frisur, Make-up, Brille, Ketten, Ohrklipps, Tücher, Schals, Gürtel, Schuhe, Taschen ...

Garderobe im Alltag

Haben Sie genügend Garderobe, um problemlos eine »heiße Arbeitswoche« zu überstehen? Ohne zu waschen, zu bügeln oder vor dem vollen Kleiderschrank zu verzweifeln? Wenn nein, sorgen Sie für ausreichend »Basics« – das sind Kleidungsstücke in neutralen Tönen, die Sie vielfach kombinieren können. Diese Basics ergänzen Sie mit aktuellen, modischen Accessoires. Sie werden es erleben: Jetzt haben Sie eine ideale Businessgarderobe – wirkungsvoll und alltagstauglich.

Passform und Körperausdruck

»Sitzt« Ihre Kleidung? Oder müssen Sie an Ihrer Kleidung immer wieder zupfen, zerren und ziehen? Falls ja: Das lässt Sie fahrig und unkonzentriert wirken. Können Sie sich in Ihrer Garderobe gut bewegen und atmen? Wenn nein – weg damit! Kleidung sollte Sie nicht ablenken, nerven oder stören. Nur Kleidung, in der Sie sich wohlfühlen, lässt Sie präsent wirken. Nur in Kleidung, in der Sie sicher agieren, wird Ihnen Kompetenz zugeschrieben.

Wirkung bei Präsentationen

Lenken Sie den Blick auf Ihren Kopf! Dadurch können Ihre Zuhörer sozusagen »an Ihren Lippen hängen«. Verzichten Sie auf »Eyecatcher« auf Ihrer Kleidung und auf Accessoires, die sich stark bewegen, wie beispielsweise eine lange Kette oder ein flatternder Schal. Alle diese Details ziehen immer wieder den Blick an und stören so die Konzentration.

Der besondere Trick

Analysieren Sie Ihr Lieblingsoutfit anhand der Frage: Was genau gefällt mir an diesem Teil so gut?

- Welche Farbe hat das Kleidungsstück?
- Wie ist der Ausschnitt oder Kragen geformt?
- Was fällt Ihnen beim Stoff auf: Ist er weich oder fest, glatt oder strukturiert?
- Wie ist das Teil verarbeitet?
- Wodurch passt es Ihnen so gut?
- Wie ist der gesamte Stil?
- Gibt es Besonderheiten wie Schnitt, Knöpfe oder andere Details?

- ⟩ Wohin fällt Ihr Blick, wenn Sie sich im Spiegel ansehen?
- ⟩ Was haben Sie – zum Teil völlig unbewusst – perfekt richtig ausgewählt?

Dann vergleichen Sie das Ergebnis mit Ihren Fehlkäufen: Was macht den Unterschied aus? Worauf können Sie jetzt zukünftig achten?

Optische Karrierekiller

Sie sehen, wie vielfältig die Signale sind, die ein Mensch mit dem Erscheinungsbild aussendet. Dadurch wirkt sich mancher Look als Falle für Ihre berufliche Entwicklung aus. Mit einer allzu lässigen Selbstpräsentation wirken Sie, als würden Sie Ihren Beruf »nur so schnell nebenbei« ausüben. Auch durch eine Garderobe, die ausgeprägt körperbetont und sehr sexy wirkt oder ein sehr zartes, »romantisches Erscheinungsbild« vermittelt, werden Sie Ihre fachliche Kompetenz langfristig subtil untergraben. Es kann sein, dass Sie mit einer sehr extravaganten, konkret: übertriebenen Selbstpräsentation als arrogant oder extrem ehrgeizig wahrgenommen werden. Aber wenn Sie als »graue Maus« durch das Unternehmen huschen, wird man Sie einfach übersehen und damit übergehen.

Typische Karrierekiller sind

- ⟩ »Das kleine Mädchen« – mit Schleifchen, Glitzersteinen und »witzigen« Applikationen
- ⟩ »Ich bin sexy« – sehr eng, sehr ausgeschnitten, der Körper steht im Vordergrund
- ⟩ »Ich kann Pferde stehlen« – sehr rustikale, derbe Freizeitgarderobe
- ⟩ »Aus dem Weg, jetzt komme ich« – übertrieben, extravagant, laut bis schrill
- ⟩ »Wirkung ist nicht wichtig« – farblos, unauffällig, das Licht steht unter dem Scheffel

Image und Inhalt verbinden

Sobald die Augen Ihrer Gesprächspartner – der schnellste Sinn – überzeugt sind und dadurch das richtige »Assoziationsfeld« geöffnet ist, kommt auch Ihr Fachwissen entsprechend zur Geltung. Nichts lenkt jetzt mehr von Ihrem Know-how ab. Sie wirken präsent, kompetent, überzeugend. So nutzen Sie die optische Wirkung als Wegweiser zu Ihrem Fachwissen und damit zu mehr Erfolg. Das Geheimnis der geplanten optischen Wirkung besteht darin, dass man Ihnen durch Ihr Erscheinungsbild sofort Kompetenz zuschreibt.

Franz Grillparzer hat gesagt: »Wen das Auge nicht überzeugt, den überredet auch der Mund nicht!«

Machen Sie deshalb Ihre Kompetenz sichtbar – auf den allerersten Blick! Das heißt, Sie brauchen die Balance zwischen Authentizität und Strategie:

Authentizität klärt und zeigt	Strategie klärt und zeigt
Wer bin ich?	Wo bin ich?
Wie ist meine Persönlichkeit?	Welche Erwartungen werden an meine Rolle gestellt?
Wie will ich mich präsentieren?	Was unterstützt meine Ziele?

Und da man gute Dinge nicht oft genug sagen kann, sei hier noch einmal wiederholt:

Überzeugende optische Wirkung = Balance von Authentizität und Strategie

Wirkung durch Ihren Körperausdruck

Sie haben jetzt erlebt, wie schnell ein Eindruck entsteht, wie nachhaltig ein Image bereits durch die optische Wirkung aufgebaut und im Alltag zementiert wird.

PRÄSENZ UND SELBSTPRÄSENTATION

Eine überzeugende, souveräne Selbstpräsentation setzt sich aus vielen Facetten zusammen. Nach der Betrachtung der optischen Wirkung, der »äußeren Schale«, begeben wir uns jetzt auf die nächste, subtilere Ebene. Der Ausdruck Ihres Körpers und die Dynamik Ihrer Bewegungen sind weitere wesentliche Elemente, durch die Sie auf Ihre Umwelt wirken. Mit mehr Bewusstheit für die Sprache Ihres Körpers wird Ihr Auftreten sehr präsent. Wirkliche Präsenz ist selten. Aber in der Präsenz – in der Tatsache, dass Sie wahrgenommen werden, ohne auf sich aufmerksam zu machen – liegt ein wichtiges Geheimnis für überzeugendes Auftreten.

KÖRPERHALTUNG

Auch mit Ihrer Körperhaltung erzielen Sie sofort einen Impuls bei anderen Menschen, denn der Ausdruck Ihres Köpers wird ebenso blitzartig wahrgenommen. Zum anderen wirken sich Ihre Körperhaltung und Ihre Bewegungen auch unmittelbar auf Ihr Selbstgefühl aus, weil die Emotionen eines Menschen eng an die Körperhaltung gekoppelt sind. Beginnen Sie mit einer kleinen Übung:

Die Feedbackschleife zwischen Körperhaltung und Stimmung

Setzen oder stellen Sie sich folgendermaßen hin:

) schlaffe Körperhaltung, zusammengesunken
) Kopf müde nach unten gesenkt

- müder, energieloser Blick
- hängende Schultern
- schlapp herabbaumelnde Arme

Nachdem Sie sich ein wenig eingefühlt habe, sagen Sie laut mehrfach zu sich selbst: »Ich bin sehr erfolgreich und erreiche meine Ziele!« Was ist passiert? Konnten Sie Ihre Aussagen ernst nehmen?

Jetzt versuchen Sie das Gegenteil:

- fester Bodenkontakt
- kraftvolle, aktive Körperspannung
- Kopf hoch, Kopf gerade, Nacken entspannt
- gerade Wirbelsäule, locker gestreckt
- Arme energievoll nach oben gestreckt

Nachdem Sie sich einige Momente eingefühlt haben, sagen Sie mehrmals laut zu sich selbst: »Ich kann es nicht, ich schaffe es nicht ...!« Konnten Sie Ihre Aussagen wirklich ernst nehmen?

Kontrollieren Sie immer wieder ganz bewusst Ihre Körperhaltung

Natürlich hat die emotionale Verfassung großen Einfluss auf Bewegung und Körperausdruck. Wir Menschen unterschätzen jedoch meistens, wie schnell und intensiv sich diese Feedbackschleife umgekehrt nutzen lässt: Ihre Körperhaltung hat einen sofortigen Einfluss auf Ihre emotionale Stimmung. Eine aufrechte Körperhaltung hebt die Stimmung, verbessert unmittelbar den Zugang zu Ihren eigenen Ressourcen. Sie fühlen sich sofort selbstbewusster. So optimieren Sie unmittelbar Ihre Ausstrahlung – Ihr Charisma. Halten Sie dabei vor allem Ihre Wirbelsäule und Ihren Kopf gerade! Diese Bewusstheit fördert auch Ihre Präsenz. Das bedeutet, Sie sind jetzt ganz »da«, sozusagen körperlich und geistig anwesend. Sie wirken erfolgreich und Sie fühlen sich auch so.

Die Haltung Ihres Kopfes

Halten Sie Ihren Kopf gerade? Oder gerät Ihr Kopf oft in »Schieflage«. Den Kopf schräg zu halten, selbst wenn es nur wenig ist, wirkt freundlich und nett – souverän und sicher wirkt es nicht. Es handelt sich um eine sogenannte Unterwerfungsgeste. Das Signal, das Sie damit – unbewusst – aussenden, bedeutet sinngemäß: »Tu mir nichts, ich bin harmlos!« Und zum Beweis bieten sie den Raubtieren Ihre verwundbarste Stelle: Ihre Halsschlagader.

Sehen Sie sich im Spiegel an oder lassen Sie sich »in Aktion« fotografieren oder filmen. Testen Sie die unterschiedlichen Reaktionen Ihrer Umwelt. Sie werden überrascht sein, was dieser winzige Unterschied in der Kopfhaltung bewirkt.

Nehmen Sie Ihren Platz ein

Machen Sie sich breit! Wirkung hat auch immer damit zu tun, ob jemand Raum beansprucht, seinen Platz einnimmt. Mit Ihrem Körper sagen Sie auch unbewusst aus: Das ist mein Platz, das ist mein Territorium. Frauen – auch sehr erfolgreiche – neigen oft dazu, sich kleinzumachen. Nehmen Sie Ihren Raum ein. Besetzen Sie Ihr Territorium! Auf körperlicher Ebene bedeutet das: Körperliche Größe durch eine gerade Haltung, Energie durch Körperspannung, ein aktiver Blick und Präsenz, verbunden mit aktiven, raumgreifenden Bewegungen.

Gewöhnen Sie sich daran, im körperlichen Sinn präsent und sichtbar zu sein.

Tipps für einen wirkungsvollen Körperausdruck

- Seien Sie präsent! Das bedeutet: Seien Sie mit Ihrer Aufmerksamkeit im jetzigen Moment und nutzen Sie Ihre Sinne bewusst und aktiv.
- Nehmen Sie Ihren Standort ein: Stellen Sie sich mit sicherem Bodenkontakt etwa hüftbreit hin.
- Stellen Sie sich aufrecht hin, halten Sie Ihre Wirbelsäule gerade, nehmen Sie das Brustbein hoch.
- Lassen Sie Ihren Kopf oben »schweben«. Achten Sie darauf, dass Sie

Ihr Kinn in etwa parallel zum Boden halten – ein erhobenes Kinn wirkt sofort arrogant.

> Halten Sie Ihren Kopf gerade!
> Lassen Sie Ihren Nacken lang werden.
> Achten Sie auf aktiven, gezielten Blickkontakt.
> Lassen Sie die Schultern nach unten sinken – nehmen Sie die Ellbogen ein wenig vom Körper weg.
> Nehmen Sie eine mittlere Körperspannung ein, lassen Sie die Hände locker.
> Achten Sie auf angemessene Mimik.
> Lächeln Sie – wenn es angemessen ist!
> Machen Sie sich breit! Nehmen Sie Raum ein.

Körperhaltung im Sitzen

Achten Sie auch beim Sitzen auf die wesentlichen Aspekte:

> guter Bodenkontakt
> aufrechte Wirbelsäule
> gerade Kopf- und Körperhaltung
> möglichst rechte Winkel bei den Knöcheln, den Hüften, dem Kinn

BLICKKONTAKT

Durch Blickkontakt zeigen Sie Ihren Gesprächspartnern Aufmerksamkeit und Interesse. Sie vermitteln mit Ihrem Blick auch Wertschätzung, Anerkennung sowie Präsenz. Besonders wichtig ist, wenn Gäste Ihr Büro betreten, während Sie gerade telefonieren und Sie das Gespräch nicht unmittelbar beenden können: Signalisieren Sie mit Ihrem Blick, dass Sie Ihre Gäste wahrgenommen haben.

Ihnen gibt der Blickkontakt die Möglichkeit, Reaktionen wahrzunehmen und darauf zu reagieren. Der aktive Blickkontakt zeigt Ihren Gesprächspartnern Ihr Interesse. Auf diese Weise fördern Sie auch die Wirkung Ihrer Worte. Vermeiden Sie es jedoch, Ihre Gesprächspartner länger anzustarren – das gilt als Dominanzsignal.

MIMIK

Mit einer positiven, freundlichen Mimik öffnen Sie Türen. Häufig entwickeln Menschen einen angestrengten oder angespannten Gesichtsausdruck, wenn sie sich stark konzentrieren müssen. Das wird oft falsch als »negativ« interpretiert.

Achten Sie darauf, Ihre Gesichtsmuskeln immer wieder zu entspannen, besonders die Partie rund um die Augen und die Mundpartie. Lächeln Sie und beziehen Sie dabei Ihre Augen mit ein, sonst wirkt das Lächeln unecht.

Vermeiden Sie jedoch unbedingt ein »eingefrorenes« Dauerlächeln. Viele Frauen neigen dazu, auch bei unpassenden Gelegenheiten zu lächeln. Dies lässt Sie schwach erscheinen.

GEHEN SIE AUF EIN ZIEL ZU

Weil die Körpersprache und Gesamtwirkung einen so intensiven Eindruck hinterlassen, können Sie auch Ihren Gang ganz gezielt einsetzen, um sich selbstsicher und souverän zu präsentieren.

Übung

Stellen Sie sich aufrecht hin und fixieren Sie einen Punkt, der einige Meter von Ihnen entfernt ist. Wenn Sie den Punkt klar fixiert haben, gehen Sie entschlossen und mit energischen Schritten darauf zu. Jetzt fixieren Sie einen neuen Punkt und gehen wiederum entschlossen auf diesen Punkt zu. Machen Sie dies mehrfach hintereinander. Das ist ein raffinierter Trick, um sehr souverän aufzutreten: wenn Sie einen langen Gang entlanggehen, bei größeren Veranstaltungen, bei Präsentationen oder auch nur im beruflichen Alltag. Durch dieses zielgerichtete Gehen vermitteln Sie große Business-Klasse.

Einen Raum betreten

Meistens betreten Menschen einen Raum auf folgende Weise: Sie öffnen die Tür, machen ein, zwei Schritte in den Raum, drehen sich um – der

Rücken zeigt also zu den Gesprächspartnern –, schließen die Tür und drehen sich erst dann wieder um.

Versuchen Sie einmal folgende Variation:

Öffnen Sie die Tür, bleiben Sie kurz in der Tür stehen, nehmen Sie Blickkontakt mit der Runde auf, schließen Sie die Tür mit der Hand im Rücken, während Sie weiterhin auf die Gesprächsrunde blicken und so den Kontakt aufrechterhalten. Ob dieser »große Auftritt« im Alltag immer nötig sein wird, entscheiden Sie am besten selbst. Auf jeden Fall »treten Sie in Erscheinung« und wirken überaus souverän, wenn Sie bei Meetings oder Veranstaltungen auf große Wirkung bedacht sind.

AUTHENTISCHE GESTIK

Eine gute Argumentation wird durch entsprechende Gesten und durch Blickkontakt unterstützt:

positive Gestik	oberhalb der Körpermitte
neutrale Gestik	mittlerer Körperbereich
negative Gestik	unterer Körperbereich (Hände in der Hosentasche, abwertende Gesten, Gesten von oben nach unten)

Vermeiden Sie abwertende, negative Gesten in Ihrer Kommunikation. Jede Geste sollte im Körperzentrum beginnen und wieder im Körperzentrum enden.

ANWENDUNG IM BERUFSALLTAG

Nehmen Sie Ihren Platz ein! Machen Sie sich »breit«! Besetzen Sie Ihr eigenes Territorium (Schreibtisch, Büro, Arbeitsplatz). Verzichten Sie keinesfalls freiwillig auf Statussymbole wie ein größeres Büro, eine bessere Ausstattung, einen Parkplatz oder sonstige Dinge. Verteidigen Sie

Ihr Revier! Breiten Sie sich so weit aus, wie es nur möglich ist, ohne dabei in den Raum Ihrer Kollegen einzudringen. Das sind beispielsweise Büro, Schreibtisch oder auch persönliche Gegenstände. Es gibt zwar in jedem Unternehmen ungeschriebene Gesetze, wie formell oder wie ungezwungen Sie sich verhalten können. Doch auch bei lockeren Umgangsformen werden Grenzverletzungen meistens recht übel genommen. Wir Menschen reagieren mit – oft übrigens unbewusster – Aggression, wenn jemand ungebeten in unser »Revier« eindringt. Der Volksmund sagt dazu: »Der ist mir zu nahe getreten.«

KONGRUENZ

Authentizität und Wirkung sind eng an die Körperhaltung gekoppelt. Erst wenn der Ausdruck des Körpers mit dem Inhalt übereinstimmt, wirkt ein Mensch überzeugend, glaubwürdig und kongruent. Achten Sie bei wichtigen Argumenten auf guten Bodenkontakt und eine symmetrische Körperhaltung – Sie wirken dadurch sicher, glaubwürdig und überzeugend.

Streben Sie Kongruenz – also Übereinstimmung – an zwischen dem Inhalt (der verbalen Kommunikation) und dem Ausdruck (der nonverbalen Kommunikation): Die Wortsprache drückt aus: Worum geht es? (Inhalt). Die Körpersprache signalisiert: Stehe ich dahinter? (Ausdruck)

NOCH EINMAL: PRÄSENZ

Was ist »Präsenz«? Es bedeutet, körperlich und geistig wirklich anwesend zu sein und alle Sinne eingeschaltet zu haben, im jetzigen Moment zu sein und dem Gesprächspartner dadurch mit voller Aufmerksamkeit zu begegnen. Leider ist das keineswegs eine Selbstverständlichkeit. Diese besondere Fähigkeit im Alltag ist leider recht selten anzutreffen und dadurch etwas ganz Besonderes. Persönlichkeiten, die präsent sind, verfügen immer über eine außergewöhnliche Ausstrahlung.

Präsent sein – konzentrieren Sie sich auf Ihre Sinne

❯ Richten Sie Ihre Konzentration auf den anderen Menschen.
❯ Schalten Sie alle Ihre Sinne ein.
❯ Was genau sehen Sie? Wie sitzt der andere Mensch? Welchen Gesichtsausdruck hat er/sie? Verändert sich etwas während der Begegnung?
❯ Was genau hören Sie? Hören Sie etwas »zwischen den Zeilen«? Wie ist der Tonfall?
❯ Was genau fühlen Sie? Wie ist die Atmosphäre?

Die Konzentration auf Ihre Sinne und Ihre präzise Wahrnehmung lässt Sie bei sich bleiben – zugleich aber auch bei den anderen Menschen und damit wirklich in der Situation. Und das lässt Sie faszinierend souverän wirken. Darüber hinaus erfassen Sie natürlich auch viele wichtige Kommunikationssignale.

Wirkung durch Ihr Auftreten

Kennen Sie auch einen Menschen,

❯ der einfach grundsätzlich »gut ankommt«,
❯ der jederzeit »elegant« kommuniziert,
❯ der höflich und freundlich ist,
❯ dennoch klare Aussagen macht,
❯ der auch Anweisungen erteilen kann,
❯ der kritisch ist,
❯ sich durchsetzen kann und
❯ doch gleichzeitig beliebt ist?

Wäre es nicht interessant, dieses Geheimnis etwas näher kennenzulernen?

Wer Ergebnisse erzielen will, muss sich seiner Umgebung mitteilen und Signale der Umwelt interpretieren. Kommunikation findet also immer zwischen einem Sender (jemand, der Informationen aussendet) und einem Empfänger (der Partner, der die Informationen empfängt) statt. Dabei genügt es nicht, nur die richtigen Argumente zu präsentieren. Kontakt entsteht stets auf der emotionalen Ebene. Häufig wird das als »Draht zum anderen« oder als »Wellenlänge« bezeichnet. Das ist das Fundament jeder gelungenen Kommunikation. Viele erfolgreiche Menschen besitzen höchste Kompetenz auf diesem Gebiet.

Haben Sie sich schon einmal überlegt, warum Sie mit Ihren Freunden befreundet sind oder sich mit manchen Kollegen besonders gut verstehen? Vermutlich haben Sie Gemeinsamkeiten, ähnliche Ansichten, Hobbys oder Werte. »Gleich und Gleich gesellt sich gern« heißt es im Volksmund. Auf der Basis von Gemeinsamkeiten entstehen Kontakte, Freundschaften, Partnerschaften. Dieses Gefühl der unbewussten Vertrautheit ist die Voraussetzung für jeden tiefer gehenden menschlichen Kontakt.

Bei Menschen, die uns »von Natur aus« sympathisch sind, gelingt das leicht, natürlich und schnell. Bei anderen Menschen können Sie es trainieren, indem Sie ganz bewusst die Welt des anderen betreten und sich auf seine Welt einlassen. Damit gehen Sie sozusagen »in den Mokassins des anderen«, um die Beziehung und den Kontakt zum Gesprächspartner herzustellen und zu vertiefen.

Folgende Elemente sind die Schlüssel für überzeugendes Auftreten:

- Wirkung durch Wertschätzung
- Die Verantwortung für die Kommunikation übernehmen
- Wirkung durch Wortwahl
- Ein Kommunikationsziel verfolgen
- Wirkung durch Kongruenz

Renate Weiss-Kochs

WIRKUNG DURCH WERTSCHÄTZUNG

Wir Menschen benötigen Anerkennung, Respekt, Wertschätzung. Die meisten Menschen bekommen im Berufsalltag jedoch viel zu wenig Anerkennung – vieles wird als völlig selbstverständlich vorausgesetzt und deshalb auch nicht besonders betont. Haben Sie das auch schon einmal erlebt? Wenn Sie jetzt Ihrerseits dazu in der Lage sind, bei Kollegen, Vorgesetzten oder Kunden positive Aspekte zu bemerken, anzusprechen und zu betonen, werden Sie schnell eine gute Beziehung zu Ihren Gesprächspartnern haben: »Emotion schlägt Logik«! Wenn Sie es schaffen, zunächst eine gute Beziehung zu Ihrem Gesprächspartner herzustellen, können Sie danach auf der Sachebene – wenn nötig – auch kontrovers diskutieren.

Bringen Sie Ihrem Gesprächspartner Wertschätzung entgegen, indem Sie seine Gedanken, Ansichten respektieren. Das ist recht einfach, wenn wir uns mit jemand sowieso gut verstehen. Bei Menschen, die »so ganz anders sind als wir selbst«, bedeutet das jedoch meistens ein wenig Trainingseinsatz. Trainieren Sie gerade dann, Wertschätzung und Respekt zu vermitteln, wenn dies für Sie schwierig wird. Denn das lohnt sich, weil es gerade bei diesen schwierigen Kontakten zu deutlichen und positiven Veränderungen der Kommunikation kommen wird.

Verfeinern Sie Ihre Fähigkeit, Positives wahrzunehmen, zu loben, Ihre Wertschätzung oder Bewunderung auszudrücken, und machen Sie einfach öfter Komplimente. Hören Sie Ihrem Gesprächspartner aufmerksam zu. Finden Sie an jeder Aussage etwas, dem Sie zustimmen können – deswegen geben Sie Ihre eigene Meinung nicht auf, sondern erweitern Ihre Ansicht mit einem zusätzlichen Aspekt. Etwa mit der einfachen Aussage: »Es ist verständlich, dass Sie darüber verärgert sind. Es ist ja auch ein ärgerlicher Vorfall. Wie können wir jetzt eine Lösung dafür finden?«

Verwechseln Sie Respekt, Freundlichkeit, Höflichkeit und Wertschätzung nicht mit Schwäche! Treten Sie auf wie die Römer und verhalten Sie sich wie sie: »Stark in der Sache, milde in der Art.«

Anerkennung ausdrücken

Finden Sie eigene, kreative Formulierungen für Anerkennung. Formulieren Sie dabei positiv und konkret. Damit gelingt ein richtiges Kompliment wesentlich leichter und unterscheidet sich sofort von plumper Anbiederei. Beispiele:

- »Es gefällt mir, wie Sie ...«
- »Es hat mich beeindruckt, dass Sie ...«
- »Ich habe gesehen, wie Sie ...«
- »Ich habe gehört, dass Sie ...«
- »Mir ist aufgefallen, wie Sie ...«

Verzichten Sie dabei auf alltägliche, abgenutzte Wörter wie »toll« oder »super«. Setzen Sie ungewöhnliche, ausdrucksstarke Wörter ein.

Vergleichen Sie die Wirkung von »Das war super!« mit: »Es hat mich beeindruckt, wie elegant und zielgerichtet (oder souverän, geduldig, verständnisvoll ...) Sie mit diesem Kunden verhandelt haben«, oder: »Mit welcher Energie (oder Gründlichkeit, Genauigkeit, Präzision ...) Sie die Veranstaltung vorbereitet haben, imponiert mir sehr!«

Wofür können Sie Anerkennung ausdrücken?

Bedenken Sie: Jeder hat genug zu tun! Nutzen Sie dafür auch Gelegenheiten und Handlungen, die selbstverständlich scheinen, es aber keineswegs sind.

Beispiele: Jemand hat sich Mühe für Sie gemacht, Aufwand für Sie betrieben (auch Kleinigkeiten summieren sich), sich für Sie (persönlich) oder »Ihre« Sache eingesetzt, Zeit, Energie, Wissen, Tipps, Know-how, Geld, Ideen ... zur Verfügung gestellt.

Wann sollten Sie Ihre Anerkennung vermitteln?

Sofort! Je schneller Sie es machen, desto wirkungsvoller wird es sein!

Überlegen Sie sich anerkennende Aussagen für Ihren Berufsalltag und nutzen Sie dabei kreative und ausdrucksstarke Formulierungen. Notieren Sie sich eigene Beispiele, wann immer Ihnen das gelungen ist. So trainieren Sie eine positive Wahrnehmung und flexible Sprache.

ÜBERNEHMEN SIE DIE VERANTWORTUNG ALS SENDER

Haben Sie Folgendes schon einmal erlebt? Sie machen eine Aussage – und erkennen leider erst nach einer Weile, dass Ihr Gesprächspartner darunter etwas völlig anderes verstanden hat. Und weil die Aussage ja »absolut klar« war, verzichten beide darauf, nachzuhaken, nachzufragen, sich genauer damit auseinanderzusetzen ...

Dabei liegt die Bedeutung der Kommunikation in der Reaktion, die Sie bei Ihrem Gesprächspartner auslösen.

Leider nehmen wir Menschen häufig die Haltung ein: »Das habe ich dir doch gesagt!«, oder: »So habe ich das doch nicht gemeint!« Mit dieser Haltung wird die Verantwortung auf den Gesprächspartner übertragen. Wir erwarten, dass er automatisch versteht, wie wir etwas gemeint haben, und unsere Worte auf die selbstverständliche »richtige Weise« interpretiert. Für eine gelungene Kommunikation kommt es jedoch darauf an, was der Gesprächspartner »in seiner Welt« unter einer Aussage versteht.

Vom Denken zum Sprechen

Wie verläuft der Weg vom Denken zum Sprechen? Was geschieht auf diesem Weg?

Sprache kann nie der Geschwindigkeit, Vielfalt und Sensibilität des Denkens und Fühlens gerecht werden. Ein Sprecher hat eine vollständige und genaue Vorstellung von dem, was er sagen will.

Um klar und deutlich zu sprechen, verkürzen wir dann diese eigene Wahrnehmung. Dadurch verallgemeinern wir, lassen Teile unserer Gedanken weg und verkürzen das Erlebnis. Andernfalls wären Unterhaltungen schrecklich langatmig und weitschweifig. Außerdem bedeutet ein Wort keineswegs für jeden Menschen genau das Gleiche, sondern löst unterschiedliche Gedanken, Empfindungen, Assoziationen aus. Sich dessen bewusst zu sein, ist für jegliche Kommunikation von unschätzbarem Vorteil! Im Berufsalltag kommt es immer wieder zu vielen ungenauen, vagen Aussagen. Jetzt wissen Sie, warum Sie nachfragen, sich austauschen müssen, um sich wirklich zu verstehen.

Fragen Sie sich:

- Welche Bilder, Gedanken und Gefühle haben Sie bei Ihrem Empfänger ausgelöst?
- Wie interpretiert Ihr Gesprächspartner Wörter, Begriffe, Aussagen?
- Sind das auch genau die Reaktionen, die Sie erzielen wollten?

Selbst für Menschen aus dem gleichen Kulturkreis ist eine gelungene Kommunikation oft eine große Herausforderung. Seien Sie bei Kontakten mit anderen Kulturen ganz besonders sensibel.

Sammeln Sie unspezifische, ungenaue, vage Wörter aus Ihrem Berufsalltag und ersetzen Sie diese Wörter durch präzise Aussagen oder fragen Sie nach. Was genau meint ein Sprecher zum Beispiel mit folgenden Wörtern:

- Machen Sie das noch *schnell* ...
- Das ist *dringend* ...
- Das muss *besser* werden ...
- Das ist so *nicht gut genug* ....
- Die *Organisation* lässt zu wünschen übrig ...
- Es bleibt *zu viel* liegen ...
- Der *Ablauf* ist schlecht ....

Sammeln Sie eigene Beispiele aus Ihrem Berufsalltag dazu.

Mögliche Fragen, mit denen Sie nachhaken können:

- *schnell*: Bis wann sollte es fertig sein?
- *dringend*: Bis wann muss es erledigt sein? Oder: Was hat Priorität: A oder B?
- *besser*: Was genau stört Sie? Was genau sollte verbessert werden?
- *Organisation*: Was hat Sie gestört? Was hätten Sie gerne anders?
- *zu viel*: Was ist liegen geblieben? Was bedeutet zu viel? Wie könnte es anders organisiert werden?
- *Ablauf*: Wie hätten Sie den Ablauf gerne? Was daran ist schlecht?

Entwickeln Sie eigene Fragen für Ihren beruflichen Alltag!

Renate Weiss-Kochs

Der Sinn dieser Übung besteht darin, dass Sie sensibel werden für unspezifische Wörter, die dann meistens automatisch interpretiert werden. Missverständnisse sind dabei geradezu vorprogrammiert!
Wichtig:

1. Trainieren Sie es, bei vagen Aussagen höflich und freundlich nachzufragen.
2. Machen Sie selbst klare und präzise Aussagen.

WIRKUNG DURCH WORTE

Es gibt Schlagwörter, die viele Menschen unhinterfragt übernehmen. Ein Dauerbrenner ist: Unser Gehirn versteht kein »Nein«! Soll heißen: Wenn unser Gehirn ein Schild liest: »Rasen nicht betreten«, denkt es erst an »Rasen« und »betreten« – und dann muss es zusätzlich noch umschalten und das »nicht« einbauen.
Ratsam für ein gutes Gespräch aber ist es,

) positive innere Bilder beim Gesprächspartner auszulösen,
) lösungsorientierte, beziehungsfreundliche Formulierungen zu benutzen,
) präzise Aussagen zu machen.

Positive Repräsentationen auslösen
Ersetzen Sie folgende, recht aggressive Formulierungen durch eine beziehungsfreundliche Aussage:

☹ Das geht heute nicht mehr ...
☹ Das haben Sie falsch verstanden!
☹ Da bin ich nicht zuständig.
☹ Sie müssen ...!
☹ Das dürfen Sie so nicht sehen.
☹ Da müssen Sie schon entschuldigen ...
☹ Das ist nicht mein Ressort!

Mögliche positive Aussagen sind:

☺ Ich kann es bis morgen um 10.00 Uhr erledigen.
☺ Da habe ich mich wohl unklar ausgedrückt.
☺ Dafür ist meine Kollegin Müller zuständig. Ich verbinde Sie gerne ...
☺ Sie können ...
☺ Der Grund, warum wir das so vorschlagen, ist ...
☺ Bitte entschuldigen Sie, es ist eine kleine Panne entstanden ...
☺ Es ist zwar nicht mein Ressort, aber ich leite Ihre Frage gerne an Frau Müller weiter.

»Kommunikationskiller« sammeln und verwandeln

1. Sammeln Sie eigene »Kommunikationskiller« aus Ihrem Berufsalltag. Über welche Erklärungen, Hinweise oder Antworten ärgern Sie sich? Was stört Sie an diesen Aussagen besonders?
2. Überlegen Sie sich eigene, höfliche und freundliche Aussagen.

Auch mit dieser Übung trainieren Sie eine klare und dabei beziehungsfreundliche Kommunikation – gleichzeitig verstärken Sie Ausdruck und flexible Sprache.

Übrigens: Fortgeschrittene trainieren diese Fähigkeit auch in Fremdsprachen!

EIN KLARES KOMMUNIKATIONSZIEL: WAS WOLLEN SIE ERREICHEN?

Ist es Ihnen schon einmal passiert, dass Sie Ihr Gesprächsziel »im Eifer des Gefechts« aus den Augen verloren haben? Die Argumente wurden zwar ausgetauscht, aber nach wie vor gibt es weder ein klares Ergebnis noch eine konkrete Vereinbarung, noch haben Sie Ihr eigentliches Ziel erreicht. Und haben Sie es dabei auch schon gelegentlich erlebt, dass Ihnen erst viel später die idealen Antworten eingefallen sind?

Wenn es nur um ein nettes Schwätzchen mit einer Kollegin geht, hat das keine weitere Bedeutung. Bei einem wichtigen Gespräch sieht es jedoch ganz anders aus: Es prasselt eine Fülle von Reizen auf das Nervensystem ein, Wörter und Begriffe haben unterschiedliche Bedeutungen, die geklärt werden müssen, es kann Stress durch Nervosität mit im Spiel sein – und dazu kommt natürlich die Auseinandersetzung mit dem Kommunikationspartner oder sogar Widerstand. Ist es ein Wunder, dass wir dabei manchmal einfach überfordert sind?

Gespräche mit Struktur

Wenn Sie sich zukünftig auf wichtige Gespräche vorbereiten, werden Sie sich mehr auf die Interaktion mit Ihrem Gesprächspartner konzentrieren können. Sie haben einen »roten Faden«, wie Ihr Gespräch verlaufen soll. Je mehr Sie sich auf eine Kommunikation vorbereiten, desto mehr können Sie sich auf Ihre Präsenz, Ihre Wahrnehmung und auf Ihre Körpersprache konzentrieren: Das klingt nach mehr Arbeit – und das ist es zunächst natürlich auch. Doch schon bald werden Sie diese Struktur sehr zu schätzen wissen, weil sie Ihnen Sicherheit vermittelt. Dadurch können Sie Ihr Gesprächsziel klarer verfolgen.

Bestimmen Sie vor wichtigen Gesprächen Ihr Ziel:

❯ Worum geht es?
❯ Was wollen Sie erreichen?
❯ Mit welchen Gegenargumenten müssen Sie rechnen?
❯ Was können Sie dem entgegenhalten?

WIRKUNG DURCH KONGRUENZ

Kongruenz liegt vor, wenn Sie verbal (mit Ihren Worten) und nonverbal (durch Ausdruck, Körpersprache, Haltung, Mimik, Gestik, Aussehen und Auftreten) eine übereinstimmende Botschaft aussenden. Kongruenz liegt vor, wenn alle Teile Ihrer Persönlichkeit auf ein Ergebnis oder Ziel ausgerichtet sind. Nicht kongruent wirken Sie (inkongruent), wenn Sie zum Beispiel »Ja« sagen und Ihr Gesicht und Ihre Körpersprache gleichzeitig abweisend und ablehnend sind.

Kongruenz/Übereinstimmung

Inhalt (verbale Kommunikation)	Ausdruck (nonverbale Kommunikation)
Worum geht es?	Stehe ich dahinter?
Sprache	Körpersprache
Wörter, Aussagen	Gestik, Mimik, Energie

Kongruenz und Inkongruenz

Kongruenz

Denken Sie zunächst einmal an eine Situation, in der Sie völlig aufgegangen sind, völlig mit sich und der Welt zufrieden waren, ein wirklich starkes Gefühl hatten: So ist es gut! (Das kann eine Situation am Arbeitsplatz sein, eine private Situation, im Urlaub, beim Sport ...)

Denken Sie an diese konkrete Situation, in der Sie dieses intensive »Ja!-Gefühl« hatten, und versetzen Sie sich hinein, als wäre es jetzt.

- Sehen Sie sich um: Was sehen Sie?
- Was hören Sie?
- Was fühlen Sie? Nehmen Sie wahr, wie sich Ihr Körper anfühlt.
- Wie ist das, wenn Sie sich in dieser Situation ganz »da« fühlen, ganz Sie selbst und »echt« sind?
- Wo genau im Körper fühlen Sie dieses Ja!-Gefühl?
- Wie fühlt es sich an?

Für manche Menschen ist es ein »tolles« Gefühl, für andere eine bestimmte innere Stimme. Finden Sie Ihr eigenes Kongruenzsignal heraus. Lernen Sie das Gefühl näher kennen. Dieses Kongruenzgefühl lässt sich unmöglich vortäuschen. Je stärker dieses Gefühl ist, desto kongruenter sind Sie.

Renate Weiss-Kochs

Inkongruenz

Der zweite Schritt bedeutet, dass Sie Ihr Inkongruenzgefühl finden, also das Gefühl oder Signal, das Sie haben, wenn eine Situation für Sie nicht oder noch nicht stimmig ist.

Denken Sie an eine konkrete Situation, in der Sie ein starkes »Ja-aber-Gefühl« hatten, und versetzen Sie sich hinein, als wäre es jetzt.

❯ Sehen Sie sich um: Was sehen Sie?
❯ Was hören Sie?
❯ Was fühlen Sie? Nehmen Sie wahr, wie sich Ihr Körper anfühlt.
❯ Wo genau im Körper fühlen Sie dieses »Ja-aber-Gefühl«?
❯ Wie fühlt sich dieses »Ja-aber-Gefühl« an?

Manche Menschen haben ein »komisches Gefühl«, andere hören eine warnende innere Stimme voller Zweifel. Wie ist Ihr Signal? Lernen Sie es kennen – es ist Ihr Freund! Ihr Signal hilft Ihnen zu erkennen, dass an der Situation etwas noch nicht stimmt.

Transfer in den Berufsalltag

Wie können Sie das Kongruenz-/Inkongruenzsignal im Alltag für sich nutzen?

Solange Sie sich in Bezug auf eine Aufgabe nicht wirklich kongruent fühlen, werden Sie hinter Ihren Möglichkeiten zurückbleiben.

Denken Sie an eine Aufgabe, die Sie erledigen möchten oder müssen.

❯ Wie fühlen Sie sich?
❯ Ist alles »stimmig«?
❯ Was müssten Sie noch tun, um sich dabei kongruent zu fühlen?
❯ Fühlen Sie sich durch die Aufgabe unter Druck gesetzt?
❯ Müssten Sie an dieser Stelle »Nein« sagen?
❯ Haben Sie das Wissen und die Fähigkeiten, um dieser Aufgabe gewachsen zu sein? Wenn nein, wer könnte Ihnen helfen oder Sie unterstützen? Wie ließe sich die Aufgabe aufteilen? Was könnten Sie alternativ noch tun?

Wertschätzung

Respektieren Sie die Meinung, Ansichten, Werte Ihres Gegenübers. Fragen Sie sich: Was gefällt mir an diesem Menschen?

Positive Sprache

Betonen Sie Positives! Erweitern Sie Ihren Wortschatz mit einer Fülle wertschätzender, höflicher, respektvoller Formulierungen.

Klare Aussagen

Sorgen Sie für klare Kommunikation und präzise Informationen. Hinterfragen Sie alle unspezifischen Aussagen.

Positive Repräsentationen

Lösen Sie mit Ihrer Sprache positive, handlungsorientierte innere Bilder aus.

Kommunikationsziele

Bestimmen Sie Ihr Ziel und legen Sie vor dem Gespräch einen »roten Faden« fest.

Kongruenz in »Wort und Bild«

Trainieren Sie es, kongruent aufzutreten, um eine Übereinstimmung von gesprochener Sprache (Inhalt und Formulierungen) und optischer Wirkung (Aussehen und sichtbarer Körperausdruck) herzustellen.

Wirkung durch Ihre Ausstrahlung

Kennen Sie auch Menschen, die über eine außergewöhnliche Ausstrahlung verfügen? Die offensichtlich ein Geheimnis für Wirkung und Ausstrahlung haben, das sich nicht auf den ersten Blick erschließt?

Wünschen Sie sich selber manchmal mehr Ausstrahlung? Oder mehr von diesem »gewissen Etwas?« Oder hätten Sie gerne mehr authentische innere Sicherheit? Dann befassen Sie sich doch einmal ganz bewusst mit Ihrem Selbstbild. Wie nehmen Sie sich selbst wahr? Was denken Sie über sich selbst? Haben Sie aufbauende, stärkende Gedanken? Oder ziehen Sie sich immer wieder selbst herunter?

IHR SELBSTBILD UND DIE KONSEQUENZEN FÜR IHRE AUSSTRAHLUNG

Heute weiß man, welche starken Auswirkungen das Selbstbild eines Menschen auf Ausstrahlung, Wirkung, persönlichen und beruflichen Erfolg hat. Leider lernen es die wenigsten Menschen, das eigene Selbstbild gezielt aufzubauen und bewusst darauf Einfluss zu nehmen. Wenn Sie Ihre individuelle überzeugende Ausstrahlung noch weiter verstärken wollen, dann wird ein positives Selbstbild wesentlich dazu beitragen. Sie können es lernen, Ihr Selbstbild ganz gezielt zu verändern.

Die Informationsverarbeitung im Gehirn

Wir alle benutzen die Sinne Sehen, Hören und Fühlen, um Informationen zu erhalten und zu verarbeiten. Es gibt jedoch viele feine Unterschiede, wie wir Menschen innere Bilder wahrnehmen und speichern. Durch eine Veränderung der inneren Bilder können gleichzeitig die Gefühle verändert werden!

Das Gehirn hat die Eigenschaft, interessante Erlebnisse

- hell, groß, nah, in schönen Farben,
- mit angenehmen Tönen und
- mit positiven, motivierenden Gefühlen

zu speichern.

Uninteressante Erlebnisse werden meistens

> kleiner, farbloser, grau, leblos,
> mit wenig Energie,
> häufig tonlos und
> mit wenig Körpergefühl

gespeichert.

Leider speichern viele Menschen ihre Erfolge, Stärken und positiven Eigenschaften auf eine Weise, die recht »reizlos« für das Nervensystem ist – und dadurch nur einen schwachen, kraftlosen Input für das Selbstbild bietet.

Probieren Sie es gleich aus: Denken Sie an einen ganz besonders schönen Urlaub, suchen Sie ein konkretes Erlebnis aus und denken Sie sich ganz intensiv hinein.

Was sehen Sie? Sehen Sie ein Panoramabild oder ein Bild mit einem Rahmen? Sehen Sie einen kleinen Film oder ein Bild wie ein Dia? Wie sind die Farben: intensiv und leuchtend oder sanft? Wie sind die Kontraste? Wie nah ist Ihr Bild?

Was hören Sie? Hören Sie Töne, Geräusche, Klänge? Sind sie laut oder leise? Angenehm? Auf welche Weise?

Was fühlen Sie? Wie ist Ihr Körpergefühl? Fühlen Sie sich leicht oder angenehm schwer? Wo ist dieses Gefühl?

Unterbrechen Sie diese angenehme Empfindung und notieren Sie Ihre Erkenntnisse auf einem Blatt Papier.
    Nach einer kleinen Pause denken Sie an ein uninteressantes, nichtssagendes Erlebnis. Versetzen Sie sich hinein, vergleichen Sie die inneren Bilder. Fragen Sie sich wieder: Was genau sehen Sie? Was hören Sie? Was fühlen Sie?

Renate Weiss-Kochs

Worin bestehen die Unterschiede zwischen den beiden Bildern?
Jetzt übertragen Sie diese Erkenntnisse auf Ihr Selbstbild. Heute
weiß man, dass ein stärkendes, aufbauendes Selbstbild über zwei wesentliche Aspekte verfügt:

1. Ein positiver Inhalt
Das sind alle Ihre Stärken, Ihre Fähigkeiten, Ihre Kenntnisse, Ihr
Wissen, Ihre Erfolgserlebnisse … Auf diesen »positiven Inhalt« Ihrer
Selbstwahrnehmung haben Sie natürlich Einfluss, indem Sie sich Ihre
Qualitäten immer mehr und vor allem auch regelmäßig bewusst machen.
Dabei zählen nicht nur die Highlights, sondern auch alle vermeintlich
»normalen« Fähigkeiten oder Erfolge, die Ihnen möglicherweise als
selbstverständlich erscheinen. Jeder Impuls verstärkt die entsprechende
neuronale Bahn in Ihrem Gehirn. Und mit jedem Impuls verstärkt sich
damit dessen Qualität. Sie sehen: Sie können gar nicht »gut genug«
über sich selbst denken …!
Bedenken Sie dabei auch: Das ist »Chefinnen-Sache!« Niemand anderer kann Ihr Selbstbild für Sie aufbauen!

2. Eine positive Form
Wie speichern Sie diese Erfolge? Sind diese inneren Bilder hell, groß,
klar? Haben die Bilder schöne, intensive Farben? Erleben Sie die Situation *assoziiert* – als würden Sie sie gerade jetzt erleben? Haben Sie das
Erlebnis als lebendig, intensiv und mit angenehmen Tönen, Klängen und
positiven Gefühlen gespeichert? Oder erinnern Sie sich an Ihre Erfolge
lediglich mit kleinen, matten und kraftlosen Bildern?
Hier liegt ein wirkliches Geheimnis verborgen: Je motivierender und
intensiver Sie Ihre individuellen Fähigkeiten und Erfolgserlebnisse in
Ihrem Nervensystem verankern, desto stärker wird sich das auf Ihr
Selbstbild und damit auf Ihr Selbstbewusstsein auswirken! Probieren Sie
es aus – es ist einfacher, als Sie denken!

Wie Sie Ihre Ausstrahlung stärken

1. Stärken sammeln

Erstellen Sie eine Übersicht über Ihre Stärken und Fähigkeiten. Fragen Sie sich: Was kann ich gut? Was mache ich gerne? Was beflügelt mich? Erinnern Sie sich an erfolgreiche Etappen in Ihrem Leben: Welche Fähigkeiten haben Sie eingesetzt?

2. Beweise finden

Jetzt notieren Sie möglichst viele Erfolgsbeispiele zu den einzelnen Fähigkeiten. Was haben Sie erfolgreich erledigt? Was war Ihr Beitrag dabei? Woran haben Sie das bemerkt?

Besonderer Tipp: Es gibt Menschen, die erledigen etwas ein einziges Mal erfolgreich und sind dann von diesem Moment an davon überzeugt: Das kann ich! Andere Menschen brauchen eine gewisse Anzahl von Erfolgen oder »Beweisen«. Zu welcher Kategorie gehören Sie?

3. Stärken verstärken!

Wählen Sie ein konkretes Erfolgserlebnis aus Ihrer Stärken-Liste aus. Versetzen Sie sich in diese Situation. Beginnen Sie dann damit, die Erinnerung zu intensivieren:

- Lassen Sie das Bild heller werden, strahlender, größer, farbiger, lebendiger!
- Tauchen Sie voll ein in das Geschehen!
- Lassen Sie sich von positiven Tönen, Klängen, Geräuschen einhüllen!
- Verstärken Sie Ihr Körpergefühl!
- Genießen Sie dieses Gefühl so intensiv, wie Sie können!

Auf diese Weise vertiefen Sie die Wirkung Ihrer Erfolgserlebnisse auf Ihr eigenes Nervensystem: Das Selbstbild verändert sich. Mit ein klein wenig Ausdauer gelingt diese Übung schnell und leicht – und mit jedem Mal verstärken Sie Ihre überzeugende, authentische Ausstrahlung!

Renate Weiss-Kochs

Besondere Tipps für den Berufsalltag

Fühlen Sie sich aufmerksam!

Hellwach, geladen von prickelnder Aufmerksamkeit, bereit zu handeln, werden Sie sich Ihrer Umgebung bewusst, spüren Sie, wie Ihr Gehirn immer wacher und aufmerksamer wird.

Fühlen Sie sich angeregt!

Werden Sie lebendig, spüren Sie, wie Ihre Nerven aktiv werden, spüren Sie Ihren Atem – etwas tiefer oder etwas schneller.

Fühlen Sie sich begeistert!

Erleben Sie einen Gefühlsaufschwung, steigern Sie sich hinein, fühlen Sie Ihre eigene prickelnde, lebendige Energie.

Erwarten Sie etwas Positives!

Stellen Sie sich vor, in den nächsten Minuten geschieht etwas, was Sie sich wirklich sehnlich wünschen, etwas Wundervolles ...

Und jetzt beginnen Sie, diese Energie auf Ihre Umgebung abzustrahlen.

WER IST RENATE WEISS-KOCHS?

Diesen Beruf/diese Berufe habe ich bereits ausgeübt: Industriekauffrau, Sekretärin, Inhaberin einer Vertriebsagentur, Vertriebstrainerin, Regional Director of Retail, Geschäftsinhaberin, Image-Consultant, Trainerin, Coach

Meine Berufung ist: Training! Wissen zu vermitteln, Stärken zu verstärken und »Selbstentwicklungsprozesse« zu initiieren

Meine Themen als Trainerin und/oder Coach sind: professionelle Kommunikation • Wirkung von Kopf bis Fuß – selbstsicher und authentisch auftreten • Potenziale erkennen und verstärken • Gewusst wie! Selbstmanagement

Am Coaching schätze ich besonders: Wenn ich dazu beitragen kann, dass Klienten und Seminarteilnehmer • eigene Potenziale erkennen, wertschätzen und entfalten • Selbstwertgefühl und Selbstbewusstsein verstärken • lernen, wie sie gezielt und systematisch kommunizieren

Meine hilfreichste Erfahrung, die mir die Begleitung von Menschen ermöglicht: Ein überaus professionelles Kommunikationstraining, das mir gezeigt hat, wie erfolgreiche Kommunikation systematisch gelernt und weiterentwickelt werden kann. Durch diese Erfahrungen und Erfolge hat sich meine Faszination für dieses Thema entwickelt.

Eine ausschlaggebende Situation/ein wichtiger Faktor in meiner Persönlichkeitsentwicklung war/ist: Meine Ausbildung im Neurolinguistischen Programmieren, die mir immer wieder das unglaublich faszinierende Potenzial jedes einzelnen Menschen zeigt

Das will ich noch lernen: Körperorientierte Verfahren • richtig gut Italienisch

In diesen Situationen empfinde ich Glück: Wenn ich selber etwas lerne und verstehe und wenn ich das dann weitergeben kann. Wenn ich ein richtig gutes Training mache, bei dem meine Teilnehmer eine Fülle von »Aha-Erlebnissen« haben und ihr neues Know-how dann im Alltag anwenden können – und wenn meine Katze schnurrt!

Ein Mensch ist reich, wenn er sein individuelles Potenzial kennt, verstärkt, lebt und immer weiter entfaltet.

Diese Eigenschaften schätze ich bei anderen Menschen am meisten: Herzenswärme, Intelligenz, Großzügigkeit, Hilfsbereitschaft, Klugheit

Diese drei Stärken habe ich:
Wissensdurst, Neugier und Engagement

Diese Fehler entschuldige ich am ehesten (bei mir und bei anderen): Mangelnde Perfektion, Lässigkeit, das Leben zu genießen, statt ständig zu arbeiten

Meine Lieblingstugend: Wissensdurst

Mein Lieblingsautor/meine Lieblingsautorin: Donna Leon – ich liebe Commissario Brunetti und sein Leben in Venedig!

Mein Buchtipp zum Thema Persönlichkeit: Dr. Robert Schleip: *Der aufrechte Mensch. Die besten Übungen für ein gesundes Körperbewusstsein*

Mein Lebensmotto: Sei glücklich und dankbar – und zwar jetzt!

Christa Schiffer

SOUVERÄN WIE EIN SAMURAI

»Die Kraft des Geistes ist grenzenlos,
die Kraft der Muskeln begrenzt.«
Koichi Tohei, der einzige lebende Träger
eines 10. Dan im Aikido

Japanische Schwertkunst und westliche Denke, Grundzüge des Zen-Buddhismus und Ressourcenorientierung. Ich habe daraus die *Samurai-Impuls-Methode* entwickelt. Sie nutzt das alte Wissen, transferiert es in unsere Zeit, um Menschen wieder mit ihrer Kraft zu verbinden, damit sie ihren eigenen Weg gehen und klar und entschlossen handeln. Dies dient den Menschen, aber auch den Unternehmen, für die sie einstehen. Mittlerweile halte ich Samurai-Impuls-Workshops und Seminare für Management und Vertrieb. Am letzten Abend eines solchen Seminars beginnt meine Geschichte …

BUDDHAS VERMÄCHTNIS

»Kiai!« Die dunkle Halle bebt. 24 Teilnehmer lassen gemeinsam den Kampfschrei der Samurai ertönen. Sie stehen dicht im hell ausgeleuchteten Kreis zusammen, ihre Übungsschwerter berühren sich in der Kreismitte. Gemeinsam schwingen sie die Schwerter zum Ausholen über ihren Kopf und dann geben sie ihre ganze Energie in den Schnitt, in das Zentrum, dort wo sich die Schwertspitzen treffen. Das wiederholen sie zehnmal, zwanzigmal, rufen dabei jedes Mal aus voller Kraft »Kiai!«. In der Mitte des Kreises sammelt sich enorm viel Energie, verdichtet sich und durchdringt alle.

Dies ist die Abschlusssequenz aus einem Samurai-Impuls-Workshop. Hinterher strahlen alle. Rote Wangen, glänzende Augen, die meisten trennen sich nur ungern von ihrem Schwert. Wieder einer von diesen besonderen Momenten, in denen sichtbar wird, wie viel Selbstvertrauen und Freude in jedem von uns stecken.

Rückblende:

Das ist heute Morgen noch nicht so klar. Angetreten zum Seminar, um ihre Zusammenarbeit zu verbessern und ihre »Kunden-Performance zu optimieren«, sind Innen- und Außendienstler eines mittelständischen Industrieunternehmens. Die meisten Teilnehmer scheinen überrascht, als sie die Trainingsschwerter sehen, die ich in dem zum Dojo (wörtlich: Raum des inneren Weges, Übungsraum für Kampfkünste) umfunktionierten Seminarraum für sie vorbereitet habe. Einige würden am liebsten sofort zum Schwert greifen, andere zögern noch – immerhin handelt es sich um Waffen. Und auch wenn die Übungsschwerter, sogenannte Bokken, nur aus Holz gefertigt sind, strahlen sie doch eine archaische Symbolik aus.

Bevor es an die Schwerter geht, gibt es einen kurzen methodischen Hintergrund zum Thema, einige Vorsichtsregeln zur Beachtung und dann der offizielle Einstieg: ein kurzes Verweilen in der inneren Sammlung und das Angrüßen nach japanischer Budo-Tradition. Dann endlich ist es so weit, und die ersten Assoziationen, die ich beim Aufnehmen der Schwerter laut zu äußern bitte, reichen von »glatt« und »liegen schön in der Hand« bis hin zu »mächtig«, »gefährlich« und »Achtung, jetzt komme ich!«

In diesem Workshop heute geht es vor allem um das Thema Souveränität, nämlich klar und konsequent zu handeln und gelassen und friedvoll mit Angriffen umzugehen.

Die Samurai-Impuls-Methode geht davon aus, dass wir die Entscheidungsfreiheit besitzen, wie wir im Berufsalltag reagieren wollen, besonders in schwierigen und konfliktreichen Situationen. Mitunter fühlen wir uns getrieben, geraten außer uns oder lassen uns zu etwas hinreißen, das wir eigentlich so nicht wollen. Hier lässt sich von den alten japanischen Kampfkünsten lernen, denn die Samurai mussten im Kampfgeschehen jederzeit einen kühlen Kopf bewahren und ganz im Hier und Jetzt sein, um zu überleben. Das, was wir als Achtsamkeit bezeichnen, war schon vor Jahrhunderten kampfentscheidend, denn abgelenkt – von den Gedanken an das, was gestern schiefgelaufen ist, oder den Sorgen vor dem möglichen Kampfausgang – ließ sich auch damals kein Kampf gewinnen. Um optimal kampffähig zu sein und um sich auf den Moment zu konzentrieren, trainierten die Samurai den »leeren Geist«.

Mit dem Schwert in der Hand, bei Partnerübungen zum Beispiel, in denen man sich gegenseitig mit an der Spitze gekreuzten Schwertern durch den Raum dirigiert, gelingt es leicht, alles andere auszublenden. Dabei offenbaren sich unsere Wesenszüge, zum Beispiel, wie wir auf Menschen zugehen, ihnen »be-gegnen« und wie wir sie führen. Die einen sind geradeheraus, manche forsch, andere sehr vorsichtig, den direkten Kontakt vermeidend. Hier zeigt sich ein offenes, zugewandtes Gemüt durch klare Ausrichtung der Füße, Hüften, Schultern und Schwert auf den Partner, dort eher Zögern, die Hüfte ist abgewendet und die Schwertspitze zeigt knapp am Partner vorbei.

Nach einer kurzen Einstiegssequenz bitte ich die Teilnehmer, die Schwerter zunächst noch einmal beiseitezulegen, und skizziere auf dem Flipchart schnell eine »Wie-gut-sind-wir-beim-Kunden-Skala«. Egal um welchen Beratungskontext es sich handelt: Skalierungen sind ein nützliches Tool, das ich gerne zum Einstieg verwende, denn sie drücken Ambivalenzen und Verhältnismäßigkeiten aus. Sie kreisen ein Problem ein und relativieren es, indem sie auch die Kehrseite würdigen, nämlich das, was gut klappt und erhalten bleiben soll.

»Auf dieser Skala von eins bis zehn – wobei zehn das Beste ist, das Sie erreichen könnten –, was würden Sie sagen: Wie gut ist Ihre Kunden-Performance? Wo würden Sie sich hier einordnen?« Alle Teilnehmer kommen nach vorn und markieren ihre persönliche Einschätzung auf der Skala. Ich wende mich an die ein wenig streng wirkende Teilnehmerin, die mir am nächsten sitzt: »Frau B., Sie haben sich und Ihrem Unternehmen vier von zehn möglichen Punkten gegeben ...« Sofort will sie loslegen und die Schwächen aufzählen, aber das lasse ich – noch – nicht zu. »Was klappt denn gut, das Sie veranlasst hat, sich auf ›vier‹ einzuordnen?«

Christa Schiffer

Sie stutzt und wirkt ein wenig überrascht, mit dieser Frage hatte sie nicht gerechnet. Wir alle sind es gewohnt, den Blick auf die Schwächen statt auf die Stärken zu richten.

»Wie weit nach oben möchten Sie denn kommen?« Und »wie weit wäre es überhaupt sinnvoll und vertretbar?« Andrea B. entscheidet sich für eine »Acht«, mehr sei zu aufwendig. »Was wäre aus Ihrer Sicht der nächste Schritt, um von der ›Vier‹ auf die ›Fünf‹ zu gelangen?« »Und was davon können Sie selber beeinflussen?«

Aha, die Kunden wollen möglichst nur einen Ansprechpartner und sie wünschen sich kürzere Reaktionszeiten auf ihre Renner- und Penner-Analysen (eine Methode, um die heimlichen Verlustbringer zu identifizieren).

So befrage ich reihum die ganze Gruppe und allmählich zeigt sich so etwas wie Erleichterung und Zuversicht auf den Gesichtern. Andrea B. bringt es schließlich auf den Punkt: »Es gibt Optimierungsbedarf, unbedingt. Wie und was zu tun ist, können wir mit entscheiden. Und es gibt auch Bereiche, die sind gut, so wie sie sind. Da fühlen wir uns gewürdigt und gesehen in unserem Tun.«

Damit fange ich an.

»Und jetzt kommen wir noch einmal zurück auf das, was gut klappt und erfolgreich ist. Denn es gibt gute Gründe dafür, dass Sie sich Ihre Erfolge näher anschauen und sich vergegenwärtigen, inwieweit Sie für sie mitverantwortlich sind. Dadurch erhalten Sie Anregungen, wie Sie in ähnlichen Situationen wieder erfolgreich handeln können.«

Ich lade die Teilnehmer zu einem kleinen Experiment ein: »Erinnern Sie sich bitte an eine Situation aus der letzten Arbeitswoche, in der Sie mit sich zufrieden waren, von der Sie denken, das habe ich gut gemacht! Das braucht keine große, dramatische Sache zu sein, es kann eher beiläufig gewesen sein. Ich vermute, jeder von uns hat zahlreiche kleine und manchmal auch größere Erfolgserlebnisse in seinem Arbeitsalltag, andernfalls wären Sie vermutlich nicht mehr dabei. Und noch ein Tipp: Nehmen Sie die Situation, die Ihnen als Erstes einfällt. Notieren Sie sie bitte kurz auf einer Karte!«

Beispiele aus dem Vertriebsteam:

»Gestern hatte ich ein Gespräch mit dem Kunden X, vor dem ich mich ziemlich gefürchtet habe, eigentlich ganz gut überstanden.«

»Vergangene Woche habe ich einen schwierigen Reklamationsfall endlich abschließen können.«

»Die eilige Nachbestellung von Dienstagmittag war bereits am Mittwoch beim Kunden.«

»Ich konnte endlich mal Herrn X mit einer schlagfertigen Antwort parieren.«

»Unsere letzte Teamsitzung habe ich recht ordentlich geleitet.«

»Ich habe letzte Woche von Großkunde Z erfahren, dass wir uns von Platz 4 auf Platz 2 im Ergebnis verbessert haben.«

»Im letzten Jour fixe mit der Bereichsleitung habe ich mich endlich getraut, meine Meinung zu sagen.«

Nachdem alle ihre Erfolgserlebnisse benannt haben, bitte ich zu einem Partner-Interview, das ich zunächst exemplarisch mit einem Teilnehmer, Michael F., vormache:

»Worin bestand der Erfolg für Sie, Herr F.?«

»Wie haben Sie das gemacht?«

»Welche Ihrer Stärken und Fähigkeiten haben Sie dazu eingesetzt?«

»Was noch? Wie noch?«

»Welche Ratschläge können Sie uns geben, falls wir einmal in eine ähnliche Situation kommen?«

Herr F. beschreibt anschaulich, wie er letzte Woche die Vorgabezahlen bei einem schwierigen Kunden geschafft hat. Er wird sich bewusst, dass es sein persönlicher Verdienst ist und er allen Grund hat, stolz auf sich zu sein. Ich bin gespannt auf seine nächsten Antworten.

»Herr F., wem haben Sie davon erzählt, dass Sie die Vorgabezahlen bei Kunde X geschafft haben?« »Niemandem, das heißt: doch, meiner Partnerin.«

»Und wie haben Sie sich dafür belohnt?« »Ich habe mich gefreut, sonst nichts.«

»Und angenommen, Sie hätten sich belohnen wollen, wie hätten Sie das machen können?« »Ich wäre schön mit meiner Partnerin essen gegangen.«

Christa Schiffer

»Wie hätten Sie anderen davon erzählt, damit sie Sie loben und anerkennen können?«

Michael F. macht wunderbar mit. Anfänglich habe er sich etwas geniert, räumt er später ein, aber dann habe die ganze Sache begonnen, ihm Spaß zu machen.

Die Teilnehmer sind jetzt aufgefordert, sich gegenseitig nach ihren Erfolgserlebnissen zu befragen. Ich empfehle ausdrücklich, »Was noch?« und »Wie noch?« zur Lieblingsfrage zu machen, denn sie laden zum nochmaligen Suchen ein. Nach dieser Runde sind die Teilnehmer bestens darauf eingestimmt, an der Verbesserung ihrer Kundenbeziehungen zu arbeiten.

Sie haben da nichts von Buddha, von Japan, von Samurai, von Kampf, von Schwertern gemerkt. Aber wir sind mitten im Thema, denn eine Weisheit sagt:

»Wir sind, was wir denken. Alles, was wir sind, entsteht in unseren Gedanken. Mit unseren Gedanken formen wir die Welt.« (Buddha)

DEIN MÄCHTIGSTER GEGNER: DU SELBST

Ein Junge fragt seinen Meister nach den zwei Tigern,
die in seiner Brust sind, dem positiven und dem destruktiven:
»Meister, welcher Tiger wird siegen?«
Und der Meister sagt: »Der, den du fütterst.«
Fabel aus Japan

Kürzlich habe ich ein Experiment gemacht. Obwohl es sich nur um einen dreistündigen Workshop handelte und keiner je zuvor ein Schwert geführt hatte, wollte ich gerne Folgendes herausfinden: Ist es den Teilnehmern möglich, ihre innere Haltung – also das, was sich aus dem »Wir sind, was wir denken« ergibt – für andere spürbar zu machen?

Dazu folgender »Aufbau« (»Angreifen nach der Wunderfrage«): Zwei Gruppen stehen sich gegenüber, ihre Mitglieder jeweils Schulter an Schulter. Eine Gruppe ist deutlich kleiner als die andere, sie sind die Angreifer. Jeder von ihnen sucht sich ein »Ziel« aus der größeren Gruppe aus.

Die Mitglieder der kleineren Gruppe greifen ihre Gegenüber gleichzeitig an. Der Schwertschnitt stoppt knapp über dem Kopf. Und weil die Angreifer in der Minderheit sind, werden nicht alle aus der größeren Gruppe »bedient«.

Nachdem Ablauf, Distanz und Timing stimmen, wird es spannend: Alle Mitglieder der größeren Gruppe schließen jetzt die Augen. Sie dürfen sie erst wieder öffnen, wenn sie dazu aufgefordert werden. Ihre Aufgabe ist es, hinzuspüren, ob sie angegriffen wurden. Und ob sich eine Schwertspitze über ihrem Kopf befindet. Ist dies der Fall, so heben sie ihre Hand. Was sie nicht wissen: Die Angreifer wurden vorher gebrieft, wie sie sich fühlen sollten.

Phase 1, die Angreifer erhalten ihre Instruktion:
»Stellen Sie sich bitte eine dieser belastenden Situationen im Alltag vor. Sie sind gehetzt, gestresst, haben Ihr Bestes bereits gegeben und haben jetzt auch noch diese schwierige Aufgabe vor sich. Sie sind nicht ausreichend vorbereitet, haben viel zu wenig Zeit, fühlen sich kraftlos und müde.«

Entsprechend stehen die Teilnehmer da: gesenkter Blick, vorne übergebeugt, je nach Mentalität verkrampft hochgezogene oder fallende Schultern, der Blick zum Boden gerichtet. »Und mit genau dieser inneren und äußeren Haltung greifen Sie jetzt an. Sie wissen, dass es schwer wird, diese Aufgabe, kaum zu schaffen, trotzdem geben Sie natürlich Ihr Bestes.«

Ergebnis: Nach dem Angriff zeigen nur wenige »Rezipienten« auf.

Es folgt Phase 2 mit einer neuen Instruktion an die Angreifer:
»Stellen Sie sich vor, über Nacht ist ein Wunder passiert. Nein, Ihre Belastung ist nicht gesunken, der Stress ist immer noch da. Das Wunder ist, dass Sie ganz anders damit umgehen. Dass Sie Ihre Aufgaben jetzt souverän und kraftvoll angehen können, voller Zuversicht und Energie. Sie sind ganz bei sich, in Ihren Ressourcen und in Ihrer Kraft. Angenommen, dieses Wunder wäre vergangene Nacht passiert, an welcher Körperhaltung könnte man das erkennen?«

Die Teilnehmer richten sich auf, ihr Blick wird direkter, die Schultern sind entspannt, der Brustkorb weit, die Hüfte befindet sich wieder unter der senkrechten Körperachse.

»Hashime!« Ich gebe das Startsignal und die Gruppe greift an.

Das Experiment geht voll auf: Die eigene Haltung überträgt sich und die Angriffe nach der »Wunderfrage« sind deutlich erfolgreicher. Zahlreiche Arme fliegen nach oben. Zum Teil strahlen die Angreifer so viel Energie aus, dass ein Mann, der in der Mitte zwischen zwei angegriffenen Zielpersonen steht, ebenfalls den Arm hebt.

Die anschließende Runde kommt zu folgendem Ergebnis:

Wie wir über uns selbst denken, unsere innere und äußere Haltung, vermitteln wir unserem Gegenüber als spürbare Energie, sogar bei geschlossenen Augen. Diese Energie lässt sich durch ein simples Gedankenkonstrukt herstellen, indem wir »den Hebel umlegen« und umschalten von »nicht wirksam« auf »souverän und wirksam«.

Also haben wir die Wahl. Wir können den Blick auf unsere Stärken richten statt auf unsere Unzulänglichkeiten. Dorthin, wo wir uns sicher und kraftvoll, lebendig, hellwach fühlen. Wenn es möglich ist, den Schalter umzulegen und den Fokus zu wechseln, wie wäre es, dies öfter zu tun?

»So einfach soll das sein?« Ralf M., einer der Teilnehmer, will mehr wissen. »Lassen Sie mich dazu eine meiner Lieblingsgeschichten erzählen«, bitte ich ihn.

Der alte Meister Kazuko

Für einen Mann des Schwertes war es gemeinhin ungewöhnlich, lange zu leben und eines natürlichen Todes zu sterben. Meister Kazuko aber hatte schon 84-mal das Blühen der Kirschbäume im Frühjahr erlebt und während seiner aktiven Zeit hatte er nicht nur über besondere Kampfkünste verfügt, sondern sich durch ein ruhiges und ausgeglichenes Gemüt ausgezeichnet.

Auch sonst war er ein wenig ungewöhnlich. Er verließ niemals das Haus, ohne sich zuvor eine Handvoll getrockneter Sojabohnen einzustecken. Er tat dies nicht etwa, um die Bohnen zu kauen. Nein, er nahm sie mit, um so die schönen Momente des Tages bewusster wahrzunehmen und um sie besser zählen zu können.

Jede positive Kleinigkeit, die er tagsüber erlebte, zum Beispiel einen fröhlichen Plausch auf der Straße, das Lachen seiner Frau, ein köstliches Essen, ein schattiger Platz in der Mittagshitze, ein Becher guten Sakes – für alles, was die Sinne erfreute, ließ er eine Bohne von der rechten in die linke Jackentasche wandern. Manchmal waren es gleich zwei oder drei.

Abends saß er dann zu Hause und zählte die Bohnen aus der linken Tasche.

Er zelebrierte diese Minuten. So führte er sich vor Augen, wie viel Schönes ihm an diesem Tag widerfahren war, und freute sich. Und sogar an einem Abend, an dem er bloß eine Bohne zählte, war der Tag gelungen, hatte es sich zu leben gelohnt.

Quelle unbekannt

Ralf M. schweigt, und so hole ich noch ein wenig aus:

Die Samurai übten viele Stunden täglich hingebungsvoll den Umgang mit dem Schwert. Im Kampf waren sie in der Lage, unbewusst und ohne nachzudenken das Richtige zu tun. Genauso haben wir zeit unseres Lebens gelernt, auf eine bestimmte Art und Weise zu denken. Und es denkt sich jetzt in uns. Die meisten von uns haben dabei einen eher pessimistischen Blick auf die Dinge entwickelt. Als Kinder wurden wir nicht stark gemacht. Das war kein böser Wille unserer Eltern; sie wussten es selbst nicht besser. Um uns auf das Leben vorzubereiten, achteten sie und unsere Lehrer besonders auf unsere Schwächen und Fehler anstatt auf unsere Stärken.

Das gewöhnten wir uns an: Wir kritisieren viel und loben wenig, achten bei anderen Menschen besonders auf Fehler und schlechte Angewohnheiten. Wir kritisieren unsere Partner laut oder in Gedanken. So ist es nicht verwunderlich, wenn wir bei uns selbst auch zuallererst nach unseren Fehlern und Schwächen suchen.

Aber es gibt eine gute Nachricht: Da wir den Blick auf die Defizite erlernt haben, können wir ihn mit der entsprechenden Achtsamkeit auch wieder verlernen. Das Neuprogrammieren ist möglich.

Nach dem Workshop kommt Ralf M. zu mir. Er wirkt nachdenklich, und als ich das erwähne, schüttet er sein Herz aus. »Wissen Sie, ich habe oft das

Christa Schiffer

Gefühl, dass man mir irgendwann auf die Schliche kommt. Ich bin nämlich gar nichts Besonderes. Manchmal denke ich, ich bin nur ein Betrüger,
und das ganze Geld, das ich bekomme, verdiene ich eigentlich gar nicht.
Ich möchte wieder stärker an mich glauben. Können Sie mir helfen?«

Wir vereinbaren ein Coaching. Insgesamt haben wir uns fünfmal
getroffen und zum Abschied schenkt mir Ralf M. eine kleine Briefrolle.
Sie wird von einem geflochtenen Bändchen gehalten, und als ich sie
aufwickle, steht da, mit Füller handgeschrieben:

Achte auf Deine Gedanken, denn sie werden Worte.
Achte auf Deine Worte, denn sie werden Handlungen.
Achte auf Deine Handlungen, denn sie werden Gewohnheiten.
Achte auf Deine Gewohnheiten, denn sie werden Dein Charakter.
Achte auf Deinen Charakter, denn er wird Dein Schicksal.
Aus dem Talmud

Hier ein paar einfache Tools, um destruktive, lähmende Gedanken in den
Griff zu bekommen. Auch mir persönlich helfen sie, wenn mich gelegentlich »der Tiger reitet«; denn dadurch lassen sich Gedanken steuern,
anstatt ihnen ausgeliefert zu sein.

1. Welche positive Absicht könnte dahinterstecken, dass ich so destruktiv denke? Welchen Nutzen habe ich davon?
2. In ganz hartnäckigen Fällen: An geraden Tagen darf ich in meinem
   Sumpf verharren, so lange und so viel, wie ich will. An ungeraden
   Tagen nicht. Kommen die negativen Gedanken, so verschiebe ich sie
   auf morgen. (Nach Steve de Shazer)
3. Gummi flitschen. Ab und zu trage ich ein einfaches Haushaltsgummi
   um mein Handgelenk. Erwische ich mich dabei, mich zu vergleichen
   und abzuwerten, statt konstruktiv und förderlich zu denken, dann
   flitsche ich mich selbst. Es hilft. (Nach Siegfried Brockert)

»Wenn zwei Tiger miteinander kämpfen,
wird der eine getötet und der andere schwer verletzt.«
Sprichwort aus der japanischen Kampfkunst

In jedem Samurai-Impuls-Workshop taucht natürlich ein besonderes Thema auf: Wie verhalte ich mich am besten, wenn ich angegriffen werde?

Dahinter verbirgt sich eine weitere Frage, nämlich: Wie verhalte ich mich, wenn ich angreife? Doch zunächst zur ersten der beiden Fragen!

Bitte erinnern Sie sich: Wann wurden Sie das letzte Mal unerwartet angegriffen? Wann fühlten Sie sich angegriffen, ob durch verletzende Bemerkungen und Provokationen oder durch einen tatsächlichen Angriff? Wie haben Sie sich in dieser Situation verhalten und wie ging es Ihnen dabei? Ich frage dies mit Absicht, denn bei den Kämpfen unseres modernen Alltags fürchten wir uns nicht unbedingt davor, den Kampf zu verlieren. Wir fürchten uns vielmehr davor, die Kontrolle zu verlieren, uns zu verlieren, außer uns zu geraten und etwas zu tun, das wir eigentlich nicht tun wollen.

Also: Haben Sie sich gewehrt, schlagfertig, bereit zum Ent-gegnen, mit scharfem Ton und spitzen Bemerkungen? Sind Sie blindlings der Be-gegnung entflohen? Oder waren Sie so verdattert, dass Ihnen keine Retourkutsche einfiel, versteinert, unfähig zur Reaktion, wie das Kaninchen vor der Schlange?

Alle drei Muster gehören zum Reiz-Reaktions-Muster, das wir in unserer frühen Kindheit erlernen. Prof. Dr. Peter Schettgen, Professor für Psychologie und Leiter des Zentrums für Weiterbildung und Wissenstransfer an der Universität Augsburg, nennt sie Fight (Kämpfen), Flight (Fliehen) und Freeze (Einfrieren).

Verhalten	Emotion	Spannungsniveau
Fight	wütend	hoch
Flight	ängstlich	hoch
Freeze	unentschlossen: »Kaninchen vor der Schlange«	hoch

»Die drei F« haben eine starke Unterbrecherwirkung – wir vergessen alles andere, wenn wir uns bedroht fühlen, geschockt sind und gar nichts fühlen oder Angst oder Wut spüren. Dabei geht Geschwindigkeit vor Präzision. Anders ausgedrückt: Wenn es uns gelänge, von der hohen Anspannung auf ein niedrigeres Spannungsniveau herunterzuschalten, einen Zustand »gespannter Gelassenheit« zu erreichen, in dem wir handlungsfähig sind, dann wären wir in der Lage, absichtsvoll und angemessen zu re-agieren.

»DU WILLST DEINEN FRIEDEN? LERNE KÄMPFEN!«

Meine ersten persönlichen Erfahrungen mit dem Kämpfen habe ich als I-Dötzchen (so nennen wir im Rheinland die Schulanfänger) gemacht, als ich mit »Uwe D. und seinem kurzen Prozess« konfrontiert wurde: ein Klassenkamerad, der mich ständig drangsalierte, bis meine Mutter mir das Boxen beibrachte und jenen Satz sagte, den ich bis heute behalten habe: »Du willst deinen Frieden? Lerne kämpfen!«

Seitdem sind mehr als 40 Jahre vergangen. Mittlerweile habe ich einiges gelernt über das Kämpfen. Es waren nicht sehr angenehme Erfahrungen. Immer wieder, speziell im Job, ging ich viel zu schnell auf Zweikämpfe ein. Damals, Mitte der 1980er-Jahre, gab es für uns Frauen, die Karriere machen wollten, noch keine weiblichen Vorbilder. Wir meinten, noch männlicher sein zu müssen als unsere männlichen Kollegen. Dabei habe ich mir so manche blutige Nase geholt.

Ich hatte das Gefühl, ständig im Ring zu stehen. Wenn mir jemand quer kam, wies ich ihn zurecht. Als mein Mann mich vor 15 Jahren kennenlernte, gab er mir außer meinem Kosenamen auch einen Beinamen: »Stands with a fist«. Die Hand zur Faust geballt, so war ich eben. Drängelte sich jemand vor oder verhielt er sich nicht korrekt, bekam er sofort eins drüber.

Später, als ich mich bereits als Coach und Trainerin selbstständig gemacht hatte, begann ich mit japanischem Schwertkampf. Und irgendwann waren sie da, meine Visionen von der friedvollen Kriegerin und dem Kriegermönch. Ich wollte souverän sein, gelassener werden, Aussteigen aus dem Fight-Flight-Freeze-Muster, aber trotzdem wirksam sein und die Dinge steuern können. Die friedvollen Krieger wurden mein

Idealbild. Sie haben das Kämpfen weit hinter sich gelassen, denn sie beherrschen es perfekt. Sie schützen ihre Klöster, Unternehmen, Abteilungen oder Arbeitsplätze gegen feindliche Angriffe oder Übernahmen. Als friedvolle Krieger unterwegs zu sein bedeutet, mutig für uns und unsere Ziele einzutreten, souverän und friedvoll mit Angriffen und Zurückweisungen umzugehen. Ihnen gelassen entgegenzusehen und nur, wenn es unbedingt sein muss, zu kämpfen. Dann aber sehr entschlossen und konsequent.

Übertragen auf unser tägliches Leben heißt das: Ob einfach so dahin Gesagtes, dummer Spruch, Stichelei, verdeckter Angriff oder offene Konfrontation – wir können andere Menschen nicht ändern, wohl aber unseren Umgang mit ihnen. Und wir können gut für uns sorgen, indem wir:

- in unserer Mitte bleiben,
- Grenzen setzen,
- Provokationen an uns abgleiten lassen,
- Angriffe parieren,
- mutig für uns einstehen.

Das höchste Gut ist sozusagen, nicht mehr das Schwert ziehen zu müssen – weil sich unsere Entschlossenheit und Klarheit auch ohne Kampf mitteilen, nonverbal, durch unsere Körpersprache und Ausstrahlung. Sie weisen die Angriffslust des Gegners in ihre Schranken zurück.

Friedvolle Kriegerin zu sein heißt, nicht mehr zum Kämpfen gezwungen zu sein. Es bedeutet, kämpfen zu können, statt kämpfen zu müssen. Dies ist der Schlüssel zu friedvoller Souveränität. Und zur Freiheit. Wie schon meine Mutter sagte: »Du willst deinen Frieden? Lerne kämpfen!«

Das heißt, wir müssen das Kämpfen gut beherrschen, lernen, Angriffe zu neutralisieren und zu parieren, uns darin üben und damit auseinandersetzen, damit wir – wenn wir angegriffen werden – nicht außer uns geraten, sondern bei uns bleiben und handlungsfähig sind. Nur aus dieser Position der Stärke können wir das Kämpfen vermeiden.

In Management- und Führungstrainings begegne ich häufig Menschen, die aus Harmoniestreben oder Konfliktscheu die Auseinandersetzung mit ihren Mitarbeitern vermeiden. Sie verhalten sich grob fahrlässig. Denn eine Führungskraft, die nicht in der Lage ist, wohlwollend Klartext zu reden und Ross und Reiter zu benennen, nimmt ihrem Mitarbeiter dadurch die Chance, mehr über sich zu erfahren und sich zu verbessern.

Wenden wir uns wieder den ganz normalen Angriffen im täglichen Leben zu, den spitzen Bemerkungen und Provokationen, die uns unerwartet treffen. Hier bietet die Schwertkunst eine Fülle von Reaktionsmöglichkeiten, die deeskalierend wirken:

Der friedvolle Krieger ist in der Lage, einem Schwertangriff geschmeidig zu entgehen, zum Beispiel durch eine kleine Vierteldrehung. Hierzu tritt er ruhig aus der Angriffslinie seines Gegenübers heraus, und dessen Schwert saust an ihm vorbei ins Leere. Souverän und ohne jede Anstrengung hat er den Angriff pariert. Während der Gegner kraftvoll attackierte, hat er selbst seine Energien aufgespart und steht jetzt in einer deutlich besseren Position da, nämlich noch ein bisschen näher an seinem Gegner als vor dessen Angriff, bereit, den nächsten Schritt zu tun, sofern dies erforderlich ist.

Nach diesem Vorbild können wir auch im Alltag Angriffen begegnen, vor allem solchen, die es nicht wert sind, groß darauf einzusteigen. Es gibt auch hier einfach zu beherrschende »Vierteldrehungen«, mit denen wir Aggressionen die Wucht nehmen können. In bestimmten Situationen kann zum Beispiel beharrliches Schweigen hilfreich sein. Es ist einfach, gelassen und souverän, mit absichtsvollem Nichtstun, Nichtssagen auf eine »Anmache« zu reagieren. Sehr wirkungsvoll ist diese Strategie gegen unsachliche Kommentare.

Nicht immer ist ein Angriff sofort als solcher erkennbar und Sie überlegen noch, wie die letzte Bemerkung gemeint war. Der Samurai wird sicher nicht abwarten, ob der Gegner sich geläutert zurückzieht. Ihre vorsorgliche Vierteldrehung aus der möglichen Angriffslinie schadet nicht. Fragen Sie einfach nach: »Wie meinen Sie das jetzt?« Selbst wenn der Angreifer gerade ausholen wollte, so wird er nun zögern, denn er muss antworten, konkretisieren. Vielleicht reicht das schon, um seine

Aggression zu mildern. Hatte das Gegenüber aber tatsächlich gar keinen Angriff im Sinn, so haben Sie mit Ihrer kleinen »Vierteldrehung« keine Energie verschwendet oder gar selbst einen aggressiven Eindruck gemacht.

Angriffe können auch verdeckt erfolgen. Die Worte sind vielleicht nett gewählt, aber der Ton, in dem sie gesprochen werden, ist aggressiv. Ihre »Vierteldrehung« aus der Schlagrichtung heraus: Überhören Sie den Ton und gehen Sie nur auf den Inhalt ein.

Beispiel: »Sie tanzen wohl auf jeder Hochzeit. Ihr Gesicht sieht man ja überall.« Ihre Entgegnung: »Ach, das ist ja schön, ich freue mich auch, Sie wiederzusehen.« Und schon haben Sie dem Gegenüber den Wind aus den Segeln genommen. Es bedurfte nur der fast »energielosen« Vierteldrehung. Wie viel mehr hätte eine bissige Antwort gekostet und was hätte daraus alles entstehen können?

Mit oder ohne Schwert – parieren Sie Angriffe so ökonomisch wie möglich. Denn es kostet Sie Ihre Energie und Ihre Gelassenheit, wenn Sie darauf einsteigen.

Es kann auch Situationen geben, in denen Sie nicht mehr ausweichen können oder wollen. Ein souveräner Krieger ist in der Lage, Angriffe zu blocken und an seinem eigenen Schwert abgleiten zu lassen. Er streckt dazu die schwertführende rechte Hand nach vorne oben, sodass die Schwertspitze zu seiner Schulter zeigt und das Schwert Kopf und Hals schützt. »Ukenagashi« nennt der Schwertkämpfer diese Technik, wenn das gegnerische Schwert auf seines trifft und daran abgleitet. Der Angriff ist geblockt, er kann ihm nichts anhaben.

Benutzen Sie Ihr eigenes Ukenagashi in den »Schwertkämpfen Ihres Alltags«.

Beispiel: Ein Angriff in Form eines Vorwurfs – vielleicht Ihres Chefs – könnte beispielsweise durch Umlenken eines Gesprächs auf einen positiven Inhalt pariert werden. Ihr Chef hält Ihnen einen Fehler vor, Ausweichen geht nicht mehr, er hat im Prinzip sogar recht. Ihr Block, an dem sein Schnitt nun abgleiten kann, könnte so aussehen: »Ja Chef, Sie haben recht. Übrigens, was ich Ihnen noch sagen wollte: Ich habe den Auftrag bei X reingeholt, sogar zu deutlich verbesserten Konditionen ...« Glückwunsch zum erfolgreichen Ukenagashi!

Ein anderes Beispiel: Ihr Büronachbar scheint neidisch auf Ihren Erfolg zu sein. Er provoziert Sie gern. Eigentlich nehmen Sie seine Sticheleien nicht ernst, aber er nervt. Lassen Sie die Provokationen an Ihrem Schwert abgleiten. Strafen Sie ihn, indem Sie deutlich machen, dass Sie sich inhaltlich gar nicht auf seine Worte einlassen. Lassen Sie seine Worte verpuffen, indem Sie zwar reagieren, aber an seinem Thema vorbei. Bringen Sie ein Sprichwort, sagen Sie zusammenhanglos »Eile mit Weile« und auf sein erstauntes Nachfragen »Sich regen bringt Segen«. Er wird den Spaß verlieren, wenn jede seine Attacken an Ihrer besonderen Form des Ukenagashi abgleitet. Eine komische und gleichzeitig sehr wirksame Art zu blocken, sie setzt jedoch Mut zu absurden Kommentaren voraus. Wetten, dass er nach zwei Angriffen die Lust verliert?

Ob Samurai oder friedvolle Krieger im Alltag – wir alle können effektiv und kräfteschonend auf Angriffe reagieren. Alle Varianten haben den Vorteil, dass Sie sie ganz friedvoll und ohne Energieverschwendung nutzen können – und wie in der Kampfkunst siegt hier das Weiche über das Harte, weil es effektiver ist, weich zu reagieren, statt sich fest dagegenzustemmen.

BEI MIR BLEIBEN, WENN ICH ANGREIFE

Wir sind wieder zurück bei den Teilnehmern des eingangs erwähnten Samurai-Workshops. In der Schlussrunde resümieren sie, wie wichtig und gleichzeitig schwierig es ist, nicht nur souverän auf Angriffe zu reagieren, sondern selber klar und entschlossen anzugreifen.

Selbst anzugreifen fällt uns ungemein schwer, vor allem wenn wir es deutlich und offensichtlich tun sollen. Wir sind es zwar gewohnt, für etwas zu kämpfen – natürlich haben wir Ziele –, aber wir tun es lieber diplomatisch, vorsichtig und manchmal sehr umständlich. Bloß nichts einfordern und sich niemals ein großes Stück vom viel zitierten Kuchen abschneiden! Besser, darauf zu hoffen, dass uns jemand ein einigermaßen großes Stück zuteilt. Oder sich als Letzter zu bedienen. Bescheiden zu sein beherrschen wir perfekt, und diese Taktik geht mitunter auch auf.

In meinen Seminaren erlebe ich, wie schwer es den – übrigens nicht nur weiblichen – Teilnehmern fällt, Appelle, Zielvorgaben oder Wünsche geradeheraus zu formulieren und wirken zu lassen. Ich erinnere mich noch gut daran, wie ungewohnt diese Sprache anfänglich auch in meinem eigenen Repertoire klang. »Bitte bereiten Sie die Präsentation bis 12.00 Uhr vor!« Aber einmal eingeübt, stellte sie sich als erleichternd und zielführend heraus, denn auch unsere Mitmenschen empfinden klare Ansagen als angenehm.

Haben wir uns dazu entschlossen, ein Ziel anzu-gehen und es anzugreifen, erfordert dies ein gewisses Maß an Aggression – und die lehnen wir grundsätzlich ab, um nicht zerstörerisch oder destruktiv zu wirken. Wie schade, denn dabei übersehen wir die positive Seite der Aggression, nämlich die uns innewohnende Energie, um eigene Wünsche und Interessen durchzusetzen.

Ohne Aggression gäbe es kein klares und entschlossenes Handeln. Sie hilft uns, vor Publikum zu sprechen, Wunschkunden zu akquirieren und nächtelang durchzuarbeiten, wenn es sein muss.

Und so sehen die meisten Schwertangriffe anfangs auch zaghaft und zögerlich aus. Wir sind es nicht gewohnt anzugreifen, es ist verpönt, »Täter« zu sein. (Abgesehen davon, dass wir niemanden verletzen wollen, was ja auch gut ist.) Bis dann die Freude am Tun und an der eigenen Kraft überwiegt, die Augen zu strahlen beginnen und das starke Gefühl der eigenen Wirksamkeit zum Vorschein kommt.

Dies zeichnet die friedvolle Kriegerin und den Kriegermönch aus: das Bekenntnis zur eigenen Souveränität und Selbstwirksamkeit.

Zanchin – ein Moment, der mich zu Tränen rührte

Erinnern Sie sich daran, wie ich das »Angreifen nach der Wunderfrage« im Workshop beschrieben habe? Da die Teilnehmer sich daran gewöhnt hatten, mit aller Zuversicht und Energie für ihr Ziel einzutreten, fielen auch ihre Angriffe entsprechend konsequent und entschlossen aus.

Ich ging noch einen Schritt weiter und beschrieb »Zanchin«, die besondere Art, nach einem Angriff in unserer Konzentration ganz bei uns zu bleiben. Was dann geschah:

Sie stehen Schulter an Schulter, noch einmal greifen alle Teilnehmer der kleineren Gruppe die größere Gruppe an. »Kiai!« Nach dem Schnitt verharren Sie mit den Schwertspitzen für einen Moment über den Köpfen ihrer Gegner. Dann ziehen sich die Angreifer langsam zurück, ernst, Augen und Schwertspitze weiterhin auf den Partner gerichtet.

»Jawohl, wir haben das so gemeint und wir stehen dazu«, scheinen die Blicke zu sagen. Eine ganz besondere Gruppe: Dieser Moment ist nur schwer auszuhalten, ohne wiedergutmachend zu lächeln, etwas zu sagen oder einen entschuldigenden Blick an das Gegenüber zu richten. Alle schaffen es, darin zu bleiben. Es entsteht so etwas wie eine heilige Stille. Die Teilnehmer bleiben in der Konzentration. Ein ergreifender Moment. Wachsam, achtsam, voller Respekt und Demut gegenüber dem, was zu tun sie sich entschieden haben.

Foto: Constanze Wild

WER IST **CHRISTA SCHIFFER?**

Diesen Beruf/diese Berufe habe ich bereits ausgeübt: Als Angestellte: Vertriebsleiterin national und international, Produktmanagerin und Key Accounterin, Zentraleinkäuferin • als Selbstständige: Coach, Trainerin, Supervisorin, Beraterin, Speakerin

Meine Berufung ist: Menschen dabei zu unterstützen, dass sie neue und tragfähige Antworten zu ihren Anliegen in sich selber finden, sich selbst und anderen noch besser entsprechen können und ihr Leben bewusst in die Hand nehmen

Meine Themen als Trainerin und/oder Coach sind: Der Samurai-Impuls: Souverän wie ein Samurai

Workshops, Seminare und Key Notes zu Motivation/Persönlichkeit/Leadership/Konfliktmanagement

Allgemein: Sparring und Reflexion für Führungskräfte, Persönlichkeit und Lebensweg, Durchsetzungsvermögen, Teamentwicklung, Verhandeln, Vertrieb und Serviceorientierung, Konfliktmanagement

Am Coaching schätze ich besonders: Stärken (wieder) bewusst zu machen, Einstellungen zu reflektieren

Meine hilfreichste Erfahrung, die mir die Begleitung von Menschen ermöglicht: Den eigenen Prozess der Veränderung selber durchlebt zu haben

Eine ausschlaggebende Situation/ein wichtiger Faktor in meiner Persönlichkeitsentwicklung war/ist: Es gab viele: eigene Krisen, ihre Bewältigung und das Erstarken daran • die Erfahrung, dass nichts, wirklich gar nichts im Leben sicher und planbar ist • zwei eigene Karrieren • als Kind den Aufbau des elterlichen Unternehmens und die damit verbundenen Schwierigkeiten miterlebt zu haben • letztlich die Erkenntnis, dass ich so glücklich, erfolgreich, zufrieden bin, wie ich es mir selbst zugestehe.

Das will ich noch lernen: Kraftvoll und geschmeidig mit dem Schwert schneiden • gelassener werden, Segeln, Herrentorte backen

In diesen Situationen empfinde ich Glück: Wenn meine Coaching-Kunden zu strahlen beginnen, weil sie ihre eigenen Fähigkeiten und Kompetenzen wieder intensiv spüren

Ansonsten: wenn ich einen Abend mit »Highlander« auf der Küchencouch verquatsche • ein Familientreffen, bei dem zum hundertsten Mal die gleichen Anekdoten erzählt werden • mit Hündin Fibbes auf dem Schoß gute Gespräche mit meinen Freunden führen und dabei die eine oder andere Flasche Wein leeren.

Ein Mensch ist reich, wenn er das Herz eines geliebten Menschen besitzt. (Greta Garbo)

Diese Eigenschaften schätze ich bei anderen Menschen am meisten: Aufmerksamkeit

Diese drei Stärken habe ich: Klarheit, ein großes Herz, Einfühlungsvermögen, mich infrage zu stellen

Diese Fehler entschuldige ich am ehesten (bei mir und bei anderen): Fenster nicht richtig zumachen

Meine Lieblingstugend: Warmherzigkeit

Mein Lieblingsautor/meine Lieblingsautorin: Irvin D. Yalom

Mein Lebensmotto: Nach Abraham Lincoln: Die meisten Menschen sind in dem Maße glücklich, wie sie es sich selbst gestatten.

Barbara Graber

PEPPER YOUR LIFE! SIEBEN SCHARFE IDEEN, IHR PERSÖNLICHES ERFOLGSREZEPT ZU VERFEINERN

*»Persönlichkeiten, nicht Prinzipien
bringen die Zeit in Bewegung.«*
Oscar Wilde

Be PePPer.

Warum es sich auszahlt, mehr Würze ins Leben zu holen? Wer PeP-Per – also **Pe**rfect **P**ersonal **Per**formance – entwickelt und diese auch lebt, schlägt nicht nur dem grauen Alltag ein Schnippchen, sondern hat es auch leicht, durch seine Persönlichkeit den eigenen Erfolg und das individuelle Image nach außen aktiv zu gestalten.

Perfect Personal Performers stecken voller Tatendrang, haben Pep, sind kraftvoll und fallen auf. »PePPers« sind Menschen, in deren Umgebung man sich wohlfühlt, Menschen, die Aggression in konstruktive Kraft verwandeln und zum Wohlergehen aller nutzen können. PePPers sind geistesgegenwärtig, fokussiert und kreativ sowie bekannt als inspirierende Gesprächspartner. PePPers sind hungrig auf Neues, auf Abenteuer, auf kreative Leistungen und Lösungen, vor allem aber hungrig auf ihren Erfolg!

Sicher kennen Sie das Bild vom Gemüsestand am Markt, an dem die knallrote Farbe der knackigen Chili-PePPers als Erstes ins Auge sticht. Genauso ist es mit Perfect Personal Performers: Sie fallen auf! Sie strahlen Lebensenergie und Tatendrang aus. Pepper entwickeln heißt also

> die eigene Bestleistung fördern, steuern, entwickeln und erhalten,
> sein Selbstmanagement perfektionieren, um in schwierigen Situationen zu bestehen,
> das individuelle Kraftpotenzial kennen, aktivieren und diese Ressourcen bei Belastung nutzen können.

PePPer ist die Würze für Ihr persönliches und berufliches Wachstum.

So wie Spitzenköche schmackhafte Rezepte kreieren, kreieren erfolgreiche Persönlichkeiten die für sie perfekte Performance, die bestmögliche Leistung auf der Basis ihrer Ressourcen und Stärken.

Keine Angst, das hier ist keine Druckversion der gefühlten 723 deutschsprachigen Kochshows. Sehr wohl aber sollen Sie hier hungrig werden: Mit den folgenden sieben Rezeptideen und den damit verbundenen Erfolgsfaktoren will ich Ihren Appetit auf Erfolg so richtig anregen und Ihnen scharfe Impulse mitgeben, damit Sie immer wieder mal kräftig umrühren – privat, beruflich und persönlich!

REZEPTIDEE NR. 1: PRODUZIEREN SIE GESTOCHEN SCHARFE BILDER – SIE ERLEICHTERN EINEN KLAREN BLICK AUF DIE EIGENEN KERNKOMPETENZEN (ERFOLGSFAKTOR: KLARHEIT)

Gesetzt den Fall, Sie hätten ganz spontan 30 Sekunden Zeit, sich selbst, Ihr Produkt oder Ihre Dienstleistung zu präsentieren, wie klar wäre das Bild von sich, das Sie Ihrem Gegenüber mitgeben könnten? Wie leicht können Sie Fragen wie die folgenden klipp und klar beantworten?

> Wofür sind Sie ExpertIn?
> Wofür stehen Sie?
> Was sind Ihre Kernkompetenzen und Leidenschaften?
> Welche Lösungen bieten Sie? Für wen? In welcher Form?
> Welche Geschichten und Bilder, die Sie beschreiben, bleiben nach einem Gespräch »hängen«?
> Welchen Impuls für die Zukunft nimmt Ihr/e Gesprächspartner/in mit?

Immer wieder treffe ich in Seminaren und Coachings auf Menschen, die schon jahrelang teils sensationelle Produkte oder Dienstleistungen anbieten, mir aber leider nicht nachhaltig erklären können, wofür sie konkret stehen. Somit habe ich als potenzielle Empfehlerin oder gar Kundin nur eine vage Ahnung, was ich mit dem neuen Kontakt anfangen kann oder soll.

Ich weiß vielleicht, dass die stille Frau Anfang 30 Schneiderin ist, na gut. Dass sie aber Expertin für selbst entworfene Festtags- und Abendmode ist, die nur mit Fair-Trade-Rohstoffen arbeitet und dafür schon mehrfach ausgezeichnet wurde, das hat sie mir in der Phase des Gesprächs, als meine Neugierde am größten war, verschwiegen. Schade.

Oder die Frau mit der Marktforschungsagentur, die mir ihre Dienste mal eben so nebenbei in einer Seminarpause anbot. »Falls ich so was mal bräuchte.« Erst im Coaching fiel ihr auf, dass sie mir nicht einmal den Namen ihres Unternehmens und schon gar nicht irgendeine klare Möglichkeit genannt hatte, wie ich ihre Dienstleistung für meinen Erfolg nutzen könnte. Für sie, die sich täglich mit dem Gebiet beschäftigt, ist das doch sonnenklar, während ich völlig im Trüben fischte. Schade.

Die ge-PePPer-te Fokussierung auf die Präsentation dessen, was Sie am besten können, ist die Eintrittskarte in die Welt Ihres Gegenübers, die möglicherweise auch für Sie neue, interessante Chancen oder Perspektiven birgt. Wenn Sie die Karte allerdings nicht lösen: Chance verspielt. Auch schade.

Steigern Sie Ihre Performance – fangen Sie beim Lösen dieser Tickets an. Schaffen Sie ein klares Bild von sich selbst und dem, was Sie zu bieten haben. Gießen Sie es in eine ansprechende Form – besser: ein Förmchen –, garnieren Sie mit Liebe und servieren Sie diese gut verdaulichen Happen mit einer angemessenen Portion Überzeugung.

Um diese Klarheit nach innen und außen zu schaffen und in entsprechender Kürze und Präzision rüberzubringen, bedarf es oft einiger Übung.

Dabei kann die Anlehnung an eine Art der punktgenauen Selbstvorstellung, in der Fachsprache »Elevator Pitch« genannt, hilfreich sein. Diese Methode hat ihren Namen von der Vorstellung, jemanden während einer kurzen gemeinsamen Fahrt im Lift von sich und seinen Fähigkeiten zu überzeugen. Auch wenn Sie das Schema der Selbstvorstellung letztlich im direkten Kontakt nicht eins zu eins anwenden, zeigt meine Erfahrung: Schon durch die theoretische Beschäftigung damit gelangen Menschen zu deutlich mehr innerer, persönlicher Klarheit. Diese kommt ihnen dann in Form von Souveränität und hoher Glaubwürdigkeit in unterschiedlichsten Gesprächssituationen zugute.

Mein Bild, wie fokussierter Erstkontakt in der beschriebenen Aufzugssituation aussehen könnte, ist folgendes:

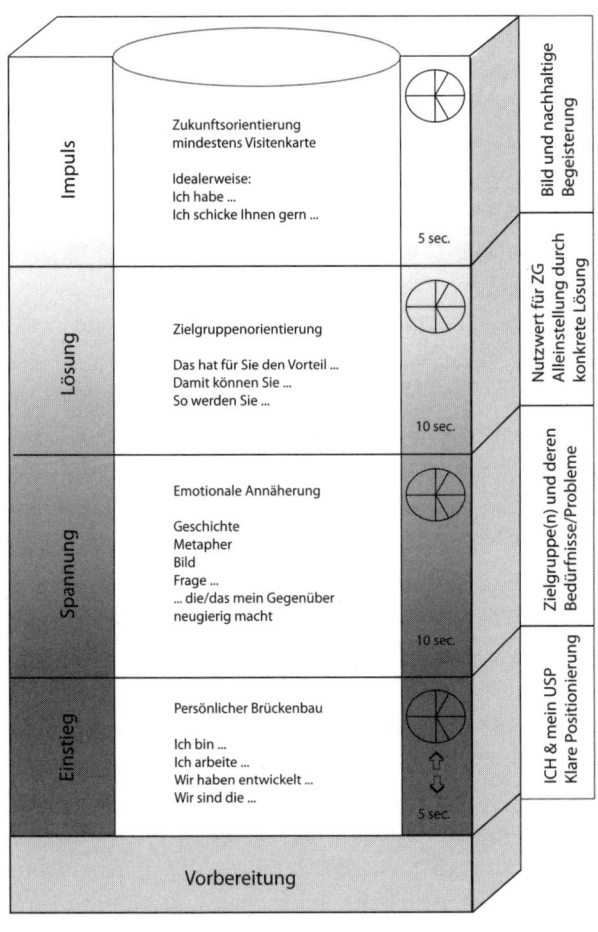

Ein Weg zu mehr Klarheit in Ihrer Selbstpräsentation – eine imaginäre Liftfahrt, die Zeit und Raum gibt, beim Gegenüber einen nachhaltigen Eindruck zu hinterlassen:

Vorbereitung: Üben Sie die Gesprächssituation schon, bevor Sie sich tatsächlich präsentieren müssen. Das gibt Sicherheit. Überlegen Sie sich hierzu, was Sie wohl wissen wollen, um sich ein Bild von einer Leistung, einem Produkt oder einer Person, wie Sie es bieten oder sind, zu machen.

Einstieg: Schon hier bieten Sie im Gespräch klare Orientierung: Wer sind Sie, was haben Sie zu bieten und warum ist das/sind Sie in diesem Bereich einzigartig? Mit ein bisschen Übung genügen dafür fünf Sekunden.

1. Stock: Spannungsaufbau. Machen Sie Ihr Gegenüber neugierig auf weitere Informationen. Das gelingt gut auf der Ebene der Emotionen. Berühren/bewegen Sie durch eine interessante Geschichte oder ein gut gewähltes Sprachbild. Das gibt Ihrem Gesprächspartner das Gefühl, Sie kennen seine Bedürfnisse beziehungsweise Probleme. Das schafft Vertrauen in maximal zehn Sekunden.

2. Stock: Bieten Sie klare Lösungen an, zeigen Sie auf, welchen Nutzen jemand hat, wenn er mit Ihnen zusammenarbeitet oder Ihre Leistung in Anspruch nimmt. Das schafft Verbindlichkeit und ist in weiteren zehn Sekunden zu schaffen.

3. Stock: An der letzten Station der gemeinsamen Liftfahrt fachen Sie nachhaltige Begeisterung an, indem Sie in aller Kürze eine Brücke in die Zukunft schlagen und so einen Impuls setzen für weiteres Interesse, zur Aufrechterhaltung des Kontakts, zumindest aber zum Austausch der Visitenkarten. Das schafft eine Verbindung – in glatten fünf Sekunden.

Nach einigen »Übungsfahrten« vor dem Spiegel gelingt Ihnen die Liftfahrt und die damit verbundene Selbstpräsentation auch am glattesten gesellschaftlichen Parkett.

Stellen Sie sich anhand dieses Leitfadens ruhig einmal selbst auf die Probe und überprüfen Sie, wie klar Sie Ihre Botschaften bereits in aller Kürze (in der ja bekanntlich die Würze liegt) aussenden.

Dazu meine Tipps für Menschen, die in klarer Erinnerung bleiben möchten:

- Bauen Sie gleich zum Einstieg eine persönliche Brücke, über die Sie der andere gedanklich erreichen kann. »Ich arbeite in der Wellness-branche« ist weniger attraktiv als »Ich bin diplomierte Masseurin mit dem Schwerpunkt auf asiatischen Anwendungsverfahren ...«
- Wecken Sie die Neugierde des Gesprächspartners. Das gelingt Ihnen am besten mit einem Bild, einer Geschichte oder Metapher, die Ihrem Gegenüber »bleibt«: »Sie können sich das Zusammenwirken meiner Heilerde-Wickel vorstellen wie ineinandergreifende Zahnräder ...«
- Versetzen Sie sich in Ihr Gegenüber! Dann ist es ganz einfach, Lösungsbewusstsein in ihm zu wecken: »Durch die Nutzung meines Angebots können Sie kurz-, mittel- und langfristig profitieren, weil ...«
- Zum Schluss setzen Sie noch einen Impuls für die Zukunft: »Ich lade Sie zu einer Probeanwendung ein, dann können Sie sich selbst von der Wirksamkeit der Behandlung überzeugen.«

Der Austausch von Visitenkarten in spontan entstandenen Gesprächen sollte Ihr Minimalziel sein. Für geplante Gespräche legen Sie sich, wie im obigen Beispiel die Einladung zur Probeanwendung, zeitgerecht einen »Joker« zurecht, den Sie jetzt aus dem sprichwörtlichen Ärmel ziehen, sodass der Kontakt bei Interesse aufrechterhalten werden kann. So können Sie sicher sein, für Gespräche gewappnet zu sein, in deren Anschluss man Sie in Erinnerung behält: klar und deutlich.

REZEPTIDEE NR. 2: MESSERSCHARF KALKULIEREN –
DAMIT SIE AUF IHRE RECHNUNG KOMMEN
(ERFOLGSFAKTOR: ENERGIE)

Geht es Ihnen auch so, dass Sie manchmal das Gefühl haben, Sie sind so schnell unterwegs in Ihrem Leben, dass Sie Gefahr laufen, sich selbst zu überholen? Gleicht Ihr Lebensrad hin und wieder mehr einem Hamsterrad als einem klassischen Fortbewegungsmittel? Oder sind Sie gar nur noch mit Autopilot unterwegs, der alles so handhabt, wie es irgendwann mal programmiert wurde?

Dann empfehle ich Ihnen eine Übung, die ich immer wieder im Coaching anwende und die schon bei vielen Klientinnen und Klienten für ungläubiges Staunen gesorgt hat. Sie brauchen nur etwa 30 Minuten Zeit, Papier und Schreibzeug.

Gehen Sie langsam vor. Lesen Sie Absatz für Absatz und beschäftigen Sie sich mit den einzelnen Schritten der Reihe nach. (Vorauslesen bringt Sie womöglich um spannende Erkenntnisse!)

Halten Sie zunächst kurz inne und stellen Sie sich ein Rad vor als Sinnbild all dessen, was Sie täglich leisten, wofür Sie Verantwortung tragen, wofür Sie (scheinbar?) zuständig sind. Sie können all diese Aufgaben in einer Liste schriftlich festhalten, damit Sie nichts unter den Tisch fallen lassen.

Stellen Sie sich nun für jeden dieser Bereiche – Sie können sie auch Rollen nennen, die Sie ausfüllen – eine Speiche in Ihrem Rad vor. Am besten zeichnen Sie jetzt einen Kreis für Ihr Rad und die zugehörigen Speichen auf das vorbereitete Papier – das schafft Überblick: eine Speiche für die Chefin, eine für den Buchhalter, eine für den Krisenmanager, eine Speiche für die Partnerin, eine fürs Kindertaxi, eine für die Freundin, die Lebensberaterin, die Mediatorin usw.

Wie viele Speichen hat Ihr Rad?

Im Anschluss überprüfen Sie das Maß, in dem Sie die jeweilige Rolle subjektiv beansprucht (das heißt übrigens nicht zwingend, dass sie Sie auch belastet). Sie haben für jede Rolle eine Skala von 0 (keine Beanspruchung – im Mittelpunkt des Rades) bis 100 (extrem hohe Beanspruchung – an der »Felge«) zur Verfügung. Setzen Sie hier eine Markierung, die Ihrem momentanen Gefühl entspricht.

Zuletzt markieren Sie, idealerweise in verschiedenen Farben, wie viele Rollen Sie Ihren einzelnen Lebensbereichen zuordnen können:

> Arbeit: Beruf/Pflichten
> Privat: Familie/Freunde/Gesellschaft
> Persönlich: Sinn/Werte/Persönlichkeit

Hand aufs Herz: Haben Sie nicht nur an den Beruf, sondern auch an ganz persönliche Rollen gedacht? An Ihren eigenen Bereich? Die Genießerin? Den Hobbyfußballer? Die Joggerin? Den Koch aus Leidenschaft?

Wie viele Speichen bleiben letztlich für Ihre persönlichen Interessen übrig? Kommen Sie auf Ihre Rechnung? Oder sind die Gewinner dieser Bilanz eher die anderen?

Den meisten Menschen, mit denen ich arbeite, ist nicht bewusst, wie viele Rollen sie täglich einnehmen und dass manche Rollen längst überflüssig und doch noch immer einprogrammiert sind. Bei vielen herrscht sogar ein massives Ungleichgewicht zwischen den drei Lebensbereichen Arbeit, Privat und Persönlich.

Die gute Nachricht ist: Sobald Sie sich etwas ins Bewusstsein holen – und das haben Sie bezüglich Ihrer Rollen soeben gemacht –, können Sie sich damit beschäftigen und es verändern!

Sehen Sie sich das entstandene Kreisdiagramm nun noch einmal an und überprüfen Sie für jede Speiche den Grad Ihrer Beanspruchung. Gibt es Rollen, die Sie gern mehr oder gern weniger leben möchten? Dann setzen Sie auf Ihrem Blatt wie beim Erheben des Ist-Zustandes eine zweite Markierung für den Wunsch-Zustand. Vielleicht möchten Sie jetzt auch noch die eine oder andere Rolle hinzufügen oder entfernen? Spätestens jetzt erkennen Sie, wo Sie für sich persönlich mit Veränderung beginnen können.

Und damit es Ihnen nicht eines Tages so geht wie dem jungen Schauspieler, der sämtliche Zweitbesetzungen eines Stücks übernommen hatte und jeden Abend, wenn er ins Theater kam, frei nach Richard David Precht als erste Frage stellte: »Wer bin ich heute – und wenn ja, wie viele?«, fragen Sie sich selbst immer wieder: Kommen Sie auf Ihre Rechnung oder profitieren andere in Ihrer persönlichen Bilanz?

Ein weiteres Werkzeug, das Sie dabei unterstützen kann, Ihre Performance zu steigern, indem Sie darauf achten, auf Ihre Rechnung zu kommen, ist das Modell der Lebenskreise* aus der Tradition der Hopi-Indianer, einem nordamerikanischen Stamm von Pueblo-Indianern. Sie haben ein Werkzeug gefunden, das die Beziehungen zu Menschen in unserem Umfeld und deren Einfluss auf unser Lebensgefühl und unsere Lebensenergie eindrucksvoll sichtbar macht.

Die Hopi-Indianer sind davon überzeugt, dass Menschen, die in unser Leben treten, sieben konzentrischen Kreisen zugeordnet werden können, die eine Momentaufnahme unserer Lebenssysteme darstellen und zugleich Handlungsoptionen zugunsten unseres eigenen Wohlbefindens aufzeigen.

Ich habe das Modell im Coaching weiterentwickelt, sodass auch Dinge und Ideen, die uns beschäftigen und prägen, hier Berücksichtigung finden. Die Selektion zwischen hemmenden und beflügelnden Elementen im eigenen Leben gelingt auch hier am besten durch eine bildhafte Darstellung des Systems.

Idealerweise verwenden Sie einen großen Bogen Papier, um darauf Ihre Lebenskreise zu veranschaulichen. Auch hier können Sie zum Beispiel durch die Verwendung verschiedener Farben nach den Kategorien persönlich, beruflich und privat vorgehen.

Im Zentrum befindet sich Kreis 1
Hier positionieren Sie mit Namen, Symbol oder Initialen Menschen, Dinge und Ideen, die Ihnen guttun, in die Sie uneingeschränktes Vertrauen haben, die Ihnen am nächsten stehen.

---

* *Mehr dazu in: Armstrong, Kerry:* Die Kreise des Lebens, *München: Droemer Knaur 2010*

Kreis 2

Hier ordnen Sie Menschen, Dinge und Ideen ein, die Ihren Werten entsprechen, in deren Gegenwart, mit deren Beschäftigung Sie sich gut und stark fühlen, die Sie inspirieren und interessieren. Gute Freunde zum Beispiel.

Kreis 3

Wer oder was hier zugeordnet ist, hat Ihren Respekt. Das können Menschen, Ansätze und Dinge aus Ihrem Freundeskreis, Arbeitsumfeld oder Ihrer Familie sein, in deren Gesellschaft Sie sich wohlfühlen, die Ihnen aber nicht allzu nahe stehen.

Kreis 4

Hier befindet sich die »Moving-Zone«. Der vierte Kreis dient zur Orientierung. Neue Menschen, Impulse und Ideen können hier positioniert werden, bevor sie nach innen oder außen weiterwandern.

Kreis 5

Hier finden sich Menschen, Gedanken und Dinge, die Sie auf irgendeine Weise davon abhalten, Ihr volles Potenzial auszuschöpfen und sich völlig Ihren Stärken und Leidenschaften entsprechend zu entfalten. Sie könnten früher auch in den inneren Kreisen präsent gewesen sein.

Kreis 6

Ihm ordnen Sie Dinge, Menschen und Ideen zu, von denen Sie meinen, sie könnten für Ihre Karriere oder Ihr soziales Netzwerk wichtig sein. Bei allem guten Willen werden Sie aber nicht richtig »warm« mit ihnen. Der sechste Kreis eröffnet Ihnen darüber hinaus die Möglichkeit, sich mental von hemmenden Gefühlen der eigenen Unzulänglichkeit sowie von Rechtfertigungen zu verabschieden.

Kreis 7

Durch das Nutzen des äußersten Kreises verschaffen Sie sich Ruhe und Erholung. Er ist so weit weg vom Zentrum, dass Sie hier getrost Menschen und Gedanken platzieren können, die Sie verletzt oder gekränkt haben. Von hier aus können Sie alles Schmerzliche verabschieden und gehen lassen.

REZEPTIDEE NR. 3: SCHARF RANGEHEN – WER GANZ BEI SICH IST, KOMMT AUCH BEI ANDEREN AN! (ERFOLGSFAKTOR: ACHTSAME SELBSTWERTSCHÄTZUNG)

Wie fühlen Sie sich gegenwärtig? Müde? Munter? Gestresst? Gespannt? Erfreut?

Wenn Sie spontan antworten können: Ich gratuliere Ihnen! Sie sind offenbar ein sehr bewusst lebender Mensch!

Die meisten Menschen, die ich kenne, müssten zumindest kurz durchatmen, sich darauf konzentrieren, in sich hineinzuhören, und könnten erst dann antworten. (Wohingegen sie auf Fragen wie »Was ist denn mit dem los?« oder »Wie sieht die denn aus?« sehr schnell scheinbar profunde Antworten parat haben.)

Natürlich – unsere Mitmenschen da draußen, die sind wichtig ... aber ist es nicht noch viel wichtiger, erst mal mit sich selbst im Reinen zu sein? In Sachen Erfolg sind Sie selbst Ihr wichtigster Partner!

Schon Goethes Faust wusste: »Das wahre Glück des Lebens liegt nicht außer uns, sondern in uns«, und auch das Sprichwort »Wozu in die Ferne schweifen, sieh, das Gute liegt so nah« könnten wir uns ab und zu besser zu Herzen nehmen. Der Umgang mit uns selbst ist auch das, was uns im Umgang mit anderen prägt.

So ist es beispielsweise wissenschaftlich erwiesen, dass ein einziger negativer Reiz, zum Beispiel ein destruktiver Gedanke, schon ausreicht, innerhalb einer Sekunde über 20 schädliche Körperreaktionen hervorzurufen. So steigt zum Beispiel augenblicklich Ihr Blutdruck, es wird mehr Magensäure produziert – schließlich sind Sie ja sauer, Sie haben einen deutlich erhöhten Energieaufwand, unter anderem auch, weil die muskuläre Anspannung steigt. Von den ausgeschütteten Stresshormonen will ich hier gar nicht erst reden.

Wussten Sie auch, dass Sie durch negative Gedanken enorm viel Zeit vergeuden? Wenn Sie sich täglich nur zwei Stunden ärgern – über die

Kollegin, den Chef, einen Kunden oder gar über sich selbst –, kostet Sie das 730 (!) Stunden im Jahr, gute 30 Tage, einen Monat also und aufgerechnet auf ein 80-jähriges Leben mehr als sechseinhalb Jahre! Welch eine Verschwendung!

Außerdem: Suchen Sie Kontakt zu derart miesepetrigen Zeitgenossen? Ich nicht. Ich habe mir angewöhnt, den Kontakt zu derartigen Menschen aus Rücksicht auf mein eigenes Wohlergehen bewusst abzubrechen, viele Menschen tun das ohnehin intuitiv. Dumm nur, wenn man selbst ein solcher Griesgram ist. Ich kenne eine Menge Leute, die – vielleicht genau weil sie sich vor lauter Ärger selbst nicht mehr mögen – den Kontakt zu sich selbst verloren hatten.

In meinem Büro hängt heute noch ein Schild, das ich vor Jahren in einem »Miesepeter-Coaching« mal geschrieben habe, weil Harald P., der mich mit hängenden Schultern, blassem Gesicht und ziemlich getrübter Laune aufsuchte, mir erzählte, dass er nicht verstehe, warum er sich nicht wohlfühle in seiner Arbeit. Er wolle doch nur in Ruhe gelassen werden, denn er sei ohnehin keiner, um den sich irgendjemand kümmern oder sorgen würde. Das läge wohl daran, dass seine Art und sein Charakter bei den anderen nicht ankämen, fügte er erklärend, ja fast trotzig hinzu. Als Denkanstoß schrieb ich ihm folgenden Satz auf: »Wer sich wohlfühlt, kommt gut an ... und umgekehrt!«

Ich erinnere mich heute noch zu gerne an das Aufblitzen von Erkenntnis in seinen Augen, an das Lächeln, das ihm anschließend übers Gesicht huschte, und die Körperspannung, die in seinen Körper zurückkehrte und ihn plötzlich lebendig und voller Tatendrang erscheinen ließ.

Wir Menschen sind nun mal Herdentiere und da hat jeder seinen Platz. *In* der Herde – nicht außerhalb. Am Rande – ja, in Ordnung. Aber Menschen, die sich so ganz ins Abseits begeben, sich von der Herde absondern, die sind uns suspekt. Und paradoxerweise merken viele »Ausreißer« gar nicht, wie weit sie sich außerhalb der Herde positionieren, wollen aber dennoch irgendwie dazugehören. Das wirft zwischenmenschlich schnell Probleme auf, die aus gegenseitigem Unverständnis und allzu oft auch fehlender Selbstkenntnis und -wertschätzung erwachsen.

Unseren zweiten Coachingtermin sagte Herr P. ab. Mit kraftvoller Stimme, selbstbewusst und mit einer Schachtel Schokopralinen in der Hand. Er habe sein Verhalten reflektiert, dort und da etwas verändert, nach innen und nach außen mit dem Erfolg, dass er sich jetzt wieder rundum wohlfühlt – ein klein wenig auch deshalb, weil seine Veränderung in der Kollegenschaft bemerkt und wohlwollend angenommen worden war. Ein klein wenig auch, weil er nun wieder gut ankommt, erklärte er mir augenzwinkernd.

Um das eigene Glück zu erkennen beziehungsweise sich wieder mal bewusst zu machen, was Dr. Faust uns von der Lagerstatt des Glücks verrät, braucht es vor allem eines: *Achtsamkeit*. Nur mit ihr können wir auch die alltäglichen Kleinigkeiten und Signale wahrnehmen, die uns dem eigenen Erfolg und Lebensglück Stück um Stück näherbringen. Sie wissen schon: Ein Projekt mit Verstand zu planen und umzusetzen, ist das eine – es auch mit Geist zu erfüllen, das andere.

Trainieren Sie Ihre Achtsamkeit. Nach außen gegenüber den großen, augenscheinlichen Dingen und Zusammenhängen ebenso wie nach innen gegenüber den nahe liegenden, kleinen.

Wie viel Aufmerksamkeit schenken Sie den Menschen und Dingen, mit denen Sie täglich in Kontakt sind?

Nehmen wir einen 10-Euro-Schein. Sicherlich hatten Sie in den letzten Tagen den einen oder anderen davon in der Hand. Möglicherweise haben Sie ihn auch ausgegeben – und es war bestimmt nicht der erste!

Nun die Frage zum Thema Achtsamkeit: Was ist auf der Rückseite des Scheins abgedruckt?

Noch nie beachtet? Schade! Es ist ein Aquädukt (wie übrigens auf allen Euroscheinen).

Zugegeben, vielleicht entgeht uns nicht allzu viel, wenn wir das nicht wissen, aber was bedeutet dieses Phänomen für unsere Achtsamkeit in anderen Lebenssituationen?

Eine kalifornische Studie über Glück und Unglück in Partnerschaften hat Folgendes herausgefunden: Ehepaare mit feinfühligem Kommunikationsverhalten, die achtsam gegenüber subtilen Veränderungen von Mimik und Gestik des Partners sind, weil sie um deren Aussagekraft wissen, stufen ihre subjektive Zufriedenheit um 17 Prozent höher ein als Paare, bei denen das nicht der Fall ist.*

Ein Faktor, den ich in Coachings zum Thema achtsame Selbstwertschätzung immer wieder als Grund genannt bekomme, warum diese so schwerfällt, ist die Zeit. »Wann soll ich das denn noch machen?«, fragte mich unlängst die Geschäftsführerin eines Hotelleriebetriebs. In derselben Zeit, in der Sie jetzt Ihre Bedürfnisse unter den Tisch fallen lassen, Warnsignale Ihres Körpers missachten und – obwohl Sie längst zu Hause oder in der Sauna sein wollten – doch noch mal eben schnell die To-do-Liste von heute und morgen überfliegen und ein letztes Mal die E-Mails checken.

Selbstverständlich braucht Achtsamkeit Zeit, und da stellt sich mir die Frage: Haben wir alle einen Uhr-Knall? Oder brauchen wir am Ende gar kein Zeitmanagement, sondern nur die Konsequenz, uns die Zeit zu nehmen, die uns gebührt? Mir erklärte mal ein weiser Mensch, dass die einzige Möglichkeit, Zeit zu haben, ist, sich Zeit zu nehmen! Denken Sie mal über diesen Ansatz nach: Da ist was Wahres dran!

Kennen Sie eigentlich den Lieblingssport in vielen modernen Unternehmen? To-do-Listen erstellen. Aus meiner Sicht ein Sport, der nur bedingt zu Ausgleich und Fitness führt. Wenn besagte Listen nämlich mehr belasten und frustrieren als zur systematischen Erfüllung anstehender Aufgaben beitragen, machen To-do-Listen nur eins: Stress.

Zeit ist Geld, heißt eine alte Weisheit, deren Gültigkeit oft kritisch zu hinterfragen ist. Denn Geld ist – zumindest theoretisch – unbegrenzt vermehrbar. Die Zeit, die uns jeder Tag bringt, bleibt mengenmäßig immer gleich. Allerdings liegt in Hektik und Anspannung viel mehr Gefahr, Fehler zu machen, als in besonnenem, achtsamem Tun.

Die (Wieder-)Entdeckung Ihrer Zeitsouveränität kann hier hilfreich sein:

---

* *Clifford Notarius:* »*Marriage: Will I be Happy or Will I be Sad?*« *In: A Lifetime in Relationships, Pacific Grove, CA: Brooks/Cole 1996, zitiert in: Niven, David:* Die 100 Geheimnisse glücklicher Menschen. Was Wissenschaftler herausgefunden haben und wie wir es nutzen können, *München: Heyne 2004*

❭ Tauschen Sie ewige Zeitnot gegen bewusste Entschleunigung und seien Sie dabei voll bei sich und bei Sinnen.
❭ Lassen Sie der Nachtschicht für das anstehende Projekt bewusst Entspannungsphasen folgen und das subjektive Zeitempfinden gegenüber dem Diktat der Uhr wieder an Bedeutung gewinnen.
❭ Rechnen Sie in Ereigniszeit: »Diese Arbeit wird einen halben Tag in Anspruch nehmen.« Das erlaubt Zeitpuffer, und die Effizienz der Arbeit wird erwiesenermaßen gesteigert.

Ganz ehrlich: Was bekommen Sie mit, wenn Sie im Auto mit einem Affenzahn durch die Gegend rasen? Ein Strafmandat allemal, interessante Details aber gehen unter. Schade eigentlich!

»Du liebe Zeit!«, sagen wir oft. Haben Sie schon einmal überlegt, wie oft Sie Ihrer Zeit mehr abverlangen, als sie Ihnen geben kann?

❭ Lernen Sie, (wieder) achtsam durchs Leben zu gehen – Ihre eigenen Bedürfnisse zu (er)kennen und auch die der anderen wahrzunehmen.
❭ Gönnen Sie sich mehrmals täglich Augenblicke, in denen Sie ganz bei sich sind.
❭ Erfinden Sie persönliche Rituale: Stellen Sie sich eine kleine Sanduhr aus dem Spielzeugladen an Ihren Arbeitsplatz und schenken Sie sich so in jeder Stunde eine Minute für sich selbst, in der Sie machen, was Ihnen guttut und Freude bringt:
  – einfach mal durchatmen,
  – über die neue Blüte am Kaktus staunen,
  – in die Luft schauen,
  – sich selbst ein Lächeln schenken,
  – sich einfach mal still und heimlich selber loben,
  – ein Bonbon lutschen,
  – etwas Besonderes im Alltäglichen finden
  – und alles, was Ihnen sonst noch einfällt. Hauptsache, Sie sind ganz bei sich – dann klappt's auch mit den anderen!

REZEPTIDEE NR. 4: ERHALTEN SIE SICH SCHARFE KANTEN – SO SCHAFFEN SIE AUCH DIE SCHWARZE ABFAHRT (ERFOLGSFAKTOR: WIRKUNG)

Klingt bisher alles sehr logisch – oder? Klarheit schaffen, Rollenaufwand kalkulieren, Selbstbezug leben – warum aber ist es trotzdem nicht immer ganz einfach, die Möglichkeiten der persönlichen Reichweite voll auszuschöpfen?

Das liegt an folgendem Phänomen:

In meinem Heimatland Kärnten gibt es ein altes geflügeltes Wort, das da lautet: »Mir san mir!« Ins Hochdeutsche übersetzt bedeutet das: »Wir sind wir.« Wieder mal ein »weiser« Spruch aus dem Volksgut – bloß, wer definiert eigentlich dieses Wir? Ist es meine Entscheidung, wer ich bin, oder entscheiden andere über mein Sein oder Nicht-Sein?

Die Wahrheit liegt dazwischen. Sie haben einerseits ein Bild von sich selbst, das geprägt ist von Erfahrungen, Feedbacks und eigenen Einschätzungen, die Sie aus Ihrer persönlichen Geschichte ableiten – Ihr *Selbstbild*. Zusätzlich haben Sie im Lauf der Zeit ein Bild entwickelt, das zeigt, wie Sie von anderen wahrgenommen werden möchten – Ihr *Wunschbild*. Im dritten Bild Ihrer Galerie sind jene Eigenschaften, Fähigkeiten und Verhaltensweisen verankert, die Ihre Mitmenschen Ihnen zuschreiben, die sie in Ihnen sehen. Das ist das Ihnen zugedachte *Fremdbild*. Alle drei zusammen ergeben Ihr Image, also den gefühlten Gesamteindruck, den Sie in Ihrem Umfeld hinterlassen.

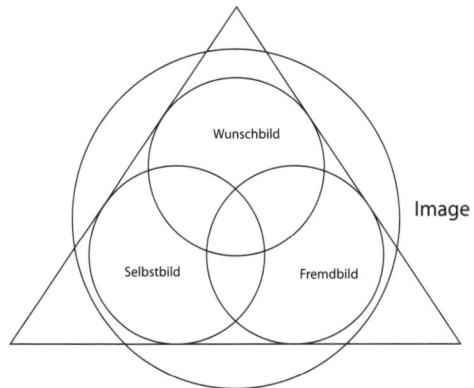

Je weiter die drei Bilder, die zusammen Ihr Image ergeben, auseinanderliegen, desto diffuser ist der Eindruck, den Sie in der Welt hinterlassen. Je kompakter und zentrierter diese drei Anteile erscheinen, je größer ihr Überschneidungsbereich ist, desto stimmiger und glaubwürdiger werden Sie von Ihren Mitmenschen wahrgenommen. Zugleich brauchen Sie im zweiten Fall bedeutend weniger Energie, um zwischen den Bildern hin und her zu springen, die Ihnen für Sinnvolleres bleibt – zum Beispiel, um Ihr positives Image für den beruflichen Erfolg zu nutzen.

Je unterschiedlicher Ihre drei Bilder ausfallen, also je weniger Überschneidungen sie aufweisen, desto anstrengender ist es für Sie, allen Anteilen gerecht zu werden. Sie springen – sprichwörtlich – im Dreieck und verbrauchen dafür wertvolle Energie.

Stellen Sie sich vor, Sie besuchen einen Workshop zum Thema gesunde Lebensweise. Sie erwarten sich einen Vortragenden mit sportlichem Körperbau, strotzend vor Lebensenergie und mit Vorliebe für bewusste Ernährung. Was Sie zu sehen bekommen, ist, noch bevor Sie ein Wort hören, ein Mann Ende 30, nicht besonders vital, dafür aber ziemlich gestresst wirkend mit leichtem Bauchansatz (wohlgetarnt unterm Nadelstreifensakko) und mit einer Flasche Cola (immerhin die Light-Version) in der Hand. So geschehen neulich auf einer Messe für Lifestyle und Lebensführung, auf der ich mir mit dem Workshopbesuch in einer Vortragspause etwas Gutes tun wollte.

Ich nehme an, das ist nicht gerade das Bild von sich, das der gute Mann seinem Publikum vermitteln wollte. Und mein Glaube an seine Expertise schwand deutlich, beinahe ebenso schnell wie mein Interesse an dem Workshop. Wirkung verfehlt. Zumindest bei mir. Aber wer weiß: Vielleicht hielt er es ja mit Ödön von Horváth, der mal gesagt haben soll: »Eigentlich bin ich ja ganz anders, nur komme ich so selten dazu.«

Bezogen auf unsere drei Bilder heißt das: Je kompakter die drei Persönlichkeitsbereiche Selbstbild, Wunschbild und Fremdbild miteinander verbunden sind, sich idealerweise sogar überschneiden, umso weniger Energie müssen Sie in Ihre persönliche Glaubwürdigkeit, in Ihre authentische Wirkung investieren und desto mehr Power haben Sie, um

Ihre Botschaft, Ihre Leistung, Ihr Produkt oder Ihre Ideen zu positionieren und Ihre Reichweite auszudehnen.

Nutzen Sie Ihre Energie für Ihre Wirkung?

Testen Sie sich selbst:
Wie schätzen Sie Ihr momentanes Energielevel auf einer Skala von 1 bis 10 ein, wenn Sie Ihre drei Persönlichkeitsbereiche betrachten? Sind Sie grundsätzlich eher erschöpft (0) oder verspüren Sie regelrechte Energieüberschüsse (10)? Wie hätten Sie das vor drei, sieben, zehn Jahren eingeschätzt?

Die meisten Menschen empfinden mit zunehmenden Jahren subjektive Energieeinbußen. Außer jenen, die ihre Kernkompetenzen nutzen, ihre Stärken leben, ihren Leidenschaften folgen und Tätigkeiten ausführen, die sie wirklich erfüllen. Jenen, die dem Leben mit »echter«, also authentischer Freude begegnen und nicht permanent damit beschäftigt sind, für sich und andere im Dreieck zu springen. Jenen, die die drei Bilder möglichst gut in Einklang bringen.

Hier eine Checkliste mit Impulsen, wie Sie sich scharfe Kanten erhalten und für nachhaltige Wirkung nutzen können:

Sechsmal Positionierung durch Imagepflege

1. *Klare, wertschätzende Sprache – hoher Selbstwert – hohes Ansehen*
   Sagen Sie doch, was Sie wollen! Klar, einfach und wertschätzend.
   No Gos: entschuldigende, geschwätzige, ausweichende, abschwächende, um Erlaubnis bittende, rechtfertigende Floskeln!

2. *Scharfer Fokus – hoher Marktwert – hohe Anerkennung*
   Nur wer weiß, was er/sie kann, will und wert ist, kann das auch kommunizieren, fordern und bekommen.

3. *Sachertorte statt Hamsterrad*
   Entschleunigung = Energiemanagement! Zeit für mich nutzen heißt: Potenziale pflegen! Genießen Sie Ihre Regenerationsphasen – auch mit Sachertorte.

4. *Umfeldpflege ist Imagepflege*
Unser Umfeld prägt uns – nach innen und außen im Positiven wie im Negativen! Auch im persönlichen Umfeld sollten Inventurtage berücksichtigt werden.

5. *Umwege erhöhen die Ortskenntnis – Leidenschaft statt Perfektionismus*
Keine Angst vor Fehlern! So manche große Entdeckung war zufälliges Ergebnis eines Experiments. Tun Sie, was Sie wollen, vor allem aber wollen Sie, was Sie tun – auch wenn das manchmal einen Umweg erfordert.

6. *Inner Talk = outer Image*
»Was halten Sie von der Frau Meier?« – Wie fällt Ihre Antwort aus, wenn *Sie* Frau Meier sind? Sie selbst sind das Produkt Ihrer Gedanken und Einstellungen. Was Sie von sich halten, das strahlen Sie aus. Anders gesagt: Ihre inneren Monologe spiegeln Ihre Einstellung und prägen zugleich Ihre Ausstrahlung.

REZEPTIDEE NR 5: DENKEN SIE SCHARF NACH: IN WELCHEM MODUS »FUNKTIONIEREN« SIE? (ERFOLGSFAKTOR: VERANTWORTUNG)

Wenn Sie Ihren persönlichen Einsatz in Ihrem Arbeitsbereich betrachten oder auch Ihre allgemeine Einstellung zum Leben: Welchen Rahmen gestehen Sie sich und anderen dabei zu? Wie sieht er aus? Schlicht, opulent, bodenständig, luxuriös? Und wie nutzen Sie diesen Rahmen?

Müssten Sie einen Rahmen für ein kulinarisches Erlebnis wählen, das Ihrer derzeitigen Situation beruflich, privat oder persönlich entspricht, wie sähe der aus? Kalte Küche, warme Speisen, eine Tafel, lose Tische?

Wenn Sie nun auf diese inneren Bilder sehen, wie empfinden Sie diesen Rahmen? Als Zierde, Schutz, Beschränkung, erweiterungswürdig, zu groß, zu klein, ideal ...?

Warum es wichtig ist, sich mit diesen Fragen zu beschäftigen, zeigt das Ergebnis einer amerikanischen Studie zur »zweiten Karriere«: Sie besagt, dass Menschen ihre Chance für beruflichen Erfolg nach einem Wechsel in ein völlig anderes Unternehmen oder in die Selbstständigkeit um 65 Prozent erhöhen, wenn sie sich schon vorher selbst verantwortlich für ihre Arbeitsergebnisse fühlen und es auch schaffen, unter direkter kritischer Beobachtung leistungsfähig zu bleiben. Verantwortung ist hierbei augenscheinlich der Schlüssel zum Erfolg.*

Welcher Denkmodus entspricht diesbezüglich eher Ihren Überlegungen? Anders gefragt: In welchem Modus »funktionieren« Sie? Welcher Zugang zur »Lebensküche« ist Ihnen näher:

Sind Sie eher

> der »Haferlgucker« (= jemand, der sehr interessiert beim Kochen zusieht), der in seiner Betroffenheit hauptsächlich die unveränderbaren Umstände wahrnimmt, die ihn umgeben und die eben sind, wie sie sind?

> der Haferlgucker, der mit dem vorliebnehmen muss, was im Topf ist, auch wenn er keinen Kohleintopf mag?

> der Haferlgucker, der nur dann zufrieden ist, wenn irgendetwas erfüllt wird – wie und von wem auch immer?

Oder sind Sie eher

> der »Chefkoch-Typ«, der seinen Wahrnehmungsfokus auf die eigenen Gestaltungsmöglichkeiten und Handlungsspielräume lenkt und verantwortungsvoll aktiv Impulse setzt, um sein Umfeld zu gestalten?

> der Chefkoch, der entscheidet, was in den Topf kommt, oder womit er das, was drin ist, verfeinern, verändern, verbessern kann?

> der Chefkoch, der Einfluss nimmt auf die Menüfolge, der die Sauce gelassen noch mal macht, wenn sie angebrannt ist, der das Rezept

---

* *Maury A. Peiperl u. Yehuda Baruch: »Back to Square Zero: The Post-Corporate Career« (1997), zitiert in: Niven, David: Die 100 Geheimnisse erfolgreicher Menschen. Was Wissenschaftler herausgefunden haben und wie wir es nutzen können, München: Integral 2003*

geduldig verändert, bis der Knödel flaumig ist, und der einfach glücklich und zufrieden ist, wenn er Entwicklung, Wachstum und Lernen erlebt?

Normalerweise nehmen wir an, Glück sei eine Folge von Ereignissen oder Umständen. Die umgekehrte Blickrichtung ist ebenso typisch, sagt die Wissenschaft: Glückliche und zufriedene Menschen betrachten die ihnen widerfahrenden Dinge und Ereignisse unter eben diesem Gesichtspunkt.*

Etwas plastischer drückt dieses Phänomen Dr. Bernard Harris, Raumfahrtexperte aus New Mexico, aus, wenn er über sein Motto auf seinem Weg in die Raumfahrt spricht: »Du kannst nur so hoch fliegen, wie du denken kannst.« Seine Gedanken und die sie formulierende innere Stimme unterstützten also seinen Weg.

Ihre innere Stimme repräsentiert Ihre innere Überzeugung – und darüber, ob Sie sich als »Haferlgucker« oder als »Chefkoch« erleben und präsentieren. Vincent van Gogh wird in diesem Zusammenhang ein wirksames Rezept zugeschrieben, eine allzu kritische innere Stimme zum Schweigen zu bringen: »Wenn eine Stimme in dir sagt, du kannst nicht malen, dann male unbedingt, denn dann verstummt diese Stimme.«

Gemäß dem Sprichwort »Es bremst dich nicht das, was du bist, sondern das, was du von dir hältst« scheint es also sinnvoll, auch diese Ecke unserer mentalen Vorratskammer einmal auszuleuchten. Das funktioniert in meinen Coachings am besten, wenn Menschen aufhören, nach den richtigen Antworten zu suchen, und dafür beginnen, sich selbst die richtigen Fragen zu stellen. Wenn sie beginnen, die längst nicht mehr benötigten, oft ob der langen Lagerung schon vergammelten Vorräte, wie alte Erklärungs- und Vermeidungsstrategien, dem Recycling oder der Mülltonne zuzuführen. Es liegt in Ihrer Verantwortung, sich mit alten Mustern zu plagen oder durch »Entrümpelung« auch mental Platz für Neues zu schaffen – auf der persönlichen, der zwischenmenschlichen und auch der Leistungsebene.

---

* *Vgl. A. Scherpenzel u. W. Saris: »Causal Direction in a Model of Life Satisfaction: The Top-Down/Bottom-Up Controversy« (1996)*

Barbara Graber

Hierzu ein Denkanstoß, der eine gute Zeit meines Lebens meine Pinnwand zierte:

Als ich aufbrach,
meine Grenzen kennenzulernen,
erkannte ich, dass das,
was ich für die Grenze hielt,
nur eine ungeöffnete Tür war.
Als ich aufbrach,
meine Grenzen kennenzulernen,
da erkannte ich,
dass es keine Grenzen gab,
sondern nur
noch ungeöffnete Türen.
Katrin Beyerbach

Wie sieht es bei Ihnen aus: Schöpfen Sie den Rahmen Ihrer Möglichkeiten voll aus? Leben Sie in Selbstverantwortung und Selbstbestimmung? Oder setzen Sie sich da und dort lieber selbst Grenzen?

Hier ein scharfer Selbstcheck:

1. Wie zufrieden bin ich mit mir persönlich, meiner Leistung und meinen zwischenmenschlichen Kontakten auf drei Skalen von 0 bis 100?
2. Wenn meine Einschätzung unter 100 liegt, so hat das folgende Gründe (persönlich, beruflich, privat):
3. Was würde sich in meinem Leben verändern, wenn ich zufriedener wäre?
4. Zehn Dinge, die ich an mir schätze:
5. Sieben Dinge, die mich einzigartig und besonders machen:
6. Fünf Dinge, die ich an mir bislang zu wenig beachtet habe:
7. Drei Dinge an mir, die ich genau so mag, wie sie sind:
8. Das schaffe ich niemals:
9. Wo stehe ich mir persönlich, beruflich und/oder privat selbst im Weg?
10. Welchen Preis zahle ich dafür? (Welche Einschränkungen erlebe ich daraus?)

11. Wie habe ich bisher davon profitiert? (Welchen Nutzen habe ich aus diesem beschränkenden Verhalten?)
12. Bin ich tatsächlich bereit, meinen selbst gebauten Rahmen zugunsten persönlichen Erfolgs zu sprengen?
13. Was sind die konkreten ersten Schritte, die ich dafür tun kann und will?

Verantwortung übernehmen heißt, sein Leben bewusst lustvoll zu gestalten. Fangen Sie einfach noch heute damit an!

REZEPTIDEE NR. 6: SCHÄRFEN SIE IHRE PERSPEKTIVEN – NEUE KREATIONEN BRAUCHEN NEUE IMPULSE (ERFOLGSFAKTOR: PERSPEKTIVE)

Persönlicher wie beruflicher Erfolg bedeutet in meinen Augen Wachstum, und Wachstum wiederum braucht Perspektiven. Angeregt werden diese meist durch Impulse und konstante Inputs, die Sie sich von außen holen. Ihre Entstehung findet aber innen statt, Sie entwickeln echte Perspektiven nur aus Ihrem Innersten.

Schärfen Sie also Ihren Blick für die Dinge, die Ihnen wichtig sind! Vor allem den Blick auf Ihre angestrebten Erfolge und künftigen Ziele.

Ich habe das Glück, sehr oft mit engagierten und innovativen Menschen zu arbeiten, die ihre Perspektiven schon erkannt und erfolgreich umgesetzt haben oder genau dieses Thema im Coaching bearbeiten. Aus all diesen Erfahrungen, Erzählungen und Entwicklungen heraus habe ich eine Liste von Impulsen zusammengestellt, die möglicherweise auch Ihre Perspektiven schärfen können. Besinnen auch Sie sich darauf, das Besondere zu erkennen und zu feiern und für sich selbst und Ihr Umfeld nachhaltig sichtbar und erlebbar zu machen.

Grundrezept für scharfe Perspektiven

Man nehme:

Richtung

Entwickeln Sie immer wieder neue, kraftvolle Visionen und Ziele, die Sie schriftlich festhalten. Sie sind Ihre persönlichen Meilensteine.

Regeln

Formulieren Sie nach Ihren Regeln Ihre individuelle Definition von Erfolg. Kurz-, mittel- und langfristig. Beruflich, privat und persönlich.

Rang

Kennen Sie Ihren Marktwert im Freundeskreis wie im Beruf und bauen Sie ihn aus. Ihre Einzigartigkeit ist Ihr größtes Kapital. Lassen Sie es nicht einfach liegen – entwickeln Sie es weiter.

Reichweite

Ihre Netzwerka(ttra)ktivität ist einer der Schlüssel zu neuen, oft unverhofften Perspektiven!

Raster

Betreiben Sie persönliche Ressourcenplanung: Definieren und organisieren Sie nächste Schritte wie Aus- und Weiterbildungen, Regenerationsphasen, Urlaube oder Strategieentwicklungen zeitgerecht.

Rauschfreiheit (damit meine ich nicht die mit Alkoholkonsum verbundene, sondern die akustische)

Gönnen Sie sich zweimal jährlich eine Auszeit frei von Einsagern, Kritikern und sonstigen Nebengeräuschen: eine Klausur zur Selbstreflexion, in der Sie Ihre Ziele checken, Träume zulassen, visionieren, entwickeln, kreieren.

REZEPTIDEE NR. 7: BLEIBEN SIE SCHARF AUF DIE FÜNF »-TIONEN«, HUNGRIG NACH ERFOLG, EHREN SIE IHRE IDEEN UND TREFFEN SIE KLARE ENTSCHEIDUNGEN (ERFOLGSFAKTOR: ENTSCHEIDEN)

Fünf Zutaten, die erwähnten »-tionen«, runden letztlich den Geschmack Ihres Erfolgsmenüs ab. Darüber hinaus wirken sie auch prima als »Retter«, wenn Sie die Suppe mal ein wenig versalzen oder das eigentliche Rezept gerade nicht zur Hand haben.

Diese Zutaten sind richtungsweisend, sie wirken in der richtigen Dosis beruhigend und stellen wohl die kostbarsten Güter in der Erfolgsküche derer dar, die ihr Leben ganz nach dem eigenen Geschmack gestalten wollen.

Man nutze:

Imagination

Sie hilft Ihnen dabei, Ihre Zukunft in Form von Visionen und Zielen sowie konstruktiven Gedanken und plastischen inneren Bildern in die Gegenwart zu holen und diese hier zu manifestieren.

Identifikation

Sie unterstützt die Zielerreichung mit positiver Energie und erlaubt in schwierigen Zeiten den unbeschränkten Zugang zu Ihren persönlichen Ressourcen.

Intuition

Sie ist das geistige und spirituelle Pendant zum Verstand, das die für die Umsetzung Ihrer Ideen nötige innere Balance anmahnt und zugleich als Anwalt Ihrer Werte und Leidenschaften fungiert, wenn Sie lernen, diese zuzulassen und anzunehmen.

Aktion

Aktion leben heißt klare Entscheidungen treffen. Ihre Aktion ist die Voraussetzung für das Erschaffen einer Wirklichkeit voller Überzeugungskraft und positiver Emotionalität, die sich an Ihren persönlichen Zielen, Plänen und Werten ausrichtet.

Kreation

Kreation eröffnet Ihnen neue Türen und Wege, Ihr Leben nach Ihrem Geschmack zu gestalten und zu genießen – ein wenig so wie im Film »No Reservations«, in dem sich Catherine Zeta-Jones als Sterneköchin Kate ein Kochbuch fürs Leben wünscht, mit Rezepten, in denen genau drinsteht, wie man's macht. Worauf ihr Therapeut schmunzelnd antwortet: »Sie wissen's besser als jeder andere! Die Rezepte, die Sie selbst kreieren, sind die besten!«

Auf der Basis dieser fünf »-tionen« entsteht in den meisten meiner Coachingkunden eine Unmenge an neuen Ideen und Möglichkeiten, dies und das in ihrer Erfolgsgeschichte zu verfeinern. Brenzlig wird es für sie erst dann, wenn es darum geht, eine oder einige der entwickelten Ideen auszuwählen und in die Tat umzusetzen.

Gerne verweise ich dann auf eine altbewährte Checkliste, die die US Army erarbeitet hat, mit deren Hilfe sie die Ideen auf ihre Durchführbarkeit beziehungsweise ihren Wert überprüft. Nach den in der US Army geltenden Regeln gilt hierbei jede Idee als konstruktiv, die auf zumindest eine der folgenden Fragen eine positive Antwort geben kann:

- Ist die Idee geeignet – wird die Lösung funktionieren?
- Wird sie die Schwierigkeiten ganz oder teilweise beseitigen?
- Handelt es sich um eine Dauerlösung oder einen Notbehelf?
- Ist die Idee praktikabel?
- Welche Kosten wird sie verursachen und können wir uns das leisten?
- Trägt diese Lösung zur Erhöhung der Leistungsfähigkeit bei?
- Verbessert sie die Qualität?
- Ist die Idee annehmbar für alle Beteiligten?
- Werden die Entscheidungsgremien mit den geforderten Veränderungen einverstanden sein?
- Bringt die Idee einen wirksameren Einsatz der Ressourcen?
- Bringt sie einen Fortschritt gegenüber der derzeitigen Ausrüstung?

> Schränkt sie die Ausschussrate ein und trägt sie zur Erhaltung des Materials bei?
> Verhindert sie unnötige Arbeit?
> Reduziert sie die Kosten?
> Erhöht sie die Sicherheit?
> Macht sie die Verwaltung effektiver?
> Verbessert sie die Arbeitsbedingungen?

Sind diese Fragen einmal beantwortet und ist die Entscheidung noch immer nicht getroffen, können Sie – wieder unter Berücksichtigung der fünf »-tionen« – noch folgende Lösungsmatrix zu Hilfe nehmen, um Ihrem persönlichen Erfolg auf die Sprünge zu helfen. Diese Matrix ist mir aus meiner Schulzeit in Erinnerung geblieben. Ich habe sie später im Coaching um einige Aspekte erweitert.

Wie heißt das Problem genau?	
Gibt es ein »eigentliches« Problem?	
Ist es überhaupt ein Problem?	
Was sind Teilaspekte des Problems?	
Wessen Problem ist es?	
Was geschieht, wenn es nicht gelöst wird?	
Was muss mindestens erreicht werden?	
Lösung 1: Vorteile/ Nachteile	
Lösung 2: Vorteile/Nachteile	
Meine Entscheidung	

Letztlich aber möchte ich Ihnen eine preisgekrönte Weisheit mit auf den Weg geben, die Bessie Anderson Stanley im Jahr 1904 an das *Brown Book Magazine* in Boston schickte, das in einem Preisausschreiben nach der besten Definition für Erfolg gesucht hatte:

»Derjenige darf sich erfolgreich nennen, der gut gelebt, oft gelacht und viel geliebt hat.«

In diesem Sinne: Bleiben Sie scharf auf Erfolg, leben Sie Ihr Leben nach Ihrem guten Geschmack und haben Sie vor allem täglich Freude am Genuss – denn wer nicht genießen kann, wird ungenießbar. Und: Der einzige Geschmack, der einem Menschen wirklich Befriedigung geben kann, ist sein eigener. (Philip Rosenthal [1916–2001], deutscher Unternehmer und Politiker)

Foto: Peter Just

WER IST **BARBARA GRABER?**

Diesen Beruf/diese Berufe habe ich bereits ausgeübt: Pädagogin, bildende Künstlerin, Office Management (Medizinbereich), Veranstaltungsmanagerin, Journalistin

Meine Berufung ist: Mit Menschen an ihren individuellen Erfolgsrezepten arbeiten

Meine Themen als Trainerin und/oder Coach sind: PePPer: Perfect Personal Performance für Unternehmer/innen, Führungskräfte und Teams – Erfolgsrezepte mit der richtigen Schärfe verfeinern

Am Coaching schätze ich besonders: Kleine Interventionen mit großer Wirkung: Coaching kann eine schnelle, anwenderorientierte Möglichkeit sein, Lösungen zu finden, die einfach in den Alltag des Klienten einzubauen sind.

Meine hilfreichste Erfahrung, die mir die Begleitung von Menschen ermöglicht: Eine abwechslungsreiche Kindheit erlebt zu haben und ein buntes Leben zu leben, das mich immer wieder vor neue Herausforderungen stellt, die mich lehren, wie unterschiedlich und wertvoll Menschen sind, auch wenn sie uns schwierig erscheinen. Sie lehren uns viel über uns selbst.

Eine ausschlaggebende Situation/ein wichtiger Faktor in meiner Persönlichkeitsentwicklung war/ist: Die Erkenntnis, dass ich keine Systemträgerin bin, sondern eigene Ideen auf eigene Verantwortung umsetzen und so täglich positive Veränderungen initiieren und damit Mehr-Wert schaffen will und kann: mein Weg ins Unternehmertum

Das will ich noch lernen: Mehr Liebe in die Arbeit mit Zahlen zu investieren

In diesen Situationen empfinde ich Glück: Liebe (er)leben und innige Umarmungen, in Ruhe im Garten sitzen, im See eintauchen, dankbar sein, Kinderlachen hören, im Gras liegen und Wolken beobachten, aufs Meer hinausschauen, ein Projektergebnis in Händen halten, auf der Bühne stehen und das Publikum spüren, Neues zum Abheben bringen, zufriedene Klienten wiedertreffen, über eine Wiese laufen, zwei Treppen auf einmal nehmen und mein Herzklopfen spüren, wann immer es spannend wird im Leben

Ein Mensch ist reich, wenn er die Erfahrungen des Lebens als Schatz betrachten kann und darüber hinaus, wenn er das Geld auf seinem Konto mit Aktivitäten verdient hat, die ihn erfüllen, und die Summe der Einnahmen neben den Lebenserhaltungskosten auch noch Spielraum für die Verwirklichung von Träumen, Wünschen und Visionen lässt.

Diese Eigenschaften schätze ich bei anderen Menschen am meisten: (und bring sie natürlich auch selbst ein:) Verlässlichkeit, Ehrlichkeit, Fairness

Diese drei Stärken habe ich: Humor, Professionalität, Begeisterungsfähigkeit

Diese Fehler entschuldige ich am ehesten (bei mir und bei anderen): Terminverzug

Meine Lieblingstugend: Dankbarkeit

Mein Lieblingsautor/meine Lieblingsautorin: Paulo Coelho, Karl Gamper

Mein Buchtipp zum Thema Persönlichkeit: Karl Gamper: *Wolle was komme* • Paulo Coelho: *Brida* • Randy Pausch: *Last Lecture*

Mein Lebensmotto: Wenn wir uns gegenseitig an das Beste in uns erinnern, wird die Welt zu einem besseren Ort!

Cordula Nussbaum

ZEITMANAGEMENT FÜR KREATIVE CHAOTEN

Keine Zeit, nur im Stress? Und eine penible Organisation macht Ihnen das Leben eher nur schwerer, als dass es Ruhe in Ihren Alltag bringt? Vergessen Sie, was Sie jemals über Listen, Pläne und Disziplin gelernt haben. Leben Sie lieber Ihre kreativ-chaotischen Talente aus und gewinnen Sie dabei wie nebenbei viel Zeit für das wirklich Wichtige.

Die Welt der kreativen Chaoten

Gehören Sie auch zu den Menschen, die gerne flexibel und spontan sind, die voller Ideen stecken und die sich mit großer Begeisterung auf neue Themen stürzen? Sie sind gerne mit anderen Menschen zusammen, helfen gerne anderen und sind sehr empathisch? Sie haben vielleicht auch schon mal versucht, sich und Ihre Aufgaben mit Tools aus dem Zeitmanagement in den Griff zu bekommen, haben sich geknechtet, To-do-Listen zu erstellen und Prioritäten zu vergeben. Aber nach spätestens drei Wochen haben Sie festgestellt: Ich schaffe es einfach nicht. Und dann hatten Sie nicht nur den gleichen Stress wie zuvor, sondern auch das Gefühl, einfach »zu doof« zu sein, sich zu organisieren?

Willkommen in der Welt der kreativen Chaoten!

Willkommen in einer Welt, in der Ideen und Visionen den Takt angeben und in der ganzheitliches und langfristiges Win-win-Denken unseren Alltag bestimmen.

Den kreativen Chaoten gehört die Zukunft – lassen wir uns darauf ein. Im anbrechenden Zeitalter der Kreativität haben wir gegenüber anderen Menschen die Nase vorn. Plötzlich brauchen uns die anderen und sie werden nach und nach unsere farbigen Post-it-Landschaften, Papierstapel und Spielereien tolerieren.

Gut, bis dahin haben wir noch ein wenig Arbeit vor uns. Denn in den meisten Industriestaaten herrscht nach wie vor die einhellige Meinung: Chaos ist nicht erwünscht. Chaoten gelten als unordentlich, unpünktlich und unorganisiert. Man kann mit ihnen nicht richtig planen, weil man nie weiß, wann Chaoten zu Terminen erscheinen oder zu was sie in drei Wochen Lust haben. So schieben die Chaoten viele Dinge an, aber verlieren unterwegs die Lust, das Ganze zu Ende zu bringen.

Chaoten bauen Luftschlösser, sie sind immer in Bewegung und es fehlt ihnen am nötigen Ernst. Chaoten taugen nicht als Führungskraft, denn wer nicht mal sich selbst führen kann, der kann auch keine anderen Menschen führen.

Diese Meinung vertreten viele strukturierte Menschen. Und da wir in einer sehr strukturierten Kultur leben, in der lineares Denken und mechanische Perfektion dominieren, ecken Chaoten so oft an.

Zu Unrecht. Denn kreativ-chaotische Stärken sind in unserer Gesellschaft und Wirtschaft derzeit wichtig wie nie. Im vergangenen Jahrhundert dominierten zahlen- und faktengläubige Optimierer. Menschen mit überwiegend logischen und rationalen Fähigkeiten bestimmten in der Informations- und Technik-Moderne, wo es langging.

Nicht, dass das schlecht gewesen wäre, es hat uns Wohlstand und materiellen Überfluss gebracht. Aber es hat auch dazu geführt, dass ausschließlich profitgetriebene Manager rein faktenbasierte Entscheidungen trafen, ohne auf die Gefühle anderer zu achten oder unternehmerischen Weitblick zu zeigen.

Das Ergebnis: Deutschland gehen die Ideen aus, im internationalen Wettbewerb hat »Made in Germany« längst nicht mehr den Glanz von früher, und selbst die Chinesen bauen nicht mehr nur gute Produkte nach, sondern designen selbst.

Höchste Zeit, dass eine neue Epoche anbricht. Eine Epoche, in der ganzheitlich-intuitive Eigenschaften gefragt sind wie nie. Menschen, die Visionen haben, reißen die Massen mit – denken Sie an »Yes, we can!« (Obama) Menschen, die eine überdurchschnittliche Sozialkompetenz haben und ganzheitlich denken, gelten als die neuen Leader – denken Sie an den Dalai Lama. Menschen, die außergewöhnliche Wege gehen und spielerisch Neuland entdecken, erobern die Gunst der Konsumenten – denken Sie an die Erfolgsgeschichte von Google.

Es schlägt die Glücksstunde der kreativen Chaoten! Die Glücksstunde derjenigen, die von Natur aus ganzheitlich denken, denen Mitgefühl wichtiger ist als reine Fakten, die vor Ideen sprudeln und äußerst flexibel auf Neues anspringen. Wie kommt das?

Jeder von uns hat andere Stärken und Talente – und wir können sagen, dass bei einigen Menschen eher das logische, analytische, sequenzielle Denken dominiert, bei anderen eher das ganzheitliche, bildhafte, ideenreiche und spontane Denken. Das bedeutet, wenn ich Ihnen eine Aufgabe stelle (»Befestigen Sie dieses Ei ohne Hilfsmittel an dieser Wand!«), dann entscheidet sich bei Ihnen im Kopf blitzschnell, ob Sie diese Aufgabe eher analytisch und logisch angehen oder eher ideenreich und kreativ-chaotisch.

Ein kreativer Chaot wird es vermutlich einfach ausprobieren (»Ei an die Wand werfen, wenn es nicht hält, kann ich immer noch genauer nachdenken«) oder ein paar Leute für ein Brainstorming zusammentrommeln. Ein systematischer Macher wird sich hingegen zunächst alle relevanten Daten beschaffen (»Wie ist die Struktur der Wand, was bedeutet konkret ›ohne Hilfsmittel‹?«) und dann logisch-analytisch eine Lösung erarbeiten. Beide Vorgehensweisen können zum Ziel führen. Es gibt nicht nur »die eine richtige Lösung« – es gibt immer mehrere Wege zum Ziel. Und jeder Weg ist auf seine Art und Weise gut.

Wie *Sie* am ehesten vorgehen, das ist Ihre ganz persönliche Art, die Dinge anzugehen. Es ist Ihre Stärke, Ihr Talent, so zu denken und zu handeln, wie es Ihrer Persönlichkeit entspricht.

Höchste Zeit also, die lange Zeit so stiefmütterlich behandelte ganzheitlich-intuitive Denke der kreativen Chaoten mehr zu schätzen, als einen fantastischen Ansatz, die Dinge auf eine ganz eigene Art zu regeln.

Besonders wirkungsvoll ist dies bei Ihrem persönlichen Zeitmanagement. Lösen Sie sich von dem, was Sie vielleicht bislang gehört oder gelesen haben, wenn es bei Ihnen nicht funktioniert hat. Jeder von uns ist einzigartig, und so können wir uns gerade in puncto Selbstmanagement nicht über einen Kamm scheren lassen.

Vielleicht haben Sie schon erlebt, dass Sie mit Ihrer Vorliebe, viele Projekte gleichzeitig zu bearbeiten (und einen entsprechend vollen Schreibtisch mit vielen Papierstapeln zu haben), anecken. In vielen Köpfen ist es so drin, dass man begonnene Aufgaben fertig machen muss, bevor man etwas Neues beginnt. Vielleicht kennen Sie das auch von Ihren Eltern? »Kind, mach doch erst einmal (dein Studium, dein Hobby, deine Zeichnung ...) fertig, bevor du schon wieder etwas Neues anfängst!«

Solche Tipps sind für einen topstrukturierten Menschen super. Denn er liebt es, eines nach dem anderen zu erledigen (was man an einem leeren Schreibtisch erkennt).*

Wenn wir aber einen kreativen Chaoten dazu zwingen, alles der Reihe nach abzuarbeiten und Dinge fertigzubekommen, was passiert? Richtig: Er verliert die Motivation und verzichtet auf einen ganz wichtigen Motor für seine Leistungsfähigkeit – den lebendigen Input aus der Abwechslung.

Wer sich zwingt, bei der Stange zu bleiben, zwingt seine Ideen in eine Sackgasse. Nur wer seine Arbeit auch entsprechend seinen Stärken organisieren darf, holt das Maximum aus sich heraus, erlebt dabei eine Menge Spaß und erzielt gute Ergebnisse.

Das ist auch die Krux beim klassischen Zeitmanagement. Dessen Methoden sind nämlich sehr analytisch und strukturiert – also bestens geeignet für analytische, strukturierte Menschen. Flexible und ideenreiche Menschen sowie Berufstätige in einem sehr dynamischen Umfeld beißen sich daran allerdings die Zähne aus.

Es lohnt sich deshalb, den kreativen Chaoten den Freiraum zu lassen, die Dinge auf ihre Art anzupacken, die Aufgaben auf ihre Art zu orga-

---

* *Sie wollen es gerne genauer wissen? In meinem Buch und auch im gleichnamigen Hörbuch* Organisieren Sie noch oder leben Sie schon? Zeitmanagement für kreative Chaoten *(Frankfurt/Main: Campus 2008/2010) finden Sie einen Selbstcheck »Chaot oder Systematiker«. Einen Onlinecheck mit Soforttipps für Ihr Zeitmanagement finden Sie unter www.kreative-chaoten.com.*

nisieren und dabei die Stärken bewusst einzusetzen, anstatt diese als Makel zu bekämpfen. Bringen Sie also mehr Ruhe und Gelassenheit in Ihre Tage – auf eine kreativ-chaotische Art und Weise.

Die Grund-Ideen des kreativ-chaotischen Zeitmanagements

Kreative Chaoten lieben die Abwechslung und ihren Freiraum, sie haben eine sehr gute bildliche Denke und lieben es kreativ und spielerisch. Leben Sie diese Bedürfnisse aus, wenn Sie sich und Ihre Aufgaben besser organisieren wollen. Denn das bringt von Anfang an mehr Spaß ins Thema und hilft Ihnen, dass es auch langfristig funktioniert.

Der kreativ-chaotische Methodenkoffer

MIT KONZEPTEN RUHE UND GELASSENHEIT GEWINNEN

Im klassischen Zeitmanagement heißt einer der Schlüssel, um mehr Zeit für das Wichtige zu finden: Planen Sie! Planen Sie, was Sie morgen tun wollen, schreiben Sie neben jede Aufgabe einen geschätzten Bedarf an Zeit, weisen Sie der Aufgabe einen Termin zu und erstellen Sie so einen exakten Tagesplan. Am Abend kontrollieren Sie, ob Sie Ihr Pensum geschafft haben, haken ab und übertragen das Nichtgeschaffte auf das Kalenderblatt des nächsten Tages. Oder: Planen Sie Ihre Mahlzeiten eine Woche im Voraus und bündeln Sie Ihre Einkäufe in einem Großeinkauf. Kochen Sie am Wochenende für die gesamte Woche vor und frieren Sie Ihr Essen portionsweise ein.

Und, haben Sie das alles schon probiert?

Kreative Chaoten finden solche Tipps in der Regel höchst interessant – aber halten können und wollen sie sich nicht daran. Woher soll ich heute wissen, was ich morgen tun will und wie lange ich dafür brauche? Ein Großeinkauf macht auch keinen Sinn. Am Ende der Woche werfen wir das gammelig gewordene Hackfleisch weg, beäugen die braunen Bananen und die eingetrockneten Bohnen.

Zum Kochen sind wir gar nicht gekommen, weil wir einmal lieber spontan in den Biergarten gegangen sind, weil am nächsten Abend Besuch da war und wir Pizza bestellt haben, und das Obst (guter Vorsatz!), das haben wir total vergessen. Die Idee, vorzukochen und das Essen einzufrieren, scheitert daran, dass wir keine Lust hatten, die selbst gefüllten Boxen zu beschriften und nun die undefinierbare Masse nur zum Überraschungsmenü taugt.

Vielleicht reißen wir uns am Riemen und zwingen uns eine Zeit lang, die Tage und Woche zu strukturieren. Doch wer sich zum Planen zwingt und im Grunde eine tiefe Abneigung dagegen verspürt, der hat schlechte Karten, damit tatsächlich das Spiel gegen den Stress zu gewinnen.

Chaoten mögen das Planen aus mehreren Gründen nicht:

> Sie wollen sich nicht gerne festlegen, sondern flexibel bleiben.
> Feste Termine engen ein und verhindern, dass sie spontan auf sich bietende Möglichkeiten reagieren können.
> Meist wissen kreative Chaoten gar nicht, was sie planen könnten, denn die Zukunft liegt ja noch wie ein schillerndes Meer an Möglichkeiten vor ihnen – und wer weiß, was sie ihnen Interessantes vor die Füße spült.
> Es ist langweilig, Termine und Aufgaben irgendwo einzutragen.
> Es ist mühsam, den Planer überhaupt zu finden, um etwas einzutragen oder um später an die Einträge erinnert zu werden.

Und so zelebrieren viele kreative Chaoten ein »ungeplantes« Leben, mit allen Chancen und Risiken, die dies beinhaltet. Solange Sie und Ihr Umfeld damit bestens klarkommen, bleiben Sie dabei. Wenn Sie aber

> häufiger Zoff mit Ihren Mitmenschen haben, weil Sie wichtige Termine oder Aufgaben verbummeln,
> immer auf den letzten Drücker Arbeiten abliefern, und das nur nach mehrmaligen Ermahnungen,

> es selbst leid sind, immer das dumme Gefühl im Kopf zu haben, »Hoffentlich habe ich an alles gedacht«,
> denken: »Ich will mehr Zeit für die Dinge und Menschen haben, die mir wichtig sind«,
> sich nach mehr Ruhe in Ihrem hektischen Alltag sehnen,

dann entdecken Sie die Kraft des ... Konzeptes.

Eine große Stärke des kreativen Chaoten ist sein konzeptionelles Denken. Er liebt es, Konzepte – das heißt eine erste, unausgefeilte Niederschrift – zu entwerfen, in die Zukunft zu schauen und einer Vision zu folgen. Nutzen Sie dieses Talent und entwerfen Sie Ihre eigenen Tages-, Wochen- und Lebenskonzepte.

Tipp: Betreiben Sie Wort-Kosmetik

Kreative Chaoten sträuben sich dagegen, detaillierte Listen und Pläne zu machen. Aus diesem Grunde sprechen Sie lieber von »Konzept entwerfen« – und streichen Sie das Wort »Plan«. Ein Konzept ist ein Entwurf, der Ihnen alle Freiheiten gibt, etwas zu ändern.

Kritische Stimmen mögen jetzt sagen, das ist doch albern, Augenwischerei, einfach nur das Wort auszutauschen. Mag sein. Das ist jedoch völlig unerheblich. Wichtig ist, welche Wirkung eine bestimmte Aufgabe auf Sie hat. Und wenn Sie schon völlig die Lust verlieren, Ihre Tage zu »planen«, Sie aber freudige Erregung verspüren, wenn Sie ein »Konzept« machen dürfen, dann haben Sie Ihr Ziel erreicht. Es ist doch völlig egal, wie wir uns motivieren – Hauptsache, wir tun es! Und es ist völlig egal, wie wir uns organisieren, Hauptsache ist doch, dass es hilft.

Geben Sie, wenn Sie möchten, Ihrem Konzeptbuch (Zeitplanbuch) auch gleich einen anderen Namen. Sprechen Sie nicht von Terminkalender, sondern von Chancenplaner, Erfolgsbuch, oder – wie mir eine Leserin schrieb – vom Glücksjournal. Es macht einfach wesentlich mehr Spaß, Chancen in ein Glücksjournal einzutragen, als Termine in einen Terminplaner, oder?

Studien zufolge gewinnen wir bis zu zwei Stunden Zeit pro Tag, wenn wir fünf bis zehn Minuten die kommenden Tage grob überdenken und ein grobes Konzept machen. Denn wenn Sie überlegen, was morgen alles auf Sie zukommt, sehen Sie sofort, wann und wo es stressig werden könnte. Sie können noch rechtzeitig und in Ruhe die Reißleine ziehen und den Stress auffangen.

Wer seine Termine und Aufgaben ein Stück weit im Voraus notiert, der bekommt frühzeitig einen guten Überblick, zu welchen Tages- oder Nachtzeiten es bei ihm eng wird. Rücken Sie diesen Engpass-Zeiten zuerst zu Leibe und sorgen Sie hier mit einem klaren Konzept für mehr Ruhe.

Ich weiß, Sie sind noch skeptisch, wie das wirklich klappen soll. Und vielleicht sagen Sie: »Ich habe ja schon mal versucht zu planen – äh, Konzepte zu machen –, doch der Alltag hat diese schönen Werke zunichtegemacht, und ich hatte dennoch Stress.«

Damit Ihre Konzepte wirklich mehr Ruhe und Freiraum in Ihren Alltag bringen, brauchen Sie vor allem kreativ-chaotische Instrumente sowie praxiserprobte Ideen, wie Sie sich gegen Angriffe von innen (dem inneren Schweinehund) und außen (den lieben Mitmenschen) verteidigen.

Sie werden sicherlich erst überzeugt sein, dass es stimmt, was Sie hier lesen, wenn Sie es am eigenen Leib erfahren haben. Deshalb probieren Sie es aus. Starten Sie einen drei- bis sechswöchigen Probelauf, in dem Sie Aufgaben und Termine auf eine neue Weise gruppieren. Haben Sie einmal den daraus resultierenden Freiraum gespürt – dann sind Sie auch motiviert weiterzumachen. Denn dann spüren Sie Tag für Tag, dass es sich lohnt.

Schriftlich

Viele Menschen wehren sich gegen schriftliche Notizen und sagen, sie hätten alle Aufgaben und Termine im Kopf. Natürlich ist es ein gutes Gehirnjogging, sich Dinge zu merken. Doch stellen Sie sich vor, wie alle Ihre Erledigungen, Termine und Aufgaben sich jeweils wie Wollfäden mit losen Enden durch Ihren Kopf schlängeln und sich zu einem wuscheligen Knäuel verfilzen.

Machen Sie Ihren Kopf frei für die wirklich wichtigen Gedanken und Entscheidungen. Schreiben Sie alle Ihre Aufgaben und Termine konsequent auf. Alles, was Sie auf Papier haben, ist aus dem Kopf, und die losen Enden sind aus der Welt geschafft.

Haben Sie das schon einmal probiert?

Vielleicht haben Sie Ihre Aufgaben und Termine auf den Rand der Frühstückszeitung gekritzelt, auf ein altes Briefkuvert oder auf Post-its. Und die Erledigungen waren damit so prima aus dem Kopf, dass Sie Ihre Notiz auch einfach irgendwo liegen gelassen und zum Beispiel die alte Zeitung ins Altpapier entsorgt haben. Vorbei war es mit der Hilfe, denn diese Aufgabe haben Sie dann auch prompt vergessen zu erledigen, oder? Und Sie waren mal wieder darin bestätigt: Aufschreiben ist der beste Weg zum Vergessen.

Kaufen Sie lieber ein Notizbuch. Haben Sie Ihr Büchlein nicht zur Hand, dann nehmen Sie ein Post-it, das Sie später in Ihr Buch kleben. Oder heften Sie hier eben den Zeitungsrand oder den Kuvertschnipsel hinein – das erspart Ihnen das Abschreiben.

Reisende To-do-Sammlung

Verdonnern Sie sich nicht, Konzepte mit Hilfsmitteln zu erstellen, die für Ihre Art zu denken nicht taugen. Viele Seminarteilnehmer berichten, dass sie sich dazu zwingen, einen »normalen« Zeitplan zu führen, aber nur sporadisch, und lieblos Termine und Aufgaben eintragen.

Pfeifen Sie darauf, wie »man« heutzutage seine Aufgaben zu verwalten hat. Leben Sie Ihre Vorlieben aus. Nutzen Sie Instrumente, die Sie gerne in die Hand nehmen und mit denen Konzepte Spaß machen. Denken Sie dabei vorerst in zwei Kategorien, die zu einem späteren Zeitpunkt ineinandergreifen werden: Nutzen Sie separate Instrumente für Ihre Aufgaben und für Ihre Terminübersichten.

In klassischen Zeitplanbüchern ist diese Trennung meist nicht vorgesehen, die Nutzer müssen ihre Aufgaben auf den Kalenderseiten eintragen. Auf diese Weise werden sie gezwungen, Aufgaben, die sie heute nicht geschafft haben, auf den morgigen Tag zu übertragen. Von dort wieder auf den nächsten usw. Das frustriert, denn dieser Vorgang schreit Sie permanent an: »Du faule Nuss, wieder nicht geschafft, was du schaffen solltest!« Richten Sie Ihren Blick daher lieber auf das, was Sie erledigt haben, und kreieren Sie sich eine reisende To-do-Sammlung. Hier notieren Sie alles, was Sie erledigen wollen. Diese Liste nehmen Sie von Tag zu Tag mit und übernehmen daraus im zweiten Schritt Ihre jeweils wichtigsten Aufgaben in den Chancenplaner (Terminkalender).

Sammeln Sie Ihre Aufgaben mit Hilfsmitteln, die Ihnen Spaß machen: in einem Word-Dokument, handschriftlich auf einem selbst gestalteten Vordruck, auf einem Block oder in einer elektronischen Agenda. Manche kreative Chaoten sammeln ihre To-dos in Form einer Post-it-Collage in ihrem Notizbuch, an einer Weißwandtafel oder auf einem großen und bunten Zettel. Manche schwören auf Mind-Maps oder auf ihre handschriftlichen Notizen in einem Ringbuch. Nutzen Sie Systeme, die Sie gerne in die Hand nehmen (Planer in einer schönen Farbe, weiches Leder, edler Karton). Viele kreative Chaoten bevorzugen übrigens Zettel, da sie diese nach Erledigung zusammenknüllen und wegwerfen können – und das erklärt die Aufgabe spürbar und plakativ als erledigt.

Wandeln Sie bestehende Systeme um oder mixen Sie sie, damit Sie richtig gut damit arbeiten. Erlaubt ist, was gefällt! *Sie* sind der Maßstab. Niemand sonst.

Bunt und bildhaft

Machen Sie Ihre reisende To-do-Sammlung und später die Zeitinseln, die Sie sich in Ihrem Chancenplaner für die wichtigen Aufgaben markieren, bunt und bildhaft. Arbeiten Sie zum Beispiel in Ihrem Chancenplaner mit mehreren Farben: Notieren Sie alle Aufgaben und Termine in Pink, die Ihnen Spaß bringen. Notieren Sie alle in Grün, für die Sie eine Fahrzeit einkalkulieren müssen – kreative Chaoten denken häufig, sie könnten sich beamen und vergessen oft Fahrzeiten; deshalb kommen sie häufig zu spät.

In Rot notieren Sie alles, wo Sie unbedingt pünktlich sein müssen. Diese Farben bringen mehr Übersicht in die Tage, weil unser Gehirn schneller Farben lesen kann als Buchstaben. Zudem wird damit auch der langweiligste Tag bunter.

Garnieren Sie Ihre Konzepte mit Bildern, einem kleinen gezeichneten Einkaufswagen für »einkaufen gehen«, ein Telefon für »anrufen« oder eine Glühbirne, wenn Sie sich eine Zeitinsel für kreatives Brainstorming nehmen.

Abwechslungsreich

Wechseln Sie Ihr Zeitplan-Handwerkszeug, wenn es anfängt, Sie zu langweilen. Vielleicht arbeiten Sie eine Zeit lang ganz gut mit einem Chancenplaner/Terminbuch. Plötzlich stellen Sie aber fest: Sie nutzen es nicht mehr richtig, und auch wenn Sie die Farben Ihrer Einträge wechseln: Es ist langweilig. Wechseln Sie jetzt bewusst zum Beispiel auf die Kalenderfunktion Ihres Computers (Outlook & Co.) oder spielen Sie mit einem kleinen Taschencomputer oder der Kalenderfunktion Ihres Handys.

Gönnen Sie sich den steten Wechsel, denn alles, was Routine ist, langweilt den kreativen Chaoten, und wenn er gelangweilt ist, dann nutzt das schönste Planungsteil nichts. Diskutieren Sie Ihren Wechselwillen aber bitte nicht mit einem sehr systematischen Menschen. Der wird Sie nämlich für verrückt halten und Ihren Wechsel für Geldverschwendung. Ja, für ihn stimmt das – aber Sie sind nicht er.

Coach Dr. Ann McGee-Cooper (mehr über sie unter www.amca.com/whoweare/bio-ann.html) hat einmal gesagt: »Was immer es Sie auch kostet, Sie beim Ordnungschaffen tatkräftig bei Laune zu halten: Es ist den Preis wert.«

Legen Sie für sich ein Budget fest, was Sie pro Monat für Utensilien rund um farbenfrohe, schöne Konzept-Hilfsmittel ausgeben können und wollen, und machen Sie sich klar: Sie investieren damit in mehr Ruhe und Gelassenheit.

OPTISCHE RUHE SCHAFFEN

Kreative Chaoten sind Ästheten. Sie lieben es, optische Ruhe zu haben und sich mit schönen Dingen zu umgeben. Knackpunkt allerdings ist: Für sie bedeutet Aufräumen einen immensen Energieaufwand – weshalb sie oft knietief in Papier- und Zeitschriftenstapeln versinken. In dem

Moment, in dem sie ihre Vorlieben für Buntes, Bildhaftes und Schönes ausleben dürfen, bekommt das Thema aber einen neuen Reiz, und sie schaffen es, eine gewisse Ordnung in die Dinge zu bekommen, ohne dass es nach Arbeit riecht, sondern sogar Spaß macht.

Und das ist super, denn haben Sie sich schon mal überlegt, wie viel Zeit wir im Schnitt mit Suchen vertun? Laut amtlicher Statistik sind es 60 Minuten täglich! Höchste Zeit also, wirksame Methoden jenseits von Disziplin und Ordnung in den Unternehmen und zu Hause einzuführen.

Für die Unternehmen kann dies bedeuten, dass die Mitarbeiter nicht meterweise graue Ordner in den Schränken hinter sich stehen haben, sondern dass jede Abteilung für jedes Thema eigene Farbwelten schaffen darf (Buchhaltung: grün; Akquise: gelb …) und mit Bildern statt Worten beschriftet (zum Beispiel eine Euro-Münze als Ordnerrücken-Etikett bei der Buchhaltung).

In Produktionsstätten hat es Einzug gehalten – warum nicht auch in den Büros: Mit sogenannten Shadow-Walls erleichtern die Unternehmer ihren Mitarbeitern, Werkzeuge zu finden und wieder aufzuräumen. Bei diesen Shadow-Walls klebt ein Schattenumriss des entsprechenden Werkzeuges in seinem »Zuhause« und signalisiert deutlich und schnell erkennbar, wo der Hammer hängt. Das ist ein absolut kreatives Tool – und hilft sogar systematischen Menschen, schneller zu suchen und zu finden.

PRIORITÄTEN SETZEN

Kreative Chaoten sind offen für Neues, gehen auch gerne mal ein Risiko ein, probieren etwas aus, auch wenn es noch nicht ausgegoren ist. Ihr Gewinn: eine Fülle an Erlebnissen und tollen Eindrücken. Manchmal erleben Sie in Ihrer Neugierde – Ihrer Lust auf Neues – aber auch ein regelrechtes Dilemma: Ihnen fällt es wahnsinnig schwer, Prioritäten zu setzen, und oft verzetteln Sie sich so in Ihren vielen Aufgaben, dass Sie sich gestresst fühlen.

Im klassischen Zeitmanagement kennt man das sogenannte Eisenhower-Modell. Hier teilen die Anwender ihre Aufgaben ein nach den

Kriterien »wichtig« und »dringend«. Wichtige Aufgaben sind diejenigen, die unmittelbar mit Ihren Zielen und Aufgaben zu tun haben, und dringende Aufgaben, die sofort erledigt werden müssen. Entsprechend ergibt sich eine Matrix, nach der Sie A-Aufgaben sofort und selbst erledigen, B-Aufgaben einen Termin geben und C-Aufgaben zum Beispiel gut delegieren können. P-Aufgaben werfen Sie gedanklich in den Papierkorb. (Siehe zum Beispiel http://www.erfolg-reich-frei.de/index. php?id=56)*

In der Theorie klingt es also ganz einfach: Konzentrieren Sie sich auf das, was wichtig ist. Tun Sie jeden Tag das Wichtige zuerst, dann erleben Sie langfristig Zufriedenheit. Für einen logischen Ordner ist diese Aufgabe leicht zu erfüllen. Seine To-do-Liste ist kurz, hier stehen nur Dinge, die er wirklich tun muss, und es fällt ihm leicht, diese nach Kategorien und Prioritäten zu sortieren. Und dann wird der Reihe nach abgearbeitet.

Für den kreativen Chaoten ist dieser Tipp im ersten Moment jedoch aus folgenden acht Gründen völlig unbrauchbar:

1. Häufig arbeiten kreative Chaoten in einem kreativ-chaotischen Umfeld. Ständig ändern sich hier die Prioritäten, kommen neue Aufgaben dazu, kommen Menschen oder Störungen, die einen möglichen Tagesplan – und sollte er noch so fein mit A und B markiert sein – einfach über den Haufen werfen.
2. Seine To-do-Liste ist eher ein mehrseitiges Brainstorming, was er alles tun könnte, was er gerne tun möchte oder was er anderen Menschen mal versprochen hat.
3. Er hat keine feste Messlatte (und will auch keine), anhand derer er entscheiden kann, was A-, B- oder C-Aufgaben sind. Er könnte Stunden über eine Einteilung nachdenken, weil die Dinge auf seiner umfangreichen To-do-Sammlung sowieso alle irgendwie gleich wichtig

---

* Den Blog-Beitrag über das Eisenhower-Modell finden Sie hier:
http://www.erfolg-reich-frei.de/toolbox/blog/detailansicht.html?tx_ttnews%5BpS%5D=1267613439&tx_ttnews%5Btt_news%5D=390&tx_ttnews%5BbackPid%5D=59&cHash=178f7a7fb6

Cordula Nussbaum

sind, es für ihn viele Schattierungen gibt und die Prioritäten sich je nach Blickwinkel ändern. Dann fragt er sich: Ist die Bezahlung der Rechnungen jetzt AAA – weil die anderen ja auf das Geld warten und ich nicht will, dass die denken, ich lasse sie hängen? Oder ist es AA und ist stattdessen das neue Konzept für den Chef AAA – oder vielleicht AAA++? Und vor lauter Einteilungsversuchen tut er – gar nichts.

4. Er sprudelt über vor Ideen, die natürlich sofort von großer Wichtigkeit sind und die er sofort anpacken will. Somit ändern sich Prioritäten auf seiner Agenda ständig – ein unübersichtlicher To-do-Zettel zeugt davon. Alles, was neu auf den Schreibtisch kommt, ist immer superwichtig und damit AAAAA++++++.

5. Er arbeitet gerne an mehreren Dingen parallel, die auch unterschiedliche Prioritäten haben können.

6. Während er eine weniger dringende und wichtige Aufgabe erledigt, gewinnt er Energie. Und oft – wenn er keine Lust auf eine sehr wichtige Aufgabe hat – tüftelt er an einer letztlich unnötigen Aufgabe, und dabei kommt ihm dann eine geniale Idee, die sofort zur extrem wichtigen Aufgabe mutiert.

7. Für den Unterstützer im kreativen Chaoten sind immer Menschen am wichtigsten. Deshalb lässt er sich gerne bei der Arbeit unterbrechen, um sich lieber den Sorgen anderer Menschen zu widmen.

8. Er fühlt sich durch die Vorgabe, streng nach Prioritäten vorgehen zu müssen, eingeengt und gestresst. Wird er dazu gezwungen (eventuell durch Vorgesetzte oder Kollegen), verliert er seine Talente und seine Kooperationsbereitschaft.

Aus diesen Gründen zu schließen, dass bei den kreativen Chaoten Hopfen und Malz verloren seien, wenn es darum geht, das Wichtige vom Unwichtigen zu trennen, ist hingegen falsch. Kreative Chaoten wissen sehr genau, was ihnen wichtig ist. Es erscheint oft nur im Vergleich mit systematischen Faktenmenschen als »nicht richtig«.

Kreative Chaoten brauchen keine penible Einteilung in Kategorien.

Hier aber ein Tipp, was hilft: Sie können entspannter arbeiten, wenn Sie sich abends aufschreiben,

- welche Aufgaben Sie morgen unbedingt erledigen wollen und
- welche Sie erledigen könnten.

Von den Unbedingt-Aufgaben suchen Sie sich dann die heraus, die Ihnen am meisten auf den Nägeln brennen – entweder weil ein Abgabetermin näherrückt oder Sie für einen Termin in ferner Zukunft in Ruhe ein paar Ideen sammeln oder Bücher bestellen möchten.
Ein Kriterium kann auch sein:

- Wo bekomme ich den meisten Ärger, wenn ich es nicht rechtzeitig erledige?
- Wo bekomme ich das meiste Lob, wenn ich es tue? Und was beflügelt mich, damit die anderen Aufgaben besser flutschen?
- Wo ist der Gewinn (in Geld oder anderen »Währungen«) am höchsten?

Fangen Sie in der Früh mit einer Unbedingt-Aufgabe an, eventuell nachdem Sie sich 30 Minuten mit dem Beantworten von E-Mails und einer kleinen, aber spannenden Könnte-Aufgabe warmgearbeitet haben. Auf diese Weise schaffen Sie im Lauf des Tages mit Sicherheit – je nach Dringlichkeit – drei bis fünf der Unbedingt-Aufgaben und erledigen nebenbei noch einige energiebringende Könnte-Aufgaben. Der nicht so eilige Rest wandert mit Ihrer reisenden To-do-Sammlung die kommenden Tage mit.
Unbedingt-Aufgaben (A-Aufgaben) sind beispielsweise aktuell laufende Projekte, die vorwärtsgehen müssen, und alle Tätigkeiten, die Sie in Ihren Lebenszielen weiterbringen. Und natürlich alles, was Ihr Unternehmen oder Ihren Arbeitgeber weiterbringt und was in Ihrer Arbeitsplatzbeschreibung steht, also das, wofür Sie verantwortlich sind.

Entscheidungen erleichtern

Prioritäten leben heißt auch, sich zu entscheiden. Leider können sich kreative Chaoten oftmals nicht festlegen. Rom oder Barcelona für den Liebesurlaub zu zweit? Joggen oder lesen am Feierabend? Abteilungsleiter werden oder die Stabsstelle behalten? Mit Freunden ins Kino gehen oder einfach mal faul in der Badewanne liegen? Alles hätte seinen Reiz und seine Vorteile – und deshalb wächst die Angst, sich falsch zu entscheiden und etwas anderes, noch Spannenderes zu verpassen.

Das Ergebnis ist, dass wir gar nicht entscheiden. Wir hadern, vertagen und verbummeln Chancen. Unterstützer entscheiden zudem oft nicht gerne, weil ein Ja für den Badewannenabend ein Nein gegenüber den Freunden nach sich zieht. Und da sich Unterstützer immer zunächst fragen, welchen Einfluss ihre Entscheidung auf andere hat, und sie Bedenken haben, mit einem Nein möglicherweise die Freunde, Kollegen, Geschäftsfreunde oder den Partner zu verletzen, hören sie selten auf die eigenen Bedürfnisse. Lieber stellen sie die Ansprüche der anderen voran und lassen im Prinzip Dritte entscheiden.

Doch wer sich nicht entscheidet, der muss das nehmen, was übrig bleibt, und das kann wenig sein, und er vertut viel Zeit mit Hadern. Trainieren Sie deshalb auch Ihre Fähigkeit, sich leichter zu entscheiden. Das schenkt Ihnen unglaublich viel Zeit – und vor allem Selbstbewusstsein.

Tipp: Fällen Sie Entscheidungen mit dem Zeitverschiebungsspiel

Drehen Sie gedanklich die Uhr ein Jahr voraus und stellen Sie sich vor, wie Sie – ein Jahr später – auf den Vorfall zurückblicken. Welche Folgen hat der Vorfall noch? Was ist geblieben von Ärger oder Hektik? Für welche damalige Entscheidung loben Sie sich? Dieser Kniff hilft Ihnen besonders, wenn Sie Streit mit anderen Menschen haben, wenn Sie sich aus einer brenzligen Situation befreien wollen, zum Beispiel, weil Ihnen ein Fehler unterlaufen ist, oder einfach nur, wenn Sie aus dem täglichen Hamsterrad des Stresses ausbrechen möchten.*

---

* Mehr Entscheidungstipps finden Sie im E-Book Ja? Nein? Vielleicht? 18 kreativ-chaotische Methoden für schnelle Entscheidungen, Bezug unter www.erfolg-reich-frei.de

Leben Sie Ihre kreativ-chaotischen Talente aus

Ja, kreative Chaoten können sich schlecht entscheiden, was sie wirklich wollen. Das gilt nicht nur für kleinere Alltagsentscheidungen, sondern auch für die Richtung, in der wir im Leben marschieren. Denn auch hier ist alles spannend, und wir wissen: Wenn ich das eine tue, muss ich ja wohl auf das andere verzichten. Und viele haben Angst, zum Fachidioten zu werden und spannende Dinge im Leben zu verpassen. Besonders wenn es darum geht, was wir prinzipiell mit unserem Leben anfangen wollen, kann die Vielseitigkeit unserer Interessen uns echt hemmen.

So wie Katrin S. Die 27-Jährige studierte Japanologie, arbeitete im Münchner Zoo als Tierpflegerin und kletterte als Hobby begeistert in der Steilwand. Ihr Berufswunsch? »Ich weiß es nicht«, klagte sie im Coaching. »Denn wenn ich das eine mache, muss ich ja das andere – ebenso spannende – bleiben lassen.«

Ja, es ist unangenehm, spüren zu müssen, wie die Zeit rennt, während man selbst irgendwie nicht weiterkommt. Und wenn man dauernd hinterfragt: Ist es wirklich das Richtige?????

Es ist unangenehm, zu sehen, wie Studienkollegen oder Schulfreunde scheinbar völlig zielstrebig ihr Spezialgebiet besetzen und ihre Ausbildung und einen späteren Job in diesem Bereich finden. Warum nur fühlen wir uns dann so »dumm«? Warum glauben wir, es wäre eine Erleichterung, endlich »angekommen« zu sein bei seinen Themen?

Wie also gehen Sie künftig damit um, wenn Sie das Gefühl haben, Ihre breiten Interessen hindern Sie am Vorankommen, verhindern Ihren Erfolg?

Hierzu fünf Tipps:

Tipp 1: Denken Sie in kurzen Zeitabständen

Gerade wenn es um die langfristige berufliche oder private Ausrichtung geht: Machen Sie sich ganz klar, dass Sie heute nicht für die Ewigkeit entscheiden. Sie haben heute Lust, Bauzeichner zu werden? Dann tun Sie es. Wenn es Sie in drei Jahren langweilt, haben Sie immer noch die Möglichkeit, Architektur zu studieren, als Grafikdesigner weiterzumachen oder etwas anderes im Baugewerbe zu machen. Baustelle langweilt

Cordula Nussbaum

Sie dann auch? Dann machen Sie es wie eine Trainer-Kollegin von mir, die Bauingenieurin war und jetzt Projektmanagement-Trainings für Bauleiter anbietet. Eine völlig neue Tätigkeit – aufbauend auf ihren Erfahrungen.

Legen Sie damit los, was heute für Sie am attraktivsten ist, testen Sie aus – und geben Sie sich schon heute die Erlaubnis, in einigen Jahren oder sogar Monaten das Rad weiterzudrehen.

Tipp 2: Denken Sie in langen Zeitabständen

Machen Sie sich klar, dass Sie nicht alles heute erleben müssen. Sie haben Ihr ganzes Leben vor sich, verschiedene Berufe oder Tätigkeiten auszuüben. Nehmen Sie Stress raus, heute und für immer das absolut »Richtige« finden zu müssen. Laut amtlicher Statistik werden wir heute mindestens 80 Jahre alt – Zeit genug, verschiedene Rollen zu spielen.

Tipp 3: »Fachidiot« ist ein dehnbarer Begriff

Oftmals wollen wir uns nicht auf ein Fachgebiet festlegen, weil wir Angst haben, zum Fachidioten zu werden und andere spannende Sachen zu verpassen. Machen Sie sich klar, dass es an Ihnen – und nur an Ihnen – liegt, wie engstirnig Sie werden – oder wie offen Ihr Expertenstatus ist.

Ein Beispiel: Ich habe lange Jahre leidenschaftlich als Marketing-Journalistin für eine feste Redaktion gearbeitet und andere Redaktionen mit Themen beliefert, die ich spannend fand. Im Markt hatte ich den Stempel »Marketing-Expertin« (der mir übrigens gut gefällt, weil das ja meine Leidenschaft ist, die ich heute zum Beispiel auch in meinen Coachings und Trainings »Marketing für Freelancer und Kleinunternehmer« auslebe). Eines Tages nahm ich an einem Krimi-Wochenende teil, bei dem die Gäste in einer Art Rollenspiel einen Mordfall zu klären hatten. Die Macher schickten uns dazu quer durch die Eifel – ein tolles Erlebnis. Ich bot diese Geschichte einem Magazin an, die zahlten mir die Reisekosten und wollten die Geschichte unbedingt haben. Nach drei Monaten war sie immer noch nicht gedruckt – und ich fand das schade. So gab mir die Redaktion den Artikel zurück und ich ging damit zu meiner Stammredaktion, dem Marketing-Fachblatt. Diese druckten die

Geschichte mit Begeisterung. Denn ich fand einen neuen Dreh: wie eine Stadt in der Eifel mit solchen Krimi-Wochenenden Städtemarketing macht und Touristen in die Stadt holt. Ein Experteninterview mit dem Tourismuschef der Region rundete den Artikel ab.

Sie sehen: Expertenstatus eröffnet uns auch die Möglichkeit, unkonventionelle Wege zu gehen und unsere Ideen auszuleben.

Tipp 4: Erkennen Sie Ihren Expertenstatus an

Ich bin mir sicher, Sie sind bestimmt auf mindestens einem Gebiet ein Experte, eine Expertin. Sie sehen es nur nicht.

Tina K. beispielsweise ist Sporttherapeutin. Seit Jahren beschäftigt sie sich mit körperlicher Gesundheit, liest alles, was ihr dazu in die Finger gerät, hat zwei Bücher dazu geschrieben – und dennoch hat sie immer wieder das Gefühl, nichts zu wissen. Im gemeinsamen Coaching wollte sie an der Frage arbeiten: Bin ich tatsächlich eine Expertin oder muss ich noch viel tiefer einsteigen? (»Wie tief es noch geht, weiß ich gar nicht.«)

Warum nur haben kreative Chaoten so häufig das Gefühl: »Andere Menschen wissen total viel über etwas, nur ich kratze an der Oberfläche«?

Ein schlauer Mensch hat einmal gesagt: Je mehr ich weiß, desto mehr weiß ich, was ich nicht weiß. Es ist wie bei einem Luftballon: Je mehr man ihn aufbläst (also je mehr schon drin ist), desto größer wird die Fläche zum Nichtwissen – zur Luft außen herum.

Ja, das erscheint mir einleuchtend. Denn in dem Moment, in dem ich viel weiß, erkenne ich ja erst, was ich nicht weiß. Und dann?

Kreative Chaoten haben das Talent, perfekt sein zu wollen. In seinem Buch *Die 4-Stunden-Woche* schreibt Timothy Ferriss in etwa: »Ein Experte ist ein Mensch, der von einem Thema mehr weiß als derjenige, der diese Leistung braucht. Sie müssen nicht der Beste sein – nur besser als Ihr potenzieller Kunde, Ihr Auftraggeber, Ihr Arbeitgeber oder Ihre Kollegen.«

Super, oder? Sie können sich also in spannenden Themenbereichen einen Tick mehr Wissen aneignen als der Durchschnittsmensch – und schon sind Sie Experte. Ohne sich allzu sehr auf genau dieses Thema einschränken zu müssen. Denn einschränken wäre genau kontraproduktiv für Sie!

Tipp 5: Scanner bleiben statt Taucher werden

Kreative Chaoten sind offen für Neues, begierig, bei möglichst vielen Dingen hinter die Kulissen zu schauen. Sie lieben es, sich in die Möglichkeiten der Homöopathie reinzuknien, sie lernen zaubern in einem vierwöchigen Kurs, sie kaufen sich dicke Angel-Know-how-Bücher, bevor sie nach Südfrankreich zum Hausbootfahren und Angeln fahren, sie trainieren stundenlang auf der Slackline (eine Trendsportart ähnlich dem Seiltanzen). Für kreative Chaoten besteht das Universum aus tausend Kunstwerken, und ein einziges Leben scheint viel zu kurz, um alles kennenzulernen.

Buchautorin Barbara Sher (www.barbarasher.com) bezeichnet diese Menschen in ihrem Buch *Ich könnte alles tun, wenn ich nur wüsste, was ich will* als Scanner – aus dem Englischen, von »absuchen, erfassen«. Ihnen gegenüber stehen die Taucher. Das sind Menschen, die wie ein Tiefseetaucher immer tiefer in ein Gebiet eindringen wollen, bis sie dieser Sache ausschließlich ihr ganzes Leben widmen.

In unserer Gesellschaft wurde lange Zeit (und wird nach wie vor von vielen Menschen) die Spezialisierung des Tauchers besonders geachtet. Vielleicht kennen Sie den Satz von Eltern, wenn Sie sich lange nicht beruflich festlegen wollen oder wollten: »Er hat seinen Weg noch nicht gefunden.« Hier handelt es sich um ein törichtes Versehen unserer Gesellschaft, sagt Barbara Sher. Wenn Sie ein Scanner sind, haben Sie außerordentliche, wertvolle Fähigkeiten. Sie lieben das Neue – und leiden keineswegs an Angst und Unentschlossenheit!

Wenn Sie sich für keinen Weg entscheiden, mangelt es Ihnen nicht an Disziplin. Ganz im Gegenteil: Sie möchten so viel wie möglich lernen und sind intelligent genug, sich für alles zu begeistern und viel zu lernen. In vielen Fällen helfen Ihnen jetzt zwei Strategien:

1. Nehmen Sie Ihr Talent der Vielfältigkeit an.
2. Finden Sie eine Arbeit, in der Sie Ihr Talent für schnelles Erfassen neuer Sachverhalte nutzen können.

In der Regel wird das in Eignungstests nicht abgefragt. Doch im beruflichen Alltag zeigt sich, dass solche Menschen Gold wert sind. Es gilt lediglich, für sie eine Nische zu finden, in der sie die Vielfalt ihrer Interessen ausleben können. Das sind zum Beispiel Dokumentarfilmer, Journalisten, Erfinder, gute Verkäufer, gute Manager oder von Natur aus gute Lehrer. Für mich persönlich sind meine Tätigkeiten als Journalistin und Trainerin die Klammer, unter der ich jeden Tag viele spannende Menschen kennenlernen darf, mich mit interessanten Themen beschäftige – und das hält meine Leidenschaft am Tun lebendig.

Vergessen Sie es, ein absoluter Spezialist werden zu müssen. Scanner – also die kreativen Chaoten – brauchen lediglich ihren Platz zu finden, an dem sie aus der Summe ihrer Interessen das Optimale herausholen.

Bringen Sie Ihre Fähigkeiten und Interessen zusammen, denken Sie quer – und der Erfolg und das gute Gefühl kommen automatisch! Suchen Sie Ihre Nische, in der Ihre Vielfältigkeit auch bares Geld wert ist. Suchen Sie – es lohnt sich. Leben Sie Ihre Talente als kreativer Chaot – im täglichen Zeitmanagement und in Ihrem Leben. Und genießen Sie die Ruhe und Gelassenheit, die Sie dadurch erleben werden. Jeden Tag.

Foto: Jan Roeder

WER IST **CORDULA NUSSBAUM?**

Diesen Beruf/diese Berufe habe ich bereits ausgeübt: Industriekauffrau, Journalistin, Trainerin, zertifizierter Business- und Life-Balance-Coach, Mutter

Meine Berufung ist: Menschen zu unterstützen, ihren persönlichen Weg zu finden und *ihre* Berufung zu leben

Meine Themen als Trainerin und/oder Coach sind: Zeitmanagement für kreative Chaoten • Ziele finden, Potenziale erkennen, Wege beschreiten, Erfolge feiern (Dream-Days) • Den Wiedereinstieg kraftvoll meistern • Mein perfektes Selbstmarketing – Die eigenen Stärken finden und zeigen • Marketing und Positionierung für Gründer und Unternehmer/Freelancer

Am Coaching schätze ich besonders: Wie schnell wir in intensiven Gesprächen und Übungen zu richtig guten Lösungen für den Klienten kommen und wie die Erfolge mess- und spürbar werden. Ich liebe es, wenn etwas vorangeht und meine Klienten auch noch Monate und Jahre später davon profitieren.

Meine hilfreichste Erfahrung, die mir die Begleitung von Menschen ermöglicht: Die Erkenntnis, dass nichts so ist, wie es auf den ersten Blick scheint. Hinterfragen lohnt sich immer. Und das Aha-Erlebnis, dass kreative Chaoten sich nicht verbiegen müssen, weil ihre Stärken und Talente in unserer systematisch strukturierten Gesellschaft wichtiger sind denn je.

Eine ausschlaggebende Situation/ein wichtiger Faktor in meiner Persönlichkeitsentwicklung war/ist: Leben, arbeiten und studieren in Paris – raus aus dem täglichen Trott, meinen Weg gehen und sehen: Es geht!

Das will ich noch lernen: Ich sehe die Welt als Füllhorn an Möglichkeiten mit Millionen an Dingen, die ich noch lernen und erfahren will – was genau, das zeigt sich dann. Wenn ich mich auf drei Dinge festlegen soll: Wellenreiten – weil ich Respekt vor den großen Wellen habe und hier definitiv über mich hinauswachsen würde. Segeln – weil ich gerne mal mit meiner Familie ein paar Monate mit einer Baglietto durch die Meere segeln will. Einen Kopfsprung vom Beckenrand – weil ich das halt noch nicht kann.

In diesen Situationen empfinde ich Glück: Andere Menschen zum Lachen zu bringen. Eins sein mit meinem Publikum bei Vorträgen. Wenn Coaching-Klienten in der Sitzung ein Aha-Erlebnis haben und ihre Augen zu strahlen beginnen. Am sonnigen Ufer sitzen und ins Wasser schauen. Mit meinen Kindern spielen. Beim Beantworten dieser Fragen, weil ich noch tausend weitere Glückssituationen aufzählen könnte und gerade merke, dass mein Leben prall an Glücksmomenten ist.

Ein Mensch ist reich, wenn er sich des Wertes seiner Gaben bewusst ist – denn die kann ihm niemand jemals nehmen. Er ist reich, wenn er andere an seinen Gaben teilhaben lassen kann. Er ist reich, wenn er liebt und Menschen in seinem Umfeld hat, die ihn lieben.

Diese Eigenschaften schätze ich bei anderen Menschen am meisten: Herzhaft lachen können, mitfühlend sein, ehrlich und aufrichtig sein, Spaß daran zu haben, einfach so zu sein, wie sie sind, und sich selbst zu mögen

Diese drei Stärken habe ich: Mich selbst nicht so ernst nehmen, aber mir selbst wichtig sein. Begeisterter und stolzer Chaot sein. Liebevoll und empathisch mit anderen sein.

Diese Fehler entschuldige ich am ehesten (bei mir und bei anderen): Wenn einem auf so eine Frage nichts einfällt, dann kann ich das gut entschuldigen

Meine Lieblingstugend: Ehrlichkeit

Mein Lieblingsautor/meine Lieblingsautorin: Immer der- oder diejenige, dessen/deren Bücher mich im Moment total fesseln

Mein Buchtipp zum Thema Persönlichkeit: Unser »Lebens-Buch«, dessen weiße Seiten sich mit unseren ganz persönlichen Geschichten füllen und das beschreibt, was jeden Einzelnen von uns als Persönlichkeit ausmacht

Mein Lebensmotto: Tu's einfach!

Cordula Nussbaum

Roswitha van der Markt

EIN RUNDES, VOLLES LEBEN – UND ICH LEBE ES AUF MEINE WEISE!

Montagmorgen – Sie hatten ein ganz wundervolles Wochenende mit Ihrem Partner und Freunden, hatten Spaß, Genuss und eine ausgeruhte Nacht. Wenn Sie dann morgens in den Spiegel schauen, sind Sie entspannt und voller Energie, die neue Woche kann beginnen! Die kleinen Fältchen machen Ihnen nichts aus. Sie zwinkern Ihnen verschmitzt und voller Motivation zu. Sie starten durch in einen vollen Arbeitstag, in einem Beruf, den Sie lieben und für sinnvoll halten, und mit Kollegen und Aufgaben, die Sie inspirieren und herausfordern. Eine Woche, die Spaß macht, die all Ihre Sinne und Talente beflügelt, wartet auf Sie – auf das Einzigartige, das Sie der Welt zu bieten haben.

Gratuliere! Wenn Sie so in die Woche starten, haben Sie erkannt, worauf es im Leben wirklich ankommt. Ganz bei sich sein, seine Persönlichkeit selbstbewusst ausleben. Alle Ihre Talente und Fähigkeiten ausdrücken. Ihr Potenzial im Einklang mit Ihren zentralen Werten im Privatleben wie im Beruf entfalten. Ihr Beruf ist nicht »Arbeit«, sondern Berufung. Danach leben Sie, das gibt Ihnen Kraft. Sie haben aus einem Rohdiamanten bereits einen Diamanten gemacht, den Sie ein Leben lang zum Brillanten verfeinern wollen, damit alle Facetten Ihrer Persönlichkeit zum Funkeln kommen.

Bei vielen allerdings sieht der Montagmorgen leider anders aus. Auch am Wochenende fanden sie nicht den Genuss, die Entspannung und die Freude, die sie so sehr als Ausgleich zu ihrem stressigen Berufsalltag gebraucht hätten. »Work« wie »Life« dauern stumpf vor sich hin. Statt voller Energie schauen sie in ein recht müdes Gesicht. Sie sehen Falten tiefer werden und vielleicht noch ein neues graues Haar … Eine weitere Woche voller aufreibender Aufgaben beginnt.

LIEBER VIELFALT STATT EINFALT – SOGAR IM EIGENEN GESICHT

Nun – schauen Sie einfach noch einmal genauer in den Spiegel. Liebevoll, seien Sie Ihr bester Freund und muntern Sie sich ein wenig auf! Motivieren Sie sich, sagen Sie sich: »Stopp mit den trüben Gedanken. Es ist Zeit, mich selbst einmal richtig zu loben: Das alles habe ich in meiner Entwicklung, in meinem Leben schon geleistet! So weit bin ich mit meinem Mut und meinem Einsatz schon gekommen.«

Dann erinnern Ihre Lachfältchen Sie an die vielen schönen Augenblicke, in denen Sie mit Freunden richtig albern sein konnten oder mit Ihrem Partner einen wunderschönen, genussreichen Tag verbracht haben.

Sie erinnern sich, wie Sie strahlten, als man Ihnen für Ihre tatkräftige Hilfe in einer Krise dankte. Ihre Stirnfalten zeigen, was für ein klarer Denker und Stratege Sie sind. Ihre grauen Haare beweisen, dass Sie schon viel geleistet haben und Respekt und Wertschätzung verdienen – für Ihre Kompetenz, die Hingabe an die Familie wie Erfahrung im souveränen Umgang mit Klienten, Kollegen und Mitarbeitern.

Ein paar andere Fältchen belegen, welch schwierige Situationen Sie schon mit Erfolg bewältigt haben, sei es eine schmerzhafte Trennung, die Angst um kranke Kinder oder die Trauer im Verlust. Sie erkennen eine unglaubliche Kette an inneren und äußeren Erfolgen, die Ihnen Ihre bisherige Lebensleistung aufzeigt und Ihr persönliches Wachstum.

Ihr Gesicht ist Ausdruck Ihrer Persönlichkeit – einer einzigartigen Persönlichkeit. Schenken Sie sich dafür Ihre Wertschätzung, loben Sie sich selbst, statt auf die Anerkennung anderer zu warten.

Vielleicht aber erwacht gerade in der Mitte des Lebens, wenn Sie die 40 überschritten haben, auch der Wunsch nach Veränderung. Sie fragen sich: War es das, was ich im Leben wirklich erreichen wollte? Lebe ich das Leben, das ich führen wollte, das ich eigentlich wirklich leben will? Lebe ich das, was mir wichtig ist? Bin ich zu der Persönlichkeit geworden, die ich sein wollte? Was fehlt mir? Was raubt mir die Energie? Denn manchmal »überrollt« einen das Leben und man erkennt, dass

Roswitha van der Markt

- man vielleicht sein Potenzial nicht voll ausgeschöpft hat,
- man sich den Wünschen anderer eher angepasst hat, als seinen eigenen Träumen zu folgen, oder einem der Mut fehlte, einfach anders zu sein,
- die Sinnhaftigkeit fehlt als Motivation für seine Leistung im Beruf,
- die Wertschätzung fehlt für sein Engagement in der Familie,
- die Lebensfreude fehlt, weil man stagniert und seine Kreativität nicht ausleben kann.

EINFACH MAL WIEDER AUSPROBIEREN: ICH SELBST SEIN

»Einfach mal ich selbst sein können!« Auch »schräge«, verrückte Dinge ausprobieren, sich selbst wieder neu erfahren ... Das ist nicht nur in jungen Jahren möglich. Sie können zu jeder Zeit wieder »das Besondere« an sich entdecken und entwickeln, worin Sie sich von allen anderen unterscheiden und auszeichnen. Begeben Sie sich einfach wieder in den »Flow« der Erkundung des Lebens, seien Sie »Lebenskünstler« und neugierig ohne Vorurteile, wo Ihre Talente liegen. Entfalten Sie Ihr Potenzial, besinnen Sie sich auf Ihre zentralen Werte und haben Sie Mut zu einer eigen-sinnigen Lebensführung.

Machen Sie eine Abenteuerreise in Ihr Inneres. Nehmen Sie die Herausforderung an, sich selbst wieder (neu) zu entdecken, »Verschüttetes« aus der Schatzkiste der Talente und Wünsche herauszukramen. Erforschen Sie den eigenen Kern-Wert. Damit haben Sie über Ihre gesamten Lebenslinien hinweg einen guten Kompass, der gerade in Krisenzeiten hilft, die richtigen Entscheidungen für sich zu treffen.

Schlagen Sie ruhig auch in der Mitte des Lebens eine ganz andere Richtung ein. Wie Erich Fromm feststellte: »Die Fragen, nicht die Antworten machen das Wesen des Menschen aus.« Denn wir Menschen sind die einzigen Lebewesen, sie sich ihrer selbst bewusst sein können, über die eigene Person, die Vergangenheit und die Zukunft, um die Fragen des Lebens zu beantworten: Was sollen wir aus unserem Leben machen? Wohin gehen wir? Welchen Sinn geben wir dem Leben?

Der Weg ist das Ziel – zu einer authentischen Persönlichkeit. Wir entwickeln ein Idealbild unseres Selbst, ein Wunschbild, welches jeder Einzelne für sich in sich trägt und nach dem er beschaffen sein und leben möchte. Dies setzt letztendlich unsere Marke als einzigartige Persönlichkeit, die unsere innere Wahrhaftigkeit mit unserer äußeren Wirksamkeit vereint.

LERNEN SIE EINEN HOCHINTERESSANTEN MENSCHEN KENNEN: SICH SELBST

Kennen Sie sich selbst? Und wenn ja, wie würden Sie sich als Persönlichkeit beschreiben?

Das lateinische Wort »persona« bezieht sich interessanterweise nicht auf den Menschen selbst, sondern auf die Maske eines Schauspielers, der durch sie den Charakter der Figur »durchtönen« ließ. Der Psychoanalytiker C. G. Jung prägte den Begriff »Persona« in der Psychologie und meinte die vorher erwähnte Idealvorstellung, die jeder Mensch von sich hat und seiner Umgebung präsentieren will.

Diese Person, die man dem anderen preisgibt, ist die Persona, die Maske. Sie stellt nur einen Ausschnitt des Ichs dar und ist ein Kompromiss zwischen den Erwartungen der sozialen Umwelt und der inneren Struktur des Menschen.

Eine richtig funktionierende Persona muss immer drei Faktoren Rechnung tragen:

1. *dem eigenen Ideal- und Wunschbild* – der individuelle Kompass, dem man folgt, die ganz individuelle Auslegung des Lebensweges. Die Beantwortung der Fragen, was wir aus unserem Leben machen und welchen Sinn wir unserem Leben geben wollen.
2. *dem Kulturbild* – die Erwartungen und Forderungen, Einschränkungen, aber auch Chancen und Möglichkeiten, die das jeweilige soziale Umfeld dem Einzelnen bietet und ihn kulturell prägt.
3. *dem realen Ich* – die Talente, Fähigkeiten, Kenntnisse, Stärken wie

Schwächen, genetische Prädispositionen genauso wie Vorlieben und Abneigungen.

Jedes Jahr wieder aufs Neue versuchen Jugendliche, ihr Talent zum Singen bei DSDS unter Beweis zu stellen. Einige zeigen Talent, Können und Einsatz. Sie kommen weiter, siegen sogar, um dann meist in den weiteren Jahren irgendwo lautlos im Äther unterzugehen. Andere haben weder Talent noch Engagement, aber ein großes Selbstbild fernab jeglicher Realität.

Die Diskrepanz zwischen dem eigenen Ideal und dem realen Ich kann zu Lebensbrüchen führen, an denen einige verzweifeln und aufgeben, andere dagegen über sich hinauswachsen. In diesem Spannungsfeld zwischen Ideal, Umfeld und Realität muss jeder für sich allein seine Persönlichkeit finden und entwickeln. Immer wieder justieren, bis wir zu einer authentischen Persönlichkeit mit Gelassenheit und Souveränität gelangen. Es braucht seine Zeit, auch Mut und Ausdauer, bis wir sagen können: »Ich kenne mich.«

Dabei kann niemand einem die Arbeit abnehmen. Denn nur ich selbst lebe mein Leben – aber es lohnt sich, sein Leben immer wieder nach den eigenen Maßstäben und Zielvorstellungen, der eigenen Vision zu durchloten. »Erkenne dich selbst! Dieser klassische griechische Spruch zeigt, wo die Wurzel der Freiheit zu suchen ist. Selbsterkenntnis besagte von jeher, seine Grenzen zu überschreiten und zur Reife gelangen – bedeutete also, der zu werden, der wir potenziell sind.« (Erich Fromm)

ENTWICKELN SIE EIGEN-SINN

Ist das nicht herrlich: Wir haben die Freiheit, das uns Eigene herauszuarbeiten und nicht im Einheitsbrei der Masse unterzugehen. Zwar gehört Mut dazu, gegen den Herdensinn, gegen Anpassung und Einordnung mit »Eigensinn« zu antworten. Aber es handelt sich nicht um Egoismus, sondern um den Mut »zum eigenen Sinn«. Mut, so zu sein, wie wir sind – authentisch, mit allen Zweifeln, Unsicherheiten, Ecken und Kanten, aber eben auch mit allen Stärken und Selbstvertrauen.

Hermann Hesse hat deshalb Menschen mit »Eigen-Sinn« als »Helden« bezeichnet. Menschen, die bei sich angekommen sind und sich selbst treu sind. Die der eigenen Lebenskraft vertrauen, die ihnen zu leben und zu wachsen hilft. Dieser Eigensinn beruht auf Selbstkenntnis und Selbsterkenntnis, ein gefestigtes ICH steht immer im Bezug zum größeren Ganzen, dem WIR.

Eine Herausforderung in der heutigen Zeit! Nicht nur Jugendliche wollen so sein wie ihre Peergroup. Es ist entscheidend, die »richtigen Marken« zu tragen und die »richtigen Locations« zu besuchen, ansonsten ist man »out« – und alle wollen »in« sein.

Auch Erwachsene beugen sich dem Zwang zur Jugendlichkeit und lassen sich lieber operieren, um einem vorgegebenen Schönheitsideal zu entsprechen. Wir sollten uns Mut machen, unsere Persönlichkeit zu finden, herauszuarbeiten und zu schärfen. Uns selbst anzunehmen mit unseren liebenswürdigen Eigenarten. Uns selbst abzuheben von der Masse und der Langeweile des Einheitsbreis. Wir sollten unser Gesicht als Ausdruck unserer Persönlichkeit bewahren.

FORMULIEREN SIE IHRE UPP

Wie würden Sie Ihre Persönlichkeit beschreiben? Worin unterscheiden Sie sich von der Masse der anderen? Es geht weniger um die Außenwirkung, das Branding, das Image, die Unique Selling Proposition (USP), sondern um Ihr inneres Potenzial, Ihren inneren Kern-Wert. Kennen Sie Ihre »Unique Personal Proposition« (UPP)?

❯ Was lieben Sie an sich? Welche Eigenschaften, welche Fähigkeiten? Welche Gesten? Welche Eigenarten? Was an Ihrem Körper, Geist und Ihrer Seele?

❯ Was haben Sie als Kind schon gerne gemacht? Was haben Ihre Freunde damals an Ihnen geschätzt? Welche Märchen haben Sie geliebt? Welche Träume hatten Sie?

- Worin sehen Sie Ihre Stärken? Worin sind Sie unschlagbar? Welche Talente haben Sie? Was geht Ihnen leicht von der Hand? Was macht Ihnen einfach Spaß?
- Welche Vorlieben haben Sie – was machen Sie heute ausgesprochen gerne? Worin gehen Sie auf, geraten in »Flow« und verlieren Zeit und Raum?
- Was mögen Sie gar nicht, was macht Sie rasend? Was stößt Sie ab?
- Was ist für Sie wichtig? Was sind Ihre wesentlichen Werte, nach denen Sie Ihr Leben ausrichten? Was macht für Sie Sinn?
- Was macht Sie einzigartig?

SELBSTERKENNTNIS IST SELBSTVERSTÄNDNIS

Was lieben Sie an sich? Das war die erste Frage, und die ist für viele oft die schwierigste. Vor allem Frauen tun sich schwer damit, sich selbst, so wie sie sind, anzunehmen und zu lieben. Sie kritisieren lieber an sich herum und schwächen dadurch ihr Selbst-Wert-Gefühl. Denn im Vergleich zu »Idealen« fehlt einem immer etwas.

»Sich selbst zu lieben, sich selbst der beste Freund zu sein«, ist jedoch nach dem Philosophen Wilhelm Schmid eine wesentliche Grundvoraussetzung für ein erfülltes Leben. »Mit sich selbst befreundet sein«, also auch »die Sorge um sich selbst« und »für sich selbst« führt dazu, sich erst mal selbst kennenzulernen. Selbsterkenntnis und Selbstverständnis sollten sein wie ein guter Freund, der es interessant findet, was man gerade denkt und fühlt, der akzeptieren kann, wenn man Fehler macht und einen aufmuntert, daraus zu lernen und mit Zuversicht Neues zu probieren.

Verständnis für sich selbst haben hilft, die eigene Ängstlichkeit und die individuellen Spannungen von Denken und Fühlen zu akzeptieren, ob Freiheit oder Bindung, Liebe oder Hass, Hoffnung oder Enttäuschung. Um sich selbst besser kennenzulernen, sollten wir offen sein für die Möglichkeiten, die in unserer Person liegen, oftmals verborgen hinter Selbstzweifeln und Fremdbestimmungen.

) Was sind typische Verhaltensweisen in bestimmten Situationen? Wie reagieren Sie auf Stress? Wie versuchen Sie, Probleme zu lösen? Was schätzen Sie an Ihrem Verhalten? Was stört Sie? Haben Sie Verhaltensweisen als richtig oder falsch übernommen – von Ihren Eltern, Freunden ...?

) Was bezeichnen Sie als Ihre Schwächen? Was stört Sie daran persönlich? Welche Vorteile ziehen Sie aus diesen Schwächen?

) Was stört andere an Ihrem Verhalten? Welche Vorteile haben andere von Ihren Schwächen? Sind Ihre Schwächen wirklich reale Schwächen?

) Wem schaden Sie damit? Sich selbst und/oder anderen – und in welchem Umfang?

) Was sollten Sie daraus lernen und wirklich verändern?

Finden Sie heraus, worin bei Ihrem Stärken- und Schwächenprofil der rote Faden Ihrer Persönlichkeit liegt. Also Fähigkeiten, Liebenswürdigkeiten, Ecken und Kanten, die Sie als Person charakterisieren. Sie gewinnen dadurch mehr und mehr Wertschätzung für sich selbst und Selbst-Bewusstsein. Sie müssen ja nicht alles können. Wichtiger ist es zu wissen, was man nicht (gut genug) kann oder auch gar nicht will – eine wesentliche Voraussetzung, um sich selbst zu lieben, Schwächen zu akzeptieren und Positives herauszustellen.

Finden Sie heraus, wer Sie sind und wer Sie sein könnten, und dann arbeiten Sie daran. Seien Sie offen für hilfreiche Anmerkungen von außen, aber hinterfragen Sie immer, welche Vorteile Freunde wie Feinde davon haben könnten. Bleiben Sie sich selbst treu.

Sie selbst sein zu können, authentisch als einzigartige Persönlichkeit geachtet zu werden – das macht Sie zu einer charismatischen, außergewöhnlichen Persönlichkeit.

Roswitha van der Markt

DAS VOLLE POTENZIAL AUSSCHÖPFEN

Im Coaching wird häufig auf die Frage »Was wollen Sie im Leben erreichen?« geantwortet: »Ich will mich selbst verwirklichen, Erfolg haben und im Leben etwas Sinnvolles bewirken.« Was aber bedeutet dies im Einzelnen?

Geht es mehr um innere Wirksamkeit oder den äußeren Einfluss in der Gesellschaft, manchmal vielleicht auch nur um ein angenehmes Leben? Einige wissen gerade noch, welchen nächsten Karriereschritt sie erzielen wollen. »Man tut halt, was man tun muss.« Man richtet sich nach den Anforderungen, die täglich an einen gestellt werden – vom Bügeln bis zur Führungsentscheidung.

Manche dagegen wissen überhaupt nicht, was sie eigentlich wollen. Nur – was sie *nicht* wollen, das können sie recht gut artikulieren. Sie finden überall Blockaden, haben sich aber noch keine Gedanken gemacht, auf welchem Weg sie sich eigentlich befinden. Da kann es leicht geschehen, dass man erst nach einiger Zeit, nach etlichen Jahren feststellt, dass eine lange Kette verpasster Lebenschancen entstanden ist und das »ungelebte Leben« zu viel Platz einnimmt. Denn es war bequem, sich nach den Erwartungen der anderen zu richten. Sich nicht zu überlegen, ob das, was man gerade tut, eher den Vorstellungen anderer entspricht als seinem eigenen Lebensplan. Aber jede alltägliche Handlung kann über unseren gesamten Lebensweg entscheiden.

Das Zubereiten eines Abendessens kann sowohl die Perfektion und Erfüllung einer Berufung als Sternekoch, der Ausdruck von Liebe und Fürsorge einer Familienmanagerin wie auch einer verpatzten Lebenschance sein, weil man seine eigenen Fähigkeiten untergräbt und weit unter seinem Potenzial zurückbleibt. Die Deutung können nur Sie selbst auf Ihrem Lebensweg treffen. Sie liegt in der ganz individuellen, eigenen Definition von äußerem und innerem Erfolg. Ein klares Selbstbild erzeugt eine attraktive Perspektive von Souveränität, Gelassenheit und einer in sich ruhenden Persönlichkeit.

SICH VERWIRKLICHEN

Sich selbst verwirklichen heißt, seine Person voll zu entfalten in allen Lebensbereichen, und zwar mit Selbstliebe, Spaß und Vergnügen am eigenen Tun. Das bedeutet: konzentriert sein auf die Aufgabe, den eigenen Lebensweg zu entdecken und eine langfristige, nachhaltige Strategie der eigenen Karriere- und Lebensplanung vorzunehmen. Ein volles Leben!

Da der Beruf einen großen Raum in unserem Leben einnimmt, sollte gerade auf die Berufswahl größte Sorgfalt gelegt werden. Nicht einfach einen Job machen, weil man Geld verdienen will oder muss. Auch nicht, weil dieser Beruf ein hohes Prestige hat und man »Karriere macht«. Auch wenn einen die Realität vielleicht zeitweise dazu zwingen mag. Ihren Lebensplan sollten Sie dabei niemals aus dem Auge verlieren.

Machen Sie sich klar, dass Sie in einem ungeliebten Beruf kaum zur Spitzenleistung fähig sind, kaum die Motivation und das nötige Engagement aufbringen, die einem die Wertschätzung und die Zufriedenheit geben, die jeder als Bestätigung benötigt. Ein ungeliebter Beruf raubt einem jegliche Energie und bedeutet, mindestens 50 Prozent des aktiven Tages mit ungeliebten Tätigkeiten zu verbringen, meist in einem unpassenden Umfeld. Diese Frustration wirkt sich auch auf das private Umfeld und die eigene Persönlichkeit negativ aus. Den Rest des Tages verbringen Sie mit Schlaf, um sich die Energie zurückzuholen, die vor allem der ungeliebte Beruf verbraucht hat.

Tja, werden Sie vielleicht antworten: »Manchmal hat man aber keine Wahl, man braucht das Geld.« Oder auch: »Warum ist denn das Streben nach Höchstleistung oder auch nach Erfolg überhaupt erforderlich?« Erinnern Sie sich noch an Ihre Kindheit, als Sie gehen, Rad fahren oder schwimmen lernten? Da haben Sie auch nicht einfach »mittendrin« aufgehört. Als Kind wollten Sie aufstehen und gehen, sind immer wieder hingefallen, hatten Erfolge, konnten länger stehen, länger gehen, gewannen mehr und mehr Sicherheit – bis Sie voller Freude liefen, hüpften und sprangen. Sie gewannen dadurch eine bessere Selbst-Wahrnehmung, zollten sich selbst Anerkennung, waren motiviert weiterzumachen und entwickelten dadurch immer mehr Selbst-Sicherheit und Selbst-Bewusstsein.

Sie hatten Freude an sich und mit sich. Intuitiv integrierten Sie als Kind inneren mit äußeren Erfolg, folgten darin einem Prinzip, das in östlichen wie westlichen Philosophien und Kulturen gleichermaßen anerkannt ist: Man sollte das, was man tut, möglichst gut tun.

So betont Ulrich Hemel in seinem Werk *Wert und Werte. Ethik für Manager – ein Leitfaden für die Praxis*: »Dazu gehört auch die Vervollkommnung beruflicher Fähigkeiten. Schon die Berufswahl, erst recht aber die Berufsausübung steht vor dem ethischen Imperativ, sich sehr genau auf die eigenen Stärken und Schwächen zu konzentrieren, um die eigenen Fähigkeiten optimal zur Entfaltung zu bringen und gerade deshalb eine besonders gute berufliche Leistung zu erzielen.«

IM FLOW DES ERFOLGS

Was aber bedeutet Erfolg? Ist Erfolg gleichbedeutend mit beruflicher Leistung? Warum sollten Sie sich dem Imperativ von Erfolg und Spitzenleistung beugen? Folgen Sie damit nicht gerade dem Imperativ der Masse, vor allem der Wirtschaft und Politik?

Genau in der individuellen Beantwortung dieser Fragen liegt die Herausforderung. Erfolg konzentriert sich auf die Entfaltung der Person, die Vervollkommnung seiner Anlagen und Fähigkeiten – nicht nur, aber auch im Berufsleben.

Wenn Sie in einem Beruf genau die Fähigkeiten, Kenntnisse, Talente verwirklichen können, die Ihnen Freude bereiten, die Sie zum »Flow« (Mihaly Csikszentmihalyi) bringen und Raum und Zeit vergessen lassen, dann empfinden Sie Ausbildung, Studium und Berufsausübung nicht als Arbeit, sondern als Hobby. Sie machen Ihr Hobby zum Beruf – ob als Sportler, Künstler, Arzt, Handwerker oder Gastronom. Dann gibt es für Sie kaum eine Trennung von Beruf und Privat, dann ist das Thema Work-Life-Balance für Sie überflüssig geworden. Auch das birgt die Gefahr des Ausgepowertseins und des Burn-outs, aber wenigstens aus eigener Motivation, selbstgesteuert und nicht fremdbestimmt.

Karl Lagerfeld kann sich zum Beispiel ein Leben, einen Tag ohne Arbeit nicht vorstellen. Er ist »unentwegt« kreativ und integriert alle Eindrücke, alles Denken in seine »tägliche Arbeit«. Er verwirft Lebensentwürfe »von gestern«, wenn sie für seinen weiteren Lebensweg obsolet geworden sind, und gestaltet sein Umfeld und sich selbst einfach neu, sobald er erkannt hat, dass dies ihn weiterbringt in seiner Vervollkommnung. Dennoch hat er eine klare Linie – in seinem Leben, seiner Profession, seinem Stil und seinen Wertmaßstäben. Er macht Mode, macht Fotografie und verbindet beides in Perfektion.

Wie immer man auch zur Person Karl Lagerfeld steht: Er ist eine Persönlichkeit. Er ist eindeutig eine Marke mit klaren Macken und Schwächen, zu denen er steht. Er will ganz bewusst nicht »Everybody's Darling« sein. Er hat Mut, anders zu sein als andere, anzuecken und ruhig auch noch im Alter zu provozieren, sein individuelles Leben zu führen, obwohl er über sein Alter nicht spricht.

KREATIVITÄT, QUALITÄT, FLEXIBILITÄT

Was hat Karl Lagerfeld mit uns zu tun? Er ist ein Künstler und lebt in einer Kunstwelt. Richtig, eine Modekultur, die seine Person wie seinen Erfolg beeinflusst, bedingt, befruchtet und ihn zum »Zaren« gemacht hat. Stellen Sie sich Karl Lagerfeld nun einmal als Finanzvorstand eines Pharmakonzerns vor, der gerade Analysten die Quartalszahlen erläutert. Glauben Sie, dass er die gleiche Ausstrahlung, das gleiche Können, den gleichen Esprit aufbringen könnte? Verstehen Sie nun, was ich meine?

Karl Lagerfeld wusste schon in jungen Jahren, was ihm Spaß machte, worin er gut war. Er wusste auch, was er nicht konnte und was er ablehnte. Er wollte Erfolg haben in Paris. Er war bereit, für seine Karriere klein anzufangen als Modezeichner, und hat alles, was Mode betrifft, von der Pike auf gelernt, alles in sich aufgesogen und in sich verarbeitet.

Er hat seine Karriere geplant, aber blieb immer offen für die nötige Flexibilität. Er steht nicht nur für Kreativität, sondern auch für exzellente Qualität in jedem Detail. Mode ist sein Leben. Er hätte in Hamburg bleiben und in die Geschäfte seiner Familie eintreten können. Er hätte in Paris auch Modezeichner bleiben oder in einem Atelier eines anderen Modeschöpfers arbeiten können. Er wollte aber mehr, seine eigene Linie und seine eigene Lebenslinie prägen.

Es liegt allein in unserer eigenen Verantwortung, die wesentlichen Entscheidungen für unser Leben und die Entwicklung unseres Potenzials zu übernehmen und die Herausforderungen, die Konsequenzen daraus bewusst zu tragen – in jedem Alter. Nicht den »bequemen Weg« der Masse zu gehen, sondern zu fragen:

➤ Was will ich wirklich in meinem Leben?
➤ Wie will ich leben?
➤ Welche Mission, welche Werte, welche Vision habe ich?
➤ Welche Ziele bringen mich auf diesem Lebensweg Stück für Stück weiter und machen mich letztlich zu einer strahlenden Persönlichkeit?

Ulrich Hemel fasst dies in seinem Buch *Wert und Werte* gut zusammen: »Der größte Erfolg, den ein Mensch – so gesehen – erringen kann, ist ein anspruchsvolles, aber auch realistisches Bild der eigenen Fähigkeiten und Grenzen, verbunden mit der Umsetzung des Bildes in die Realität persönlicher und beruflicher Rollen. Dabei mag es manche Überraschung geben, denn manche Talente werden erst spät entdeckt und entfaltet.«

SICH SELBST FÜHREN – EINE GROSSE, ABER LOHNENDE HERAUSFORDERUNG

Wissen Sie, was für Sie sinnvoll ist? Was hat in Ihrem Leben bisher »voll Sinn« gemacht? Ihr Studium, Ihre Ehe, Ihre Kinder, Ihr Sport, Ihr Beruf, Ihre Aufgabe als Führungskraft? Jeder muss für sich selbst definieren, was für ihn SINN bedeutet, damit die Meilensteine Selbstwahrnehmung, Selbsterkenntnis und ein sicheres Selbstbewusstsein zu einer anspruchsvollen und sinnvollen Vision für den eigenen Lebensweg werden.

Unser soziales Umfeld ist dabei unser Reibungsfeld bei der Umsetzung unserer Ziele. Es kann uns mit Chancen und Möglichkeiten unterstützen oder uns Grenzen setzen und herausfordern. Gerade aus den Krisen ziehen wir aber den meisten Nutzen. Denn sie bezeichnen die Schnittstellen, an denen wir uns und unseren Kern-Wert, unser Wertesystem geltend machen und beweisen müssen.

Daher ist es für jeden von uns entscheidend, nicht allein bei der Berufswahl selektiv vorzugehen, sondern gerade auch bei der Wahl des beruflichen Umfelds. Optimal entfalten kann ich mich, wenn mein Wertesystem größtenteils mit dem Wertesystem des Unternehmens, der Unternehmenskultur wie der Branche übereinstimmt. Dann können sich beide Seiten befruchten.

Unternehmenspraktiker wissen »zwei wichtige Dinge zu maximieren: Wohlbefinden für das Individuum und Erfolg für die Organisation« (Jens Unger). Werte und Werte-Management gewinnen wieder an Bedeutung. So bezeichnet Lord Griffith, Vice Chairman von Goldman Sachs, im ISC-Symposium (International Students Committee) in St. Gallen »Werte als die vierte Dimension der Unternehmensführung«.

Werteorientierte Führung, sowohl im Unternehmen wie die eigene, persönliche Selbstführung, ist laut Prof. Dr. Bolko von Oetinger, dem Gründer der Boston Consulting Group Deutschland, eine Frage der Haltung: »Es wird genau gesehen, wie ernst es dem Manager wirklich ist. Das ist Führung!«

Man sollte also bei einer Bewerbung wie bei einer Heirat genau hinsehen, mit wem man sich da »einlässt«. Muss ich mich und mein Wertesystem »verbiegen«, um mich dem Unternehmen anzupassen, und mein Verhalten justieren, um die Karriereleiter zu erklimmen, oder kann ich Erfolg haben, indem ich das auslebe und umsetze, was mich im inneren Kern sowieso antreibt? Dann entspricht der berufliche wie private Erfolg auch der Vervollkommnung der eigenen Persönlichkeit.

Roswitha van der Markt

ICH TUE ALLES AUF MEINE WEISE ...

Was im Unternehmen die Fokussierung auf Kernkompetenzen und Werte ist, ist für den Einzelnen die Konzentration auf die Entwicklung seiner Stärken und Werte in einer langfristig nachhaltigen Lebensstrategie. Bei jedem kann man erkennen, ob er es wirklich ernst meint. Kern-Werte lauten hierfür Glaubwürdigkeit, Integrität, Respekt, Nachhaltigkeit, Verantwortung, Vertrauen, Wahrhaftigkeit und Zuverlässigkeit – Achtsamkeit sich selbst wie anderen gegenüber, sowohl im Privatleben wie im Beruf. Wichtig ist:

❭ Das Leben als kontinuierlichen Lernprozess annehmen.
❭ Auftretende Hindernisse als überwindbare Herausforderungen begreifen. Die eigene Energie verdoppeln, um das Ziel doch noch zu erreichen.
❭ Selbst-Überschätzung vermeiden, aber auch Selbst-Unterschätzung.
❭ Mut haben zu notwendigen Problemlösungen, sich nicht anpassen und nicht resignieren. Damit der Satz »Da kann ich leider nichts machen« nicht als »Ausrede für mangelndes Engagement und als Indikator für ungelebtes Leben steht« (Ulrich Hemel).
❭ Persönliche Verantwortung übernehmen – das ICH in Bezug zum größeren Ganzen, dem WIR, dem Wohle der Gemeinschaft, setzen.
❭ Scheitern annehmen: Ein »äußerer Misserfolg« kann dann sehr wohl ein großer »innerer Erfolg« sein. Die Anerkennung und Deutung auf Ihrem Lebensweg müssen Sie selbst vornehmen.

TREUE UND FREIRAUM

Die Fülle der Erlebnisse und der Erfahrungen machen das Leben aus. Kosten Sie es voll aus. Haben Sie Freude und Spaß an sich selbst, erproben Sie sich. Lieben Sie sich, denn letztlich sollten Sie mit sich am besten auskommen. Fordern Sie sich selbst heraus, dann vermeiden Sie tödliche Langeweile. Deshalb sollte man sich erst recht im Privatleben nicht »gehen lassen«. Denn auch privat können Sie sich nur optimal entfalten, wenn Ihr Wertesystem größtenteils mit dem Wertesystem Ihres Partners übereinstimmt.

Ein gemeinsames Wertesystem trägt die gemeinsame Mission, Vision und hilft bei der Verwirklichung der gesetzten Ziele. Dabei geht es zum Beispiel viel weniger um den Wert Treue an sich, sondern vielmehr um die gemeinsame Deutung dieses Werts in kritischen Situationen.

Die meisten Ehen scheitern nicht an einem Seitensprung, sondern vielmehr an der Langeweile und Erstarrung in alten Lebenskonzepten, die wenig Freiraum für Entfaltung und gegenseitigen Respekt zulassen. Die gemeinsame Vision wurde aus dem Auge verloren oder war bereits zu Beginn nur rudimentär vorhanden. Man kannte sich selbst nicht gut genug und erst recht nicht den Partner. Wenn man dann zu viele Kompromisse eingehen muss und damit sein Potenzial untergräbt, bleiben die Entwicklung der eigenen Persönlichkeit und damit auch Lebensfreude, Zufriedenheit und eben auch Liebesfähigkeit auf der Strecke.

Der Diamant verliert seine Brillanz, ebenso wie die Ehe. Partner müssen sich Freiräume zur Entfaltung der eigenständigen Persönlichkeit geben, wobei jeder sein Potenzial entwickeln kann und dennoch am gemeinsamen Wohlergehen arbeitet. Dann befruchtet man sich gegenseitig.

SELBSTMANAGEMENT REICHT NICHT

Ob im Privatleben oder im Beruf – unsere alltäglichen Handlungen helfen uns bei der Auslegung der ethischen Qualität unseres Lebensweges (Ulrich Hemel) und definieren unsere Persönlichkeit. Denn jeder kann sich fragen:

> Warum tue ich, was ich täglich tue? Und mit welchem Ziel und welcher Intention?
> Welche Auswirkungen haben mein Denken und meine Handlungen auf mich selbst wie auf andere? Bin ich zufrieden oder unzufrieden mit den Ergebnissen?

- Welche Vision, welche Idealvorstellung habe ich von mir? Und wo stehe ich auf diesem Weg zu meinem Ideal?
- Wie sind meine lebensgeschichtlichen Meilensteine verlaufen? Habe ich erreicht, was ich erreichen wollte – oder habe ich mein Potenzial nicht ausgeschöpft?
- Wieweit habe ich meine Chancen und Möglichkeiten genutzt? Wie hoch war mein eigener Anteil daran? Wie hoch der Anteil anderer oder externer Faktoren?
- Passen meine lebensgeschichtlichen Meilensteine zu meiner Lebensstrategie, zu meinen persönlichen Fähigkeiten, Kenntnissen, Talenten und Zielen? Bin ich noch auf dem richtigen Weg?
- Wie habe ich mich gerade in schwierigen Situationen verhalten? Habe ich richtig gute Entscheidungen getroffen, geleitet von meinem inneren Wertesystem und meiner Persönlichkeit oder vielmehr angepasst an die Erwartungen anderer (Eltern, Partner, Unternehmen), des äußeren Erfolgs oder dem Willen nach Harmonie und Bequemlichkeit? Habe ich gegen meine eigenen Werte verstoßen, um einen leichten Erfolg zu erzielen?
- Wie sieht mein Verhältnis, meine Bilanz von äußerem zu innerem Erfolg aus? Oder bin ich mir der Diskrepanz nicht bewusst?
- Gibt es Diskrepanzen, die mich bis heute noch beschäftigen?

Selbstmanagement wie modernes Zeitmanagement mit all seinen Methoden und Tools sind zur Beantwortung dieser Fragen nicht ausreichend. Wir müssen sehr viel tiefer greifen in unsere Schatzkiste des persönlichen Kern-Wertes und Wertesystems. Denn wir müssen unsere Lebensstrategie und unseren Lebensplan heutzutage langfristig und nachhaltig über eine Spanne von durchschnittlich mehr als 80 Jahren gestalten.

DIE WIRKLICH WICHTIGEN DINGE TUN

Eine herausfordernde Aufgabe. Wir müssen wie der amerikanische Managementguru Peter Drucker (1909–2005) entscheiden, ob wir dabei auf der simplen Ebene eines guten Lebensmanagers bleiben oder vielmehr zum »Personal Leader« mit Authentizität, Gelassenheit und Souveränität werden wollen.

»Management is doing things right, leadership is doing the right things.« (Peter Drucker) Stephen R. Covey hat dieses Zitat in seinem Buch *The 7 habits of highly effective people* gut illustriert:

Die Szene spielt in einem Urwald. Die Manager lassen mit Macheten einen Weg roden, entwickeln Arbeitspläne, Prozesse, Ziele und Motivationsprogramme für die Mitarbeiter. So schlagen sie erfolgreich einen breiten Weg durch den Dschungel. Der Leader dagegen investiert zunächst Zeit, um den höchsten Baum zu besteigen und sich von dort einen Überblick zu verschaffen, über die gesamte Situation, die Möglichkeiten und das eigentliche Ziel. Er erkennt, sie sind auf dem falschen Weg zum falschen Ziel. Er wird aber von den Managern gestoppt mit den Worten: »Schweig! Wir machen Fortschritte!«

Ja, sie machen Fortschritte, können den Weg »wachsen« sehen – aber wohin führt dieser, wenn das eigentliche Ziel nicht bekannt oder verloren gegangen ist?

Wie sehen Ihr Lebensplan und Ihr Lebensweg aus? Befinden Sie sich noch mitten im Dschungel, funktionieren Sie bestens, sind Sie beschäftigt mit »Erfolg machen«, wissen aber nicht genau, auf welchem Weg Sie sich eigentlich befinden? Dann ist es Zeit, endlich auf den »höchsten Baum« zu steigen, um sich über Ihre Lebenssituation, Ihre Vision und Ihre Zielsetzung klar zu werden.

Es gehört zwar Mut dazu, allein den Baum zu erklimmen und erst recht, unpopuläre Entscheidungen zu treffen und nicht den Erwartungen anderer zu entsprechen, der Lohn aber ist genau das, was Amerikaner als »You can make a difference!« bezeichnen. Sie können dann eine »Marke« im Leben setzen mit der Einzigartigkeit Ihrer Persönlichkeit – das Besondere, worin Sie sich durch das Entfalten Ihres Potenzials, Ihrer Werte und Lebensführung von allen anderen unterscheiden und abheben.

Roswitha van der Markt

Dazu aber müssen Sie auf Ihrem Weg wissen, warum Sie tun, was Sie tun. Den Sinn Ihres Handelns erkunden. Ansonsten können Sie die besten Strategien haben, die besten Methoden, Technologien und optimales Zeitmanagement anwenden. Sie sind und bleiben dann doch nur immer »guter Manager« und zeichnen sich laut Peter Drucker durch einen beeindruckenden Ergebnisrekord trivialer »Erfolge« aus. Zu einer Persönlichkeit werden Sie so nicht.

SICH NICHT IN DEN ANFORDERUNGEN DES LEBENS VERLIEREN

Sie laufen nach weiteren Jahren dabei Gefahr, vielleicht mit 50 oder 60 feststellen zu müssen, dass Sie irgendwo gelandet sind, wo Sie gar nicht hin wollten. Im schlimmsten Fall stehen Sie am Ende des Lebensplans eines anderen, der seine Ziele sehr wohl verwirklicht hat, während Sie auf der Strecke geblieben sind. Weit ab von den Lebensplänen, die Sie selbst hatten, und weit unter dem Potenzial, das Ihnen möglich war.

Dann ist es zwar auch nicht zu spät, nochmals den Mut für eine »neue Reise« aufzubringen, aber Sie haben schon viel Energie und Zeit vergeudet, also doch nicht optimal »gemanagt« – sei es als Familienmanager oder als Unternehmer –, und die eigenen Ressourcen »verbraten«. Viel schlimmer allerdings ist, dass Ihnen viel Freude und Spaß, viel Lebensqualität verloren gegangen sind. Freude an sich selbst, endlich so zu sein, wie Sie sind – authentisch und strahlend.

Sich selbst zu führen, sich nicht in den Anforderungen des Lebens zu verlieren, ist daher die größte Herausforderung. Eine in sich ruhende und strahlende Persönlichkeit zu sein, ein erfülltes Leben zu führen, für andere da sein, aber sich nicht fremdbestimmen zu lassen. Das eigene Ziel, den eigenen Lebensweg nicht aus dem Auge verlieren. Das alles können nur Sie selbst – in der Deutung Ihres Lebensweges für sich herausfinden. Einzigartig sein und dazu mit Lebenskraft zu stehen:

> ❭ Was bedeutet es für Sie, sich selbst zu verwirklichen? Was bezeichnen Sie als Ihre persönlichen Kernfaktoren?

- Wie zufrieden sind Sie mit Ihrer Persönlichkeit? Sind Sie mit sich in Einklang? Wollten Sie so sein, wie Sie nun sind? So leben, wie Sie gerade leben?
- Was bedeutet für Sie Selbstachtung und Selbstwert? Können Sie sich selbst loben und Ihre Erfolge wertschätzen oder brauchen Sie die Anerkennung und damit die Fremdbestimmung durch andere?
- Wie können Sie sich selbst ein guter Freund sein und sich bei Schwächen und in Krisen selbst unterstützen, lieben und wertschätzen?
- Was bedeutet für Sie Erfolg? Wie sieht Erfolg aus? In welchen Gebieten? Wie fühlt er sich an? Woran erkennen Sie, dass Sie erfolgreich sind?
- Was ist für Sie sinnvoll? Woran erkennen Sie, dass etwas Sinn macht?
- Was sind Sie bereit, zu tun und zu geben, um diesen Sinn in Ihrem Leben umzusetzen?

Leisten Sie sich Zeit zum Nachdenken und machen Sie sich Mut zum Umdenken und zur Veränderung. Steigen Sie immer wieder mal »auf den höchsten Baum« und verschaffen Sie sich einen Überblick, ob Sie sich noch auf dem *rechten Weg* befinden und das *wirklich Wichtige* tun.

Tragen Sie Verantwortung für die rechte Beantwortung Ihrer eigenen Lebensfragen. Denn nur Sie selbst können im Handeln, bei den Entscheidungen im konkreten Leben Ihre einzigartige Persönlichkeit herauskristallisieren. Dabei geht es weniger um den strahlenden äußeren Erfolg, vielmehr um das eher Seltenere und daher Kostbarere – das innere Siegen!

»Was also ist der Mensch? Er ist das Wesen, das immer entscheidet, was er ist.« (Viktor Frankl)

Und wenn Sie sich dann im Spiegel anschauen, können Sie gewaltig stolz sein, auf sich selbst – auf Ihre einzigartige Lebensleistung!

Roswitha van der Markt

Literaturhinweise

Covey, Stephen R.: *The 7 habits of highly effective people. Powerful lessons in personal change*, New York: Fireside 1990

Csikszentmihalyi, Mihaly: *Flow. Das Geheimnis des Glücks*, Stuttgart: Klett-Cotta, 10. Aufl. 2010

Frankl, Viktor E.: *... trotzdem Ja zum Leben sagen. Ein Psychologe erlebt das Konzentrationslager. Neuausgabe*, München: Kösel 2009

Fromm, Erich: *Authentisch leben*, Freiburg: Herder, 9. Aufl. 2009

Hemel, Ulrich: *Wert und Werte. Ethik für Manager – ein Leitfaden für die Praxis*, München: Carl Hanser, 2., überarb. u. erw. Aufl. 2007

Hesse, Hermann: »Eigensinn«, aus: »*Betrachtungen*« in *Glück*, Wien: Amandus 1952

Hesse, Hermann: *Eigensinn macht Spaß. Individuation und Anpassung*, Frankfurt/Main: Insel, 6. Aufl. 2007

Schmid, Wilhelm: *Mit sich selbst befreundet sein. Von der Lebenskunst im Umgang mit sich selbst*, Frankfurt/Main: Suhrkamp, 4. Aufl. 2010

Unger, Stefanie; Hattendorf, Kai; Korndörffer, Sven H.: *Was uns wichtig ist. Eine neue Führungsgeneration definiert die Unternehmenswerte von morgen*, Weinheim: Wiley-VCH 2007

Foto: privat

WER IST ROSWITHA VAN DER MARKT

Diesen Beruf/diese Berufe habe ich bereits ausgeübt: Siemens: Manager Strategic Marketing Solutions, Executive Director Productivity & Quality
Accenture: Partner/Geschäftsführerin Europa Communication und High Tech/ Change Management
Meine Berufung ist: Menschen zu unterstützen und ihnen Mut zu machen, ihr volles Potenzial auszuschöpfen und ein erfülltes Leben nach eigenen Werten, eigener Vision und eigenem Sinn zu führen
Meine Themen als Trainerin und/oder Coach sind: Leadership – Coaching – mehr Balance, mehr Energie, mehr Fokus = mehr Lebensqualität • Burn-out = Chefsache, Gesundheit = Führungsaufgabe • Lebensstrategie – Vision, Werte und Ziele für ein erfülltes Leben mit Sinn • Vision 50plus – Strategie, Talent und Planung in der Mitte des Lebens
Am Coaching schätze ich besonders: Menschen zu helfen, ihre Persönlichkeit herauszukristallisieren • Menschen in kritischen Situationen mit Erfahrung und Methoden zu unterstützen, ihre Blockaden zu lösen und Veränderungen mutig umzusetzen • einzigartige Menschen kennenzulernen und auf dem gemeinsamen Weg zu erfahren, wie sie ihre Ziele verwirklichen
Meine hilfreichste Erfahrung, die mir die Begleitung von Menschen ermöglicht: Es gibt immer eine Lösung – selbst in schwierigen Situationen –, Optimismus und Resilienz zu bewahren.

Eine ausschlaggebende Situation/ein wichtiger Faktor in meiner Persönlichkeitsentwicklung war/ist: Es zählt nicht der äußere Erfolg, sondern die eigene persönliche Anerkennung, das heißt der innere Erfolg.

Das will ich noch lernen: VIELES – mein Leben ist ein einziger Lernprozess. Das Leben bietet so viele wundervolle Lernerfahrungen – man muss nur offen dafür sein. Da ein einziges Leben hierfür zu kurz ist, muss man herauskristallisieren, was das Wesentliche ist, um für sich persönlich die wirklich wichtigen Dinge zu tun!

In diesen Situationen empfinde ich Glück: Stille Momente mit meinem Mann, ein Blick in die Augen – Wärme, Liebe, gleiches Empfinden • Kaminfeuer, samtener Rotwein – klassische Musik – lebendige Gespräche mit meinem Mann und guten Freunden – unser Hund liegt zufrieden zu unseren Füßen • Sommer, Sonne, See – Boot fahren, Golf spielen, Natur genießen • Zusammensein mit Freunden, Lachen, Kochen und mit Genuss essen und trinken • laufen – alles fühlen, hören und sehen – sich voll wahrnehmen im Einklang mit der Natur • Flow – volle Konzentration auf die Sache, das Erlebnis von Lernen, Erfahrung, Erarbeitung eines guten Ergebnisses – Erfolg haben – Ja! • Cabriolet fahren – Sonne, Wind, Freiheit • Und noch einiges mehr – das Leben bietet eine Fülle von glückerregenden Momenten, man muss sie nur wahrnehmen …

Ein Mensch ist reich, wenn er sich selbst gefunden hat und unabhängig ist von der Anerkennung anderer • einen wundervollen Partner hat • er aus sich selbst schöpfen kann, voller Neugier und Interessen ist • er seine Berufung und sein Potenzial ausleben kann.

Diese Eigenschaften schätze ich bei anderen Menschen am meisten: Toleranz und Offenheit • Respekt und gegenseitige Wertschätzung

Diese drei Stärken habe ich: Optimismus – Power (Umsetzung) – Resilienz

Diese Fehler entschuldige ich am ehesten (bei mir und bei anderen): Ungeduld

Meine Lieblingstugend: Toleranz

Mein Lieblingsautor/meine Lieblingsautorin: Hermann Hesse, Friedrich Schiller, Heinrich von Kleist, Erich Fromm, Wilhelm Schmid

Mein Buchtipp zum Thema Persönlichkeit: Martha Beck: *Das Polaris Prinzip* • Phillip McGraw: *Lebensstrategien*

Mein Lebensmotto: Authentisch leben – und kontinuierlich wachsen

Monica Deters

SUCH DIR EINEN LOTSEN

Ich bin am Meer aufgewachsen. Mein Elternhaus und meine Schule waren nur wenige hundert Meter von der Ostsee entfernt.

Die Landschaft, in der ein Mensch aufwächst, prägt. Wer aus den Bergen kommt, schaut entweder vom Tal aus demütig nach oben oder würdevoll von oben herab. Am Meer gibt es kein Oben und Unten. Das Meer hat Weite. Das Meer hat Platz für alle.

Platz für alle ... Viele meiner Coaching-Klienten sind Frauen, und für viele Frauen macht das Bild von der Weite des Meeres Sinn: Es gibt Raum. Auch für mich. Ich muss mich nicht oben, unten oder in der Mitte einfügen, sondern ich darf Raum einnehmen.

Mein Vater war Lotse. Er hat sein Geld damit verdient, dass er Schiffe durch Engstellen und gefährliche Gewässer geleitet hat. Ähnlich verstehe ich meine Arbeit als Coach. Meine »Schiffe«, die ich durch Untiefen, Strudel und raue See lotse, sind Menschen.

Wussten Sie übrigens, dass alle Schiffe – Kriegsschiffe ausgenommen – Frauennamen tragen? Und dass Schiffe weltweit auch nur von Frauen getauft werden dürfen? Wenn ich das Frauen erzähle, sagt die eine oder andere schon mal, dass sie sich im Moment eher wie eine alte Fregatte vorkommt. Und dann heißt »Coaching« auch schon mal »auftakeln« – also: ein Schiff mit Gegenständen, Proviant, Werkzeugen usw. ausrüsten.

Alle Schiffe haben ein Ziel und einen Hafen. Und den erreichen sie manchmal nur, wenn der Kapitän und der Steuermann auf die Expertise eines Lotsen vertrauen können. Ich helfe Menschen oftmals, ihr Ziel, ihren Hafen, ihre Sehnsucht überhaupt erst einmal zu bestimmen. Viele können das nicht, was zu Unsicherheit im Leben führen kann, denn »wer kein Ziel hat, darf sich nicht wundern, wenn er nie ankommt«, wie Mark Twain mal gesagt hat. Und auf dem Weg zu ihrem Ziel bin ich der Lotse.

Viele Klienten sagen mir, dass sie sich immer im Kreis drehen. Ich stelle mir das so vor und kenne es aus meiner eigenen Biografie, dass wir in einem angeschlagenen Boot immer im gleichen Gewässer im Kreis vor uns hin dümpeln. Es ist nur schwer, den Ausweg aus diesem (Teufels-)Kreis zu finden, der Horizontblick ist verschwommen. Haben wir die Ausmündung jedoch gefunden, müssen wir oft noch den Sturm der Veränderung überstehen, bei dem wir ganz schön hin und her geschubst werden, bevor wir das weite Meer oder den neuen Hafen erreichen.

Solch einfache Gedanken liegen also meiner Coaching-Arbeit zugrunde, denn ich halte mich an das KISS-Prinzip des Managementgurus Tom Peters. K.I.S.S. steht für »Keep It Simple Stupid«, und das heißt:

> Bleibe einfach, Dummkopf.
> Mach's so einfach wie möglich.
> Halte es einfach und leicht verständlich.

Tom Peters nennt jene Menschen einen Dummkopf, die es gern besonders kompliziert haben. Ich kann damit etwas anfangen. Denn das Leben ist ja oft kompliziert genug. Da sollte die Lebensberatung wenigstens einfach sein. Einfach – das passt einfach zu mir. Und zu Ihnen vielleicht auch.

Und um KISS-einfach weiterzumachen: Wenn Sie das Wort MEER aussprechen, klingt es wie MEHR.

Das MEER steht spirituell für Erfolg, das MEHR für lebenspraktischen Erfolg. Wir alle haben eine Sehnsucht nach dem MEER und dem MEHR – materiell, aber auch nach:

> Wie kann ich noch MEHR Selbstvertrauen entwickeln?
> Wie kann ich mein Potenzial noch MEHR ausschöpfen?
> Wie kann ich meine Persönlichkeit noch MEHR zeigen?

Ich möchte Ihnen eine einfache Methode vorstellen, wie Sie dieses MEHR erreichen, sich selbst coachen, selbst managen und selbst durchs Leben führen können. Also lassen Sie sich mitnehmen auf eine Reise in ein MEHR an Impulsen – immer mit dem Kurs aufs Glück. Volle Kraft voraus!

DER MENSCH BRAUCHT RAUM

Eine meiner wichtigsten Einsichten ist die alte Seemannsweisheit »Das Meer gehört allen«. Vielen meiner weiblichen Coaching-Klienten sagt dieser Satz spontan etwas.

Frauen haben nicht gelernt, Raum für sich einzunehmen. Sie gehen eher einen Schritt zurück als vor. Männer haben da weniger Probleme. Frauen beanspruchen für sich ungern mehr, als für die anderen da ist. Der Satz »Das Meer gehört allen« heißt für Frauen: Wir rücken so zusammen, dass jeder Platz hat. Für viele Männer aber heißt »Das Meer gehört allen«: Nimm dir so viel, wie du kriegen kannst.

Setzen Sie für »Meer« Worte wie Macht, Erfolg oder Geld ein – oder worum immer sonst es im Wirtschaftsleben geht –, dann sind die Unterschiede zwischen Mann und Frau sofort klar: Männer nehmen sich einfach den Erfolg! Und wenn es um Misserfolg geht, nehmen sie diesen viel sportlicher als wir Frauen. Und Männer sagen sich bei Misserfolg: »Beim nächsten Mal wird es besser.« Sie beziehen Misserfolg weniger auf sich selbst, sondern in erster Linie auf die Umstände. Wir Frauen jedoch nehmen sofort alles persönlich – und gehen bei Misserfolg wieder einen Schritt zurück.

In vielen Dingen können wir Frauen von Männern lernen – aber sie auch so einiges von uns

Männer haben so ein großes Talent, Raum für sich einzunehmen, dass es als versuchter Selbstmord gelten kann, sich in Meetings oder Verhandlungen mit ihnen zu messen. Männer sagen in Konferenzen auch Dinge, die Frauen für pure Selbstverständlichkeit halten und die deshalb für Frauen nicht der Rede wert sind. Männer sagen die Selbstverständlichkeiten dann aber noch in einer Weise, als hätten sie gerade die Hunderttausend-Euro-Idee gehabt. (Eigentlich müssten so einige Männer mit einer Riesentüte Konfetti in Konferenzen gehen, damit sie sich selbst mit Konfetti beregnen können.)

Verbal um sich schlagend (viele Männerworte scheinen Ellbogen zu haben), mit geschickter Karrierestrategie und einem hervorragenden Kontaktmanagement kommen Männer nach oben. Nicht alle, aber viele! Eins der großen Frauenthemen im Job und im Coaching ist: »Wie kann ich mich gegen solche Männer behaupten?«

Ich selbst habe mich in meinen frühen wilden Zeiten gut behaupten können. Ich war immer die Anführerin, eine kleine Revoluzzerin. Ich bin mit meiner Freundin durch ganz Europa getrampt. Ich habe auf Friedensdemos lauthals mitgesungen, wenn es um mehr Mut ging. Ich war Geschäftsführerin einer Diskothek, was meinen Eltern große Sorgen und die Nacht zum Tag gemacht hat. Ich habe mein Sozialpädagogik-Studium geschmissen und habe mich auf meiner Hochzeitsreise mit meinem »Bruce Springsteen«, meinem lieben Exmann, auf dem Motorrad bis in die Pfalz gewagt.

Irgendwann aber war die Zeit des Ausprobierens vorbei. Ich wurde »vernünftig«, ich ließ mich an der Wirtschaftsakademie zur Programmiererin und EDV-Kauffrau ausbilden und bekam in Hamburg einen Job im Controlling in einem großen Unternehmen. Aber als ich in Hamburg-Altona aus dem Zug stieg, der mich von Kiel dorthin gebracht hatte, bekam ich – die coole Anführerin, die großmäulige Revoluzzerin – eine Riesenangst. Panik sogar. Jegliches Selbstvertrauen schwand. Ich sollte Raum für mich beanspruchen? Ich doch nicht.

Ich fühlte mich wie der kleine Nemo im Haifischbecken. Ich hatte das Gefühl, dass mich alle anstarrten: »Oh, guck mal. Ein Landei. Was will die denn hier? Wie die schon aussieht!« Hallo?! Normalerweise war ich diejenige, die stark war. Aber in der S-Bahn auf dem Weg zum Hamburger Hauptbahnhof war ich sicher, dass mich alle mit einem kurzen Blick abgecheckt und sofort erkannt haben: »Die wird es hier niemals schaffen!« Und im Job merken die bestimmt, dass ich gar nicht so toll bin, wie ich denke.

Ich fing an zu arbeiten, und alle waren sehr nett zu mir und redeten mit mir. Und wie war ich? Ein stummer Fisch! Ich habe mich total zurückgenommen und mich mit einem Mal an alle Erziehungsmuster erinnert und geklammert, die ich als kleine Weltverbesserin so verabscheut hatte:

> Sei still und fall nicht auf.
> Immer schön lächeln.
> Und auch wenn ich's heute kaum mehr glauben kann, aber es war so: Mach einen Knicks, wenn du dich bedankst.

Können Sie sich vorstellen, wie mein damaliger Chef mich angesehen hat, nachdem er mir einen Haufen Arbeit gegeben hat und ich mich mit einem Knicks bedankt habe? Und je mehr die mich komisch anguckten, desto mehr Knickse machte ich – ein Teufelskreis! Ich, das kleine, unterwürfige Mäuschen, das in Hamburg schon fast unter den Teppich kroch.

PERSÖNLICHKEIT – EIN STARKES ICH – IST SO WICHTIG IM JOB

Nee, irgendwas lief da falsch. Und es lief so weiter bis zu der Woche, in der ich von meinem Chef dermaßen viel Arbeit übergestülpt bekommen habe, dass ich mich aus reiner Verzweiflung getraut habe, das erste Mal zu sagen: »Es wird mir zu viel.« Ich habe einfach angefangen zu reden und zu erklären, was alles anliegt. Vielleicht war es noch ein bisschen schroff und ungelenk, aber ich habe es gesagt! Und nicht nur das. Ich hörte mich plötzlich sagen:

»Meine Herren, ich bin von 9.00 bis 18.00 Uhr im Büro. Ich arbeite sehr fleißig, schnell und nach strengen Prioritäten. Nicht selten arbeite ich die Mittagspause durch und mache lange Überstunden. Und mir macht das grundsätzlich viel Spaß. Aber was im Moment von mir verlangt wird, ist einfach zu viel. Und es ist kein Ende abzusehen. Bitte entscheiden Sie die Prioritätenvergabe.«

Eigentlich wollte ich noch weitersprechen und mich verteidigen, denn einmal angefangen, wurde ich immer mutiger, und am liebsten hätte ich jetzt über alle Ungerechtigkeiten dieser Welt gesprochen. Doch das war gar nicht nötig. Ich wurde sofort – nein, nicht entlassen, sondern entlastet. Ich war sprachlos. Ich durfte mit einem Mal so viel wegdelegieren, dass ich schon fast nichts mehr zu tun hatte. Und vorher bin ich mehr als nur einmal heulend nach Hause gefahren.

So einfach kann eine Lösung sein!

Diese Geschichte habe ich schon oft in meinen Coachings erzählt.

Zu mir ins Coaching kommen viele Assistentinnen. Ich habe mich im Leben hochgearbeitet: zuerst von der frechsten, schlechtesten, faulsten und unmotiviertesten Schülerin Deutschlands zur schüchternsten Sachbearbeiterin Deutschlands und dann nach einem berufsbegleitenden PR-Studium bis zur souveränen Vorstandsassistentin für einen der größten Konzerne der Welt. Mittlerweile habe ich fast 15 Jahre auf beeindruckenden Vorstandsetagen von internationalen Konzernen gearbeitet, worauf ich sehr stolz bin.

Frauen tut es im Coaching gut, wenn da jemand ist, der die Situation in typischen Frauenberufen aus eigener Erfahrung und nicht nur aus dem Schrifttum kennt. Und Frauen glauben mir Sätze wie: »Wir müssen Grenzen setzen! In der Arbeit. Im Leben.« Wir müssen dabei andere nicht überrumpeln und uns um Kopf und Kragen reden wie so einige Selbstdarsteller in den Konferenzräumen. Meist reicht ein einfaches Stopp! Und wenn Sie den Mut haben zu sagen: »Hier beginnt mein Raum, den ich verantwortlich mit Leben und Sinn fülle«, erleben Sie in aller Regel ein Wunder, sogar ein doppeltes und dreifaches:

▶ Erstens akzeptieren es die anderen Menschen, dass Sie Raum einnehmen.

▶ Zweitens erkennen Sie damit selbst, dass Sie einen Raum haben, in dem Sie selbst – und nicht etwa die anderen – das Sagen haben.

▶ Und drittens spüren Sie den Sinn der Seemannsweisheit: »Das Meer ist für alle da«. Denn es folgen noch die drei Worte »... auch für mich«.

Das Meer ist für alle da. Auch für mich!

Wir können uns entwickeln. So etwas ist möglich. Aber das hören viele und glauben es beim ersten, beim zweiten und auch beim zehnten Mal nicht. Manches braucht eben Zeit. Oder mit einem Wort von Charles F. Kettering, der Vizepräsident und 27 Jahre lang Entwicklungschef von General Motors war: »In einer Fünftelsekunde kannst du eine Botschaft rund um die Welt senden. Aber es kann Jahre dauern, bis sie von der Außenseite eines Menschenschädels nach innen dringt.«

Für andere haben wir immer die besten Ratschläge, nur für uns selbst klappt es oft nicht

Ich mag das Wort Persönlichkeit sehr gerne, da es doppeldeutig ist. Es meint zum einen die innere Persönlichkeit, also die Charaktereigenschaften und wer man ist. Zum anderen drückt es aus, dass man nach außen eine entsprechende Wirkung hat: Denn Persönlichkeit strahlt aus. Was Persönlichkeit ausstrahlt? Selbstbewusstsein, Selbstvertrauen und Selbstsicherheit. Um eine Persönlichkeit zu werden, brauchen wir Mut. Wir dürfen uns nicht einschüchtern lassen, wenn die See rau wird und die Wellen hochschlagen. Oder um noch einmal Charles F. Kettering zu zitieren: »Niemand hätte jemals das Meer überquert, wenn er die Möglichkeit gehabt hätte, bei Sturm das Schiff zu verlassen.«

> Warum aber haben die einen mehr Mut als die anderen?
> Warum gelingt den anderen mehr als mir?
> Warum haben die einen mehr Erfolg als die anderen?
> Warum kann ich meinem Chef nicht einfach sagen, dass ich einen besseren Vorschlag habe als er?
> Warum gelingt mir nicht alles so, wie ich das möchte?
> Warum kann ich nicht so sein, wie ich eigentlich will?
> Warum gehe ich nicht zum Sport, obwohl ich doch weiß, dass es besser wäre und ich mich danach auch besser fühle?
> Warum kann ich nicht abnehmen und so aussehen, wie ich es will?
> Warum bin ich kein Musicalstar geworden?
> Und warum verberge ich meine Macht und meine Stärke hinter einer aufgesetzten Fassade?

Das Wort »Warum« kann man mir mal auf meinen Grabstein meißeln.

»Es könnte alles so einfach sein – isses aber nicht«, singen die Fantastischen Vier in ihrem Lied »Einfach sein«. Irgendwie stehen wir uns selbst im Weg. Warum aber können wir uns nicht einfach selbst aus dem Weg gehen?

Für andere haben wir immer die besten Ratschläge, nur für uns selbst klappt es nicht. Es ist unglaublich. Wir können mit den kompliziertesten Computerprogrammen umgehen und das neueste Navigationsgerät bedienen, aber wir haben uns selbst nur bedingt im Griff. Schlimmer noch: Alarmstufe Rot! Wir sind uns selbst ausgeliefert. Eigentlich ist das höchst fahrlässig und brandgefährlich.

IST BEI IHNEN AN BORD ALLES IN ORDNUNG?

Für mich als überzeugte Norddeutsche haben maritime Bilder große Anschaulichkeit. Das Meer ist für mich Kraft. Naturgewalt. Tiefe. Stärke. Schönheit. Entspannung. Weite. Erfolg. Chance. Hoffnung. Das Meer ist alles! Und auf dem Meer fährt das Schiff des Lebens. Mit solch einfachen Bildern erkläre ich im Coaching die Welt. Sie erinnern sich: Keep it simple! Denn das Leben ist ja schon kompliziert genug!

Wie kommt Ordnung ins Leben? Darum geht es in Coachings oft. Diese Frage aber stellt sich uns meist zu unpassenden Gelegenheiten – nämlich wenn wir allein sind, wenn wir nicht schlafen können und wenn es so spät ist, dass wir niemand mehr anrufen können.

Ein Schiff auf hoher See muss alles mit sich führen, was lebenswichtig ist – und ein bisschen mehr, was dem Leben Schönheit gibt, aber nicht zu viel, denn alles, was nicht mit Leben erfüllt wird, ist Ballast. Das Bild mit dem »Schiff des Lebens« erlaubt, einmal durchzumustern, was es an Bord hat. Was gibt es denn alles in mir?

- Die Seele, die Persönlichkeit, die Gefühle – Wut, Angst und Trauer und Druck, aber auch Neugier, Freude, Hoffnung und Zufriedenheit.
- Dann gibt es die etwas rationaleren Sachen. In mir gibt es eine Mannschaft. Da ist »jemand« für mein Zeitmanagement. »Jemand«,

der sich um meine Finanzen kümmert – also mein innerer Finanzexperte. Dann »Jemand«, der sich um meine Kleidung kümmert. »Jemand«, der sich um den Job kümmert. »Jemand«, der sich um den Haushalt kümmert. »Jemand«, der sich um die Familie kümmert, und »jemand«, der sich auch noch um sich selbst kümmert. Meine Güte! Da ist ja richtig was los in mir. Einmal angefangen finden sich plötzlich ganze Ansammlungen starker Männer und Frauen an Bord sowie das innere Kind.

Der Vorteil, sich selbst als eine Crew auf einem Schiff zu sehen, liegt darin:

Wenn mal etwas nicht richtig läuft, hat ein ganz bestimmtes Crewmitglied dafür die Verantwortung. Ich muss mich also nicht selbst beschimpfen, mich nicht insgesamt infrage stellen, nicht an mir verzweifeln. Und statt in Weltuntergangsstimmung zu geraten, kann ich mir konkret überlegen, was das Crewmitglied a) falsch gemacht hat und wo es b) etwas anders und besser machen soll. K.I.S.S.! Keep it simple stupid. Und wem das zu simpel erscheint, den frage ich:

> Wie viele Frauen und Männer lassen ihre schlechte Laune an ihrer Familie aus, weil sie emotional überfordert sind und dem brutalen beruflichen Druck schlecht standhalten können?
> Wie viele Frauen richten ihre Aggressionen gegen sich selber, indem sie die Schuld für alles auf der Welt sich selbst geben?
> Wie viele Frauen und Männer genehmigen sich einen, weil sie vor lauter »Wie soll das alles noch werden?« keinen Schlaf finden?

Schlechte Laune an anderen auslassen, sich selbst quälen, die eigenen Sorgen mit Alkohol zuschütten – das ist die Realität vieler Menschen. Darüber wird nur nicht geredet, denn sich selbst von außen betrachtend findet man das peinlich und so beschämend, dass einem meist die Worte fehlen. Und so machen sich die meisten Menschen gar nicht klar, was in ihnen alles los ist. Oft ist es die reinste Anarchie.

Das Bild von der Crew, bei der jede und jeder für etwas zuständig ist, aber keinen ordentlichen Job macht, hilft, alles einmal auseinanderzudröseln. Und plötzlich finden die Menschen ihr Innenleben nicht mehr zum Verzweifeln, sondern sehr spannend.

SIND SIE DER KAPITÄN AN BORD – ODER BRAUCHEN SIE AUCH MAL EINEN LOTSEN?

Das Meer steht für das Leben! Ich bin und Sie sind das Schiff auf dem Meer. Das Schiff kämpft sich durch das Leben. Mal gleitet es leicht über die Wellen, mal kämpft es sich durch die raue See, mal gibt es einen heftigen Sturm, mal totale Flaute. Und egal was ist: Mir soll es dabei gut gehen!

Wie sieht Ihr Schiff aus? Ist es eine Jacht, eine Jolle oder ein schwerfälliger Tanker?

Wie sind Sie im Meer unterwegs? Hoch beladen oder schnittig?

Wo ist Ihr Liegeplatz? Im überfüllten Hafen? Oder in einer wunderschönen Bucht?

Wie motiviert ist Ihre innere Crew? Arbeiten alle gut zusammen? Oder macht jeder, was er will?

Meine Meer-Methode ist ein einfaches Persönlichkeitsmodell. Wir sind aus verschiedenen Persönlichkeitsteilen zusammengesetzt. Aber die sind nicht irgendwie abstrakt, sondern für alles gibt es Bilder, die spontan Sinn machen:

- ❱ »Die Brücke« ist für den Kapitän, der das ganze Schiff im Griff haben muss.
- ❱ Wenn ich auf dem »Außendeck« bin, geht es um meine persönliche Kompetenz im Außen: der Job, die Leute, meine Performance, der Haushalt, mein Verhalten, welches ich im Außen zeige, aber auch mein Umgang mit meinen Freunden – und auch mit meinen Gegnern: Das sind die Piraten, die an Bord kommen wollen.
- ❱ Ebenso gibt es die »Abschottung« – für Landratten: Ein Schott ist eine Wand, die das Innere eines Schiffes in wasserdichte Räume unterteilt. Durch ein Schott wird zum Beispiel Ladung, die nicht zueinanderpasst, voneinander abgegrenzt – und auch bei manchen

Menschen machen wir die Schotten dicht. Das sind zum Beispiel die, für die ich zum Beispiel Wut und gleichzeitig Zuneigung empfinde.

Diese Menschen gedanklich in zwei voneinander getrennte Laderäume zu packen, kann hilfreich sein: »Aha, jetzt lass ich ihn mal in seinem Laderaum allein. Ich schotte mich ab.« Und wenn ich das tue, muss ich nicht nur gegenüber der Außenwelt alle Luken schließen, sondern auch entscheiden, mit welcher (seelischen) Ladung ich mich jetzt abgeben will. Ich selber kann es steuern. Nur ab zu müssen die Luken wieder zum Lüften geöffnet werden. Aber auch gegen das Eindringen durch die sogenannten Piraten hilft der Befehl vom Kapitän: »Schotten dicht«, um mich vor der Außenwelt zu schützen, die einem in bestimmten Situationen nicht immer guttut – und sei es nur eine Auseinandersetzung mit meinem Chef. Ich schütze meinen innersten Kern so gut wie möglich vor Verletzungen und bewege mich lieber im Außenbereich, in dem ich sachlich über alles diskutieren kann.

> »Der Tiefgang« steht für die psychologische Kompetenz im Innen. Hier sind alle Emotionen angesiedelt, die uns so oft durcheinanderbringen. Ob vor Glück oder vor Angst, Freude, Eifersucht, Wut, Druck, Ärger oder Hoffnung.
> Es gibt an Bord jedes Schiffes eine »Schatzkiste«. In ihr befindet sich Ihr innerster Kern. Der eigentliche Grund der ganzen Mühe! Sozusagen Ihr inneres Kind, welches es glücklich zu machen gilt auf Ihrer Reise durchs Leben.
> »Der Rückenwind« ist unsere persönliche Kraftquelle. Unser Antrieb, unser Motor. Hier sammelt sich alles, was uns guttut und uns stärkt: Sport, Natur, Familie, Musik, Wellness, Hobbys, aber auch Sexualität und Spiritualität. Je stärker Sie diese Kraftquellen leben, desto besser geht's mit vollen Segeln voran!
> Und wenn mein Lebensschiff einmal »Schlagseite« hat, dann ist das eine ungewollte, bedrohliche, nachteilige Gewichtsverteilung im Schiff, die es immer wieder auszugleichen gilt.

Monica Deters

Der Fantasie sind also keine Grenzen gesetzt. Wichtig ist, dass alle Bilder plastisch sind und dass die einzelnen Räume an Bord mir zeigen, in welchem Teil meiner Seele ich mich gerade aufhalte, womit ich mich dort befasse und womit ganz bestimmt nicht.

Auch das Ziel ist klar: Verschiedene seelische Ladungen müssen miteinander ausgesöhnt werden. Das ist die Gefühlsarbeit. Und für die »Jemands« von oben, die sich um den praktischen Teil des Lebens kümmern, gilt:

> erkennen, wo sie gegeneinanderarbeiten,
> und erkennen, wer gerade seine Pflichten zu stark vernachlässigt.

WIE LOTSEN WIR UNS SELBST BESSER DURCHS LEBEN?

Der Idealzustand ist, dass alle inneren Männer, Frauen und Kinder an Bord miteinander kommunizieren und das Ziel haben, an einem Strang zu ziehen. Wie in einem erfolgreichen Konzern oder Unternehmen. Sie kennen doch sicher den Spruch aus der Vorwerk-Werbung: »Ich leite ein kleines, erfolgreiches Familienunternehmen.« Wenn das einigermaßen gelingt, wird kein Sturm das Schiff Ihres Lebens zum Kentern bringen. Woran Sie das merken? Daran, dass Sie staunen, wie mutig Sie mit einem Mal sein können, wenn Sie im richtigen Fahrwasser und sich Ihrer selbst bombensicher sind. Ich habe es selbst so erlebt.

Zusammenfassend kann man sagen: Ausgeglichen und selbstsicher zum Erfolg. Oder maritim übersetzt: In der richtigen Strömung mit dem richtigen Schiff über alle Meere.

KLARE HIERARCHIEN BESTIMMEN DAS
LEBEN AN BORD

Fragen im Coaching resultieren oft aus dem Arbeitsleben. Wir alle sind unternehmensgeprägt. In Unternehmen gibt es Ordnungen, Zuständigkeiten und Kompetenzbereiche: die Finanzabteilung, die Kommunikationsabteilung, das Marketing, die Organisationsabteilung, die Personalabteilung, den Einkauf, das Lager usw. Und die Menschen, die einem übergeordnet sind, bestimmen unser Leben, unser Denken, unsere Hoffnungen und unsere Verzweiflungen in einem starken Maße – nicht nur in der Arbeitszeit und am Arbeitsplatz, sondern sie verfolgen uns oft noch nachts, wenn wir keinen Schlaf finden.

Ganze Horrorfilme laufen ab, wenn diese ungebetenen Bettgenossen unsere Gedanken und Fantasien besetzen: Der hat gesagt, ich habe gesagt, der hat getan, ich habe getan, der hat nicht verstanden, ich habe mich etwas zu keck benommen, das muss man doch verstehen, nach allem, was vorgefallen ist, aber blöd war das doch von mir, und wer von den Kolleginnen und Kollegen springt mir jetzt bei, die meisten freuen sich doch, weil sie selbst nicht in der Schusslinie stehen, habe ich mir zu viel Raum genommen, wird mein Verhalten Auswirkungen haben ...

Solche Wort-Bild-Passagen sind charakteristisch für depressive Verstimmungen. Meist sind sie kein Anlass, ärztliche oder sonstige therapeutische Hilfe in Anspruch zu nehmen, aber es gibt ja »mother's little helper«, von denen die Rolling Stones einst gesungen haben. Da ging es um das Privatleben, aber fürs Berufsleben gilt dasselbe: »Life is just much too hard today« – das Leben heute ist viel zu schwer, man braucht was, um sich zu beruhigen, und die kleinen gelben Pillen nannten die Stones »Mutters kleine Helfer«.

Coaching ist keine Therapie und Coaches sind keine Psychiater, aber es hat sich als hilfreich erwiesen, das Problem der im Prinzip ewig gleichen inneren Dialoge anzusprechen, die Situation im Job im Leben zu vergleichen mit einer Fahrt des Lebensschiffes an gefährlichen Klippen vorbei: »Du bist Kapitän deines Lebensschiffes. Und ich, der Coach, bin von dir als Lotse an Bord geholt worden. Wir finden deinen ganz persönlichen, individuellen Weg. Ich sage dir, wo ich Gefahrenpunkte sehe. Und welchen Kurs du steuern könntest. Aber du selbst fährst das Schiff und bestimmst, wo es langgeht!«

Solche Bilder bewirken, dass man eine Draufsicht auf die eigene Lebenssituation bekommt. Man sieht sich nicht mehr nur als Opfer der Umstände, sondern als Handelnder. Die oft psychodramatischen Geschichten, die in den Köpfen spuken, weichen einer gewissen Versachlichung. Und damit öffnen Menschen sich, Optionen und Alternativen für ihr Denken und Handeln in Betracht zu ziehen. Es geht nicht mehr um die »mein Leben vernichtende Kränkung, weil ich bei der Beförderung übergangen worden bin«, sondern darum, wie man auf der langen Reise durchs Leben eine Klippe umschiffen kann.

Sie erinnern sich: Mein Vater war Lotse – auf dem Nord-Ostsee-Kanal. Er musste Riesentanker, auf die er als Lotse ging, so navigieren, dass sie unbeschadet durch den engen Kanal fahren konnten, ohne irgendwelche Blessuren zu bekommen. Und das im Dunkeln oder im Nebel, also quasi blind. Und oftmals gegen den Willen des Kapitäns, der einem Lotsen manchmal nur der Pflicht wegen das Kommando übergibt (wer gibt schon gerne Macht ab, wenn sie nicht selbst motiviert ist?).

»Blinder Eifer schadet nur«, heißt ein bekanntes Sprichwort, »Schlaf eine Nacht drüber, morgen siehst du alles klarer«, heißt ein guter, praktischer Lebensrat. Manchmal braucht es eben einige Stunden oder eine ganze Nacht, damit der »blinde Eifer« sich legt – also: die überbordenden Emotionen ihre Macht über uns verlieren. Emotionen können bewirken, dass unser Lebensschiff auf ein Riff aufläuft oder dass es »aus dem Lot kommt« und Schlagseite bekommt.

Jetzt habe ich noch ein Zitat für Sie. Dieses Mal von Robbie Williams aus seinem erfolgreichsten Lied »Angel«: »Wherever it may take me – I know that life won't break me.« Daran glaube ich! Egal was uns passiert! Das Leben wird uns nicht brechen!

Segler wissen, was sie bei drohender Kenterung tun müssen: sich ins Trapez hängen – eine Sicherung aus Seilen, die ein Überbordgehen verhindert, die aber ermöglicht, nur noch mit den Füßen auf der Schiffswand zu stehen. Das gesamte Körpergewicht hängt über Bord und bildet ein Gegengewicht zur Kraft des Windes, der das Boot in Schlagseite gebracht hat.

Von Paul Watzlawick aber gibt es eine anschauliche Zeichnung, die karikiert, was sich in vielen Ehen abspielt. Die Ehe ist manchmal wie ein Segelboot. Ein Partner hängt an Backbord im Trapez, der andere an Steuerbord. So wird das Boot im Gleichgewicht gehalten. Das Boot liegt allerdings in völlig ruhigem Wasser. Wenn beide Partner sich einfach zueinander ins Boot setzen würden, wären ihre Riesenanstrengung und Bemühung um Ausgleich, das Boot vor Schlagseite zu bewahren, völlig unnötig.

Das ist das K.I.S.S.-Prinzip. Keep it simple stupid. Sieh es einfach, mach es einfach. Aber auch nicht so einfach, wie der Stier das rote Tuch sieht – und in sein Verderben rast. Also auf geht's. Reise Reise, wie es norddeutsch heißt. Volle Kraft voraus auf dem MEER des Lebens, mit dem Kurs auf MEHR Glück! Erfolg ahoi!

Monica Deters

Foto: Christina Braune

WER IST MONICA DETERS?

Diesen Beruf/diese Berufe habe ich bereits ausgeübt:
Viele Jahre Vorstandssekretärin/-assistentin in internationalen Großkonzernen, PR-Beraterin DPRG. Aber stellen Sie sich vor: In meinem »früheren Leben« habe ich auch als Geschäftsführerin einer Diskothek, EDV-Kauffrau/ Programmiererin (IHK) sowie Einzelhandelskauffrau Damen-Oberbekleidung (IHK) gearbeitet. Ich hatte halt immer die Sehnsucht nach dem Mehr und habe mich ausprobiert. Und überall habe ich gelernt! Aber dieser etwas ungewöhnliche Weg hat mich genau hierher gebracht, wofür ich sehr dankbar bin!
Meine Berufung ist: Menschen dabei zu unterstützen, ihre Sehnsucht nach dem Mehr zu finden ...
Meine Themen als Trainerin und/oder Coach sind: Als norddeutsche Deern natürlich: »Die Sehnsucht nach dem Mee(h)r.« Nur wer seine Sehnsucht kennt *(Ziele)* und mit einem starken, strukturierten Schiff *(Persönlichkeit)* unterwegs ist, kann aus allen Positionsleuchten strahlen (sich *professionell vermarkten)*. Je mehr – desto erfolgreicher!
Am Coaching schätze ich besonders: Das Coaching an sich. Dass es das gibt. Probleme haben sich noch nie so schnell aufgelöst wie jetzt. Ich glaube ganz fest daran, dass jeder Mensch schon alles in sich hat. Es müssen nur die richtigen Fragen gestellt werden. Und dafür ist der Coach da. Ist doch ein absoluter Traum, dass es so »einfach« geht, oder?

Meine hilfreichste Erfahrung, die mir die Begleitung von Menschen ermöglicht: 20 Jahre Großkonzern-Erfahrung sowie eine Kombination aus vielen Herausforderungen in meinem Leben, wie zum Beispiel schuldlose Entlassungen, neue Wege gehen wollen und müssen, erfolgreich bewältigte Schicksalsschläge usw. Diese sind mir in meinem Leben immer wieder begegnet. Und daraus die Erkenntnis, dass alles meistens (noch) besser wird, wenn man es aktiv und konstruktiv angeht! Ach, und natürlich meine Studien ...

Eine ausschlaggebende Situation/ein wichtiger Faktor in meiner Persönlichkeitsentwicklung war/ist: Eine reicht da nicht, aber überwiegend waren es meine Eltern, die mich ja überhaupt erst mal auf die Welt gebracht haben. Dann immer das indirekte Bewusstsein, dass Mehr in mir steckt. Ebenso die Bücher von Sabine Asgodom, die Songs von Bruce Springsteen und letztlich die Entwicklung meiner ganz eigenen persönlichen Persönlichkeitsmethode, die nachts im Regen unter Tränen entstanden ist ... Aber ganz ehrlich? Die Sekunde, nachdem ich fast alles in meinem Leben verloren hatte und ich mich entscheiden musste: leben oder sterben! Und ich habe mich fürs Leben entschieden. Und wie!

Das will ich noch lernen: Meine Kraftquellen mehr zu nutzen, um mich zu stärken

In diesen Situationen empfinde ich Glück: Genau in der Nanosekunde, in der ich in den Augen meiner Klienten sehen kann, dass ein neuer Weg entstanden ist. Das ist der Moment, warum ich alles mache! Und der mich mit tiefer Dankbarkeit erfüllt.

Ein Mensch ist reich, wenn er Freunde und Familie hat. Wenn sein gut getrimmtes Schiff in der richtigen Balance auf dem Kurs in Richtung Glück fährt ... und natürlich, wenn er Geld hat!

Diese Eigenschaften schätze ich bei anderen Menschen am meisten: Respekt, Authentizität, Humor und wenn sie mir einen Latte macchiato ausgeben!

Diese drei Stärken habe ich: Empathie, Überlebenswille und Selbstironie. Ich würde ja gerne noch alle anderen aufzählen, wo ich doch gerade so viele bei mir entdeckt habe ...

Diese Fehler entschuldige ich am ehesten (bei mir und bei anderen): Naschis ...

Meine Lieblingstugend: Oh, da reicht eine nicht aus. Ich stehe auf Tugenden. Und Werte. Zuverlässigkeit zum Beispiel. Wie ein Fels in der Brandung zu sein.

Aber auch Hoffnung, Dankbarkeit, Glaube, Liebe, Stärke, Aufrichtigkeit und Gerechtigkeit. Aber auch Fleiß, als wichtiger Aspekt von Erfolg. An der Tugend Pünktlichkeit muss ich aber noch arbeiten. Ach, und übrigens: In Wikipedia steht sogar Frauenverehrung als Tugend. Die finde ich natürlich besonders klasse!

Mein Lieblingsautor/meine Lieblingsautorin: Es ist nun mal so: Sabine Asgodom!

Mein Buchtipp zum Thema Persönlichkeit: Ich habe festgestellt, dass erst die Vielfalt alles ausmacht. Ich habe zig Bücher unter anderem über das Thema Persönlichkeit in meiner mittlerweile stattlichen Bücherwand. (Übrigens: Mein erstes Ratgeberbuch habe ich damals noch versteckt!) Und aus allen habe ich etwas gelernt. Ich liebe zum Beispiel auch die Bücher von Nikolaus B. Enkelmann, sehr viele Bücher meiner hoch geschätzten Trainerkollegen oder auch Cheryl Richardson.

Mein Lebensmotto: Der Sinn des Lebens ist: zu leben!

Sabine Asgodom

ICH BIN, WIE ICH BIN – DIE SCHWIERIGE BALANCE ZWISCHEN AUTHENTIZITÄT UND PROFESSIONALITÄT

»Es gibt kein richtiges Leben im falschen!«
Theodor W. Adorno, Philosoph

Aus einem Seminar mit internationalen Manager/innen in Genf: Eine Teilnehmerin, Projektleiterin in einem Pharmaunternehmen, beklagt, dass ihre persönlichen Werte nicht mit denen des Unternehmens übereinstimmten und dass sie sehr darunter leide. Ein männlicher Seminarteilnehmer sagt daraufhin: »Dann musst du halt deine Werte ändern.« Die beiden anderen Männer nicken zustimmend. Die teilnehmenden Frauen sind entsetzt: »Aber das geht doch nicht!« Selten ist mir der Unterschied zwischen Männern und Frauen im Business deutlicher vor Augen geführt worden (wobei wir alle wissen, es gibt »solche« und »sone« Männer und Frauen).

Wenn Sie Frauen fragen, was ihnen das Allerwichtigste im Beruf ist, taucht mehrheitlich dieser Begriff auf: Authentizität. Ein schwieriges Wort und ein schöner Begriff. Ja, wollen wir das nicht alle sein: authentisch? Was heißt das eigentlich? Das Wort stammt aus dem Griechischen und bedeutet »echt«. Und dieser Wunsch nach Echtheit, sich nicht verbiegen müssen, seine eigenen Werte leben können auch im Beruf, dieser Wunsch ist verständlich und berechtigt. Die Frage ist: Ist dieser Wunsch lebbar? Wie soll das gehen, das Sein und den Schein in Übereinstimmung zu bringen oder zu halten – in einem Unternehmen, in einer Hierarchie, in einer Welt, die Angepasstheit verlangen? In einer Berufswelt, wo Leistung gegen Geld getauscht wird? Und in der Chancen mit Angepasstsein (so gering es auch sein mag) verdient werden wollen? Muss die »Generation Erfolg« ihre Seele verkaufen? Die erste Nachricht vorweg: Nein, muss sie nicht. Die zweite: Ja, Anpassung ist gefragt. Bis wohin sie gehen muss, ist die Frage.

Die beste Nachricht: Es gibt eine Lösung für das Zusammenspiel von Echtheit und beruflicher Klugheit, von Ehrgeiz und Werten, von Teamplayer sein und den eigenen Weg gehen. Es gibt die ganz persönliche Balance von Authentizität und Professionalität.

Stellen Sie sich folgende Situation vor: Sie sind morgens schlecht gelaunt aufgestanden, Sie hatten am Vorabend Streit mit Ihrem Partner, Ihr Kind hat Ihnen beim Frühstück eine schlechte Klassenarbeit gezeigt. Und überhaupt wird Ihnen zurzeit alles zu viel. Auf der Fahrt zur Arbeit schimpfen Sie laut vor sich hin über all diese Idioten um Sie herum. Jemand schnappt Ihnen den freien Parkplatz direkt vor der Eingangstür weg, Sie müssen ein paar hundert Meter ins Büro laufen. Sie sind etwas zu spät dran und müssen gleich in ein Meeting mit einem Kunden. Den können Sie sowieso nicht leiden, und wenn Sie was zu sagen hätten, würden Sie das Projekt, das nur Stress macht, sowieso ganz anders anpacken als Ihr dämlicher Chef.

Da Sie ein freier Mensch sind, der eigenständig über sein Handeln bestimmen kann (davon gehe ich aus), haben Sie jetzt eine Reihe von Möglichkeiten, alternativ zu handeln:

Situation A: Sie hetzen in den Konferenzraum, nehmen Ihren ganzen Frust mit in die Sitzung, nehmen kein Blatt vor den Mund und sagen Ihrem Kunden und Ihrem Vorgesetzten jetzt mal Bescheid. Und überhaupt wollten Sie ja schon lange mal loswerden, dass ... Die Folgen sind Ihnen egal, sollen die Sie doch rausschmeißen, das musste jetzt mal gesagt werden. Sie wollen sich nicht verbiegen. Sie sind so was von authentisch.

Situation B: Sie reißen sich zusammen. Sie begrüßen Ihre Gesprächspartner lächelnd mit zusammengebissenen Zähnen. Sie sind bemüht höflich, sagen, was Ihr Chef hören möchte (schließlich wollen Sie diesen Idioten irgendwann beerben), wiederholen zum x-ten Mal, was der

Kunde sowieso wieder nicht kapiert. Der Chef entscheidet, Sie halten diese Entscheidung für Schwachsinn, aber halten die Klappe. Ist doch egal, ist ja nicht Ihr Unternehmen. Augen zu und durch. Sie sind so was von professionell.

Situation C: Sie sprechen kurz an, dass Sie einen fürchterlichen Morgen hatten: »Kennen Sie das, wenn Ihnen Ihr Kind beim Frühstück die Klassenarbeit zur Unterschrift reicht? Puh, manchmal ist es schwer, Eltern zu sein!« Die anderen nicken: »Oh ja!« Ihr Kunde sagt: »Deshalb ist unser Sohn im Internat.« Sie sehen den Kunden erstmals als Mensch. Ach, schau! Sie lenken um auf das Thema und sagen fröhlich, dass der Tag nur noch besser werden könne. Alle nicken lächelnd. Sie klären offene Punkte und weisen auf Schwachstellen hin. Ihr Chef entscheidet, dass es trotzdem so und so gemacht wird. Sie akzeptieren seine Entscheidung, beschließen, noch einmal unter vier Augen mit ihm darüber zu sprechen. Sie sind der/die Handelnde in Ihrem Leben.

Sicher gibt es weitere Variationen dieser Situation. Wie viele fallen Ihnen ein, sagen wir mal von D bis F? Mischformen, Varianten, verrückte andere Ideen. Die Frage bleibt: Wie authentisch will ich/kann ich in meinem Beruf sein? Privat muss ich niemanden zum Grillen einladen, den ich nicht mag. Im Beruf kann ich die Zusammenarbeit mit jemandem, den ich nicht mag, nicht einfach verweigern. Muss ich kündigen, wenn ich Kollegen habe, die ich niemals zum Grillen einladen würde? Jetzt sind wir mitten drin im Authentizitäts-Schlamassel.

»Es gibt kein richtiges Leben im falschen«, hat der Philosoph Theodor W. Adorno geschrieben. Ein anspruchsvoller, ein richtiger und wichtiger Satz. Er zwingt uns zur Präzision, zum Hinschauen, Hinfühlen, zum Bekenntnis: So will ich leben! Hier sind meine Wegweiser eingeschlagen, dort meine Grenzen. Das bin ich bereit zu tun, das nicht.

Aus meiner Erfahrung als Angestellte, Selbstständige, Trainerin und Coach habe ich ein Balancemodell entwickelt, das meinen Klienten hilft, für sich selbst Klarheit zu entwickeln, das richtige Leben im Richtigen zu führen. Ich möchte es Ihnen hier vorstellen, es soll auch Ihnen Impulse geben für die persönliche Orientierung.

Sabine Asgodom

Als Erstes hat jeder Mensch ein »Ich«, hoffentlich ein »starkes Ich«. Wodurch wird dies geprägt? Durch

> *Charakter.* Es gibt schon kleine Babys mit Charakter. In ihnen stecken Temperament oder Durchsetzungsstärke, Vorlieben und Abneigungen. Und dies verstärkt sich im Laufe eines Lebens.
> *Erziehung.* Menschen tragen, ob sie wollen oder nicht, viele Muster in sich, die durch Erziehung geprägt sind. Was sie für richtig oder falsch halten, ist von ihrer Umwelt beeinflusst.
> *Erfahrung.* Menschen haben aus dem Leben gelernt, was sie wollen oder nie wieder wollen. Worauf sie Wert legen, woran sie glauben, was sie mögen und was nicht.
> *Fähigkeiten.* Menschen haben Talente, Anlagen, Sachen, die ihnen leichtfallen, Lust auf Arbeiten, bei denen ihnen das Herz aufgeht, und andere, die sie zu vermeiden suchen.
> *Werte.* Im Laufe des Erwachsenwerdens bildet sich bei Menschen eine Prioritätenliste von Werten heraus. Die können sehr unterschiedlich sein. Während bei einem Menschen Herausforderung, Macht und Verantwortung an erster Stelle stehen können, sind es beim anderen vielleicht Freiheit, Kollegialität und Gerechtigkeit.

Charakter, Erziehung, Erfahrung, Fähigkeiten und Werte – alle zusammen machen einen Großteil der Persönlichkeit eines Menschen aus. Die stärkste Richtschnur für das starke Ich sind dabei die Werte. Authentizität ist die Übereinstimmung von Sein und Schein. Gerade deshalb sind die eigenen Werte die Richtschnur des Handelns, also der Kurs, die Ausrichtung, das Lebensradar. Die Ausführungsbestimmungen, die Umsetzung, brauchen allerdings ein Stück Geschmeidigkeit, wenn sie in der Berufswelt, also einer Welt von Beziehungen und Abhängigkeiten, erfolgreich sein sollen.

Ich habe die Beobachtung gemacht, dass zur geschmeidigen Umsetzung von Authentizität eine kluge Professionalität hilfreich ist. Ab Seite 267 lesen Sie, was ich unter Professionalität verstehe.

Wissen Sie, welche Werte Sie im Beruf antreiben? Was Ihre Motivatoren sind, wie ich diese nenne? Testen können Sie das mithilfe dieses Motivationsrasters, das ich entwickelt habe und seit vielen Jahren im Coaching und in Seminaren verwende. Hier erst mal die Liste von 24 Werten, darunter finden Sie die Anleitung:

Ruhe	Herausforderung
Spaß	Unabhängigkeit
Geld	Harmonie
Anerkennung	Selbstbestimmung
Muße	Erfolg
Freiheit	Ehre
Kollegialität	Abenteuer
Macht	Ästhetik
Sinn	Status
Freude	Sicherheit
Einfluss	Gerechtigkeit
Verantwortung	Zeitsouveränität

So finden Sie Ihr persönliches Motivationsraster:

Vergleichen Sie jeweils zwei nebeneinanderstehende Begriffe, zum Beispiel Ruhm und Herausforderung und entscheiden Sie sich für einen. Streichen Sie den anderen aus. Das Gleiche machen Sie mit dem nächsten Wortpaar Spaß und Unabhängigkeit. Streichen Sie den Wert, der Ihnen weniger wichtig ist. Sind Sie einmal die Liste von oben nach unten durch, müssten zwölf Begriffe übrig geblieben sein. Fangen Sie wieder oben bei zwei verbliebenen Begriffen an, streichen Sie wieder einen, bleiben sechs übrig. Wieder der paarweise Vergleich – bis schließlich nur noch drei Werte übrigbleiben. Das sind dann Ihre stärksten Motivatoren.

❱ *Ziele haben.* Wer seinen Beruf ernst nimmt, braucht Ziele: »Da will ich hin, das will ich erreichen.« »Dafür lohnt es, sich einzusetzen.« Wer Erfolg im Beruf haben will, wird nicht auf Zufall oder gar »Glück« setzen. Oder, wie Woody Allen einmal gesagt hat: 80 Prozent des beruflichen Erfolgs kommen allein schon dadurch, dass man sich in der Arbeit blicken lässt, »that you show up«.

❱ *Willen entwickeln.* »Es wäre schön, wenn …« ist zu wenig, um erfolgreich zu sein. Wenn ich etwas wirklich erreichen will, setze ich auch die Kräfte frei, um dorthin zu kommen. Manchmal fehlt bei Menschen das Verbindungsstück zwischen »wollen« und »handeln«. Nach meiner Erfahrung steht darauf meist »Mut«. »Ja, ich will« heißt, ich traue mich, den Anspruch zu stellen, das Ziel zu benennen und nach außen zu signalisieren.

❱ *Strategien erarbeiten.* Wer etwas erreichen will, braucht Strategien. Und Strategien heißt sich überlegen: Was muss ich tun, um das zu bekommen, was ich möchte? Sie möchten den Auftrag von X? Dann gestalten Sie Ihre Ausschreibung so professionell wie möglich. Ich möchte in der Branche einen Kontakt? Dann sollte ich gezielt netzwerken. Warum Frauen eher schwach im strategischen Denken und Handeln sind, erläutere ich Ihnen später.

❱ Grundsätzliche *Wertschätzung* für Menschen. Ob Sie den anderen mögen oder nicht, ob jemand Ihr Typ ist oder nicht, im Beruf brauchen Sie die Fähigkeit, alle möglichst gleich freundlich zu behandeln – egal ob Sie Verkäuferin oder Ärztin, Lehrerin oder Assistentin sind. Solange der andere Sie korrekt behandelt, gilt es, professionelle Freundlichkeit, Wertschätzung und Respekt zu vermitteln.

❱ *Selbst-PR.* Wenn Sie mit Ihrem Talent, Ihren Fähigkeiten und Erfolgen erkannt oder anerkannt werden möchten, müssen Sie sich zeigen. Der größte Wahn ist zu glauben: Es reicht doch, wenn ich gut bin. Nein, es braucht einen hellen Spot auf Sie, damit Sie gesehen werden. Und ausreichende Lautstärke, damit Sie gehört werden. Selbst-PR heißt: Hörbar und sichtbar werden. Den Mund aufmachen, Position beziehen, ein Profil gewinnen.

❱ *Gelassenheit.* Das ist die Fähigkeit, auch in schwierigen Situationen einen kühlen Kopf zu behalten. Sich nicht gleich aufzuregen, sondern zu überlegen, welche Reaktion klug ist und welche weiterhilft. Vielleicht kennen Sie den Spruch »15 Sekunden Ärger ist Reflex, danach entscheiden wir uns, uns zu ärgern«. Persönliche Professionalität heißt auch, mit seinen Gefühlen klug umgehen zu lernen.

) *Psychologie berücksichtigen.* Heißt im Beruf: Wissen, wie Menschen ticken, was sie brauchen, wie sie reagieren. Womit ich Menschen begeistern kann und wie ich etwas bewege. Wissen, dass es klüger ist, einen Vorgesetzten nicht anzumaulen, wenn ich etwas möchte. Dass ich einen Kunden nicht zum Kaufen bringe, wenn ich zu viel Druck mache. (Mehr zu allen Themen rund um Positive Psychologie finden Sie in meinem kostenlosen Internetmagazin auf www.coaching-heute.de).

) *Diplomatie anwenden.* Die Kunst, die eigenen Worte abzuwägen, Reaktion angemessen einzusetzen. Zu überlegen, was kann eher Schaden anrichten, was sollten wir vermeiden? Wie schaffen wir es, unsere Ziele durchzusetzen, in einem Konflikt unsere Position zu vertreten, ohne verbrannte Erde zu hinterlassen?

) *Souveränität beweisen.* Die beginnt bei einer klaren Haltung (innerlich und äußerlich). Einem guten Gang, einer guten Erscheinung (lesen Sie dazu die anderen Kapitel). Souveränität heißt aber auch, die Fähigkeit zu schulen, sich nicht provozieren zu lassen und selbstbestimmt zu handeln und zu reagieren. Es bedeutet, professionell zu reagieren, zu entscheiden, wann wir uns aufregen und wann nicht. Und wenn wir in den Kampf gehen, die Folgen der Entscheidung zu tragen, nach dem Motto: »Alles hat seinen Preis«. Sich zur Handelnden im Leben zu machen, nicht zur Getriebenen oder gar zum Opfer. Souveränität heißt, sich von anderen ruhig Feedback geben zu lassen, aber dann die eigenen Entscheidungen zu treffen.

) *Techniken und Methoden beherrschen.* Manchmal fehlt Frauen das »Handwerkszeug«, um sich durchzusetzen. Doch jede kann sich Tools aneignen, mit denen sie sich besser verständlich machen, Menschen begeistern und klare Anweisungen geben kann. Zum Handwerkszeug gehören Rhetorik, Durchsetzungsstrategien, Konfliktmanagement, Präsentationstraining, Fragetechniken etc. Viele dieser Methoden finden Sie in den Kapiteln dieses Buches.

Sabine Asgodom

❱ *Distanz bewahren.* Ein bisschen Distanz zwischen der eigenen Person und der im Beruf kann nicht schaden. Darunter verstehe ich die Fähigkeit, zwischen sich als Privatperson und beruflich tätigem Menschen zu unterscheiden. Als Einkäuferin eines Textilunternehmens agiere ich nicht als die nette Frau X, sondern als Einkäuferin, die versucht, gute Preise zu verhandeln. Eine Niederlage im Beruf bedeutet nicht eine Niederlage als Mensch. Wenn jemand es nicht geschafft hat, den Auftrag Y zu bekommen, heißt das nicht, dass er ein wertloser Mensch ist. Frauen brauchen dringend mehr Distanz, weil sie vieles furchtbar persönlich nehmen, sich leicht verunsichern und kränken lassen. Die Selbstzweifel liegen bei Frauen dichter unter der Haut als bei Männern, habe ich beobachtet. Bei sich selbst die empfindlichen Stellen zu kennen, kann helfen, sich zu »immunisieren«.

❱ *Klug agieren.* Frauen gelten in der männlich dominierten Berufswelt oft als unbequem und störend, um nicht zu sagen, verstörend. Frauen sind manchmal sehr ehrlich und schaden sich dabei selbst. Die Klugheit zu wissen, wie man etwas sagt, um nicht verbrannte Erde zu hinterlassen, ist hilfreich. Zwei Beispiele: Statt zu sagen: »Dafür gibt es gar kein Budget«, kann die für die Finanzen zuständige Frau zu visionären Kollegen sagen: »Gebt mir ein Budget und ich mache euch sofort einen Projektplan.« Statt zu sagen: »Das geht sowieso nicht!«, lieber: »Bringen Sie mir ein Argument, mit dem Sie mich überzeugen können.«

Ich hoffe, Sie haben eine Ahnung davon bekommen, wie Professionalität Ihre Position stärken und Ihren Einfluss erhöhen kann. Ich bin überzeugt, dass das gute Zusammenspiel beider Seiten Authentizität und Professionalität eine starke Persönlichkeit hervorbringt, die sich im Leben selbstbestimmt bewegt.

UNGESCHRIEBENE GESETZE KENNEN

Was passiert, wenn Frauen nur eine Seite leben? Nur Authentizität beispielsweise? Dann kennen sie die Spielregeln in Hierarchien oft nicht, bringen sich um Aufstiegschancen und Erfolg. In einer Hierarchie muss man ein guter Teamplayer sein, die Signale von oben erkennen und verstehen. Es gibt in jedem Unternehmen ungeschriebene Gesetze, beispielsweise das Vieraugenprinzip. Heißt: Kritik wird im Zweiergespräch geübt.

Ein Beispiel: In einem Coaching berichtet eine Klientin von einem »Todfeind«, den sie unter den Kollegen hätte. Und sie wüsste gar nicht, was der gegen sie haben könnte.

Ich frage sie: »Kann es sein, dass Sie ihm einmal irgendetwas angetan haben, dass der so giftig auf Sie reagiert?«

»Nein, nix«, so ihre Antwort.

Ich bohre nach: »Seit wann ist der Kollege denn so feindselig?«

Sie überlegt, ihr Gesicht verzieht sich plötzlich, sie nickt mit dem Kopf: »Jetzt weiß ich's, seit ich ihm in der Konferenz einen Fehler nachgewiesen habe.«

Bingo!

»Ich hatte aber recht«, verteidigt sie sich fast trotzig.

Daran denke ich unter anderem, wenn ich manchmal provozierend in Seminaren sage: »Frauen sind so herrlich ehrlich, aber dämlich.« Ja, natürlich hatte die junge, ehrgeizige Managerin recht. Der Kollege hatte einen Fehler gemacht, sie hatte das entdeckt. Doch die volle Breitseite in der Konferenz vor Vorgesetzten und Kollegen herauszuposaunen, ist strategisch, sagen wir mal, verbesserungsfähig.

Verstehen Sie mich nicht falsch, ich bin für Aufrichtigkeit, doch Klugheit macht die Angelegenheit menschenfreundlicher. Oder wie meine geschätzte Kollegen Liz Howard sagt: »Tell the truth with love!«

Nichts gegen Authentizität als innerer Kompass, nichts gegen Idealismus, die eigene Überzeugung, den eigenen Weg. Aber die Verbindung mit strategischem Denken sorgt dafür, dass wir auch in Zukunft die Chance bekommen werden, unsere Fähigkeiten im Unternehmen einzusetzen, Verbündete zu finden, Erfolge zu erzielen.

Sabine Asgodom

Die Balance zwischen Authentizität und Professionalität gilt übrigens auch für Selbstständige. Authentizität ist das Schlüsselwort für die Einzigartigkeit. Nur wer authentisch ist, unterscheidet sich von den vielen anderen Mitbewerbern. Doch auch hier geht es nicht ohne eine professionelle Grundfertigkeit. Vielleicht haben selbstständige Frauen eher die Chance zu entscheiden, für wen sie arbeiten wollen und wie. Aber natürlich müssen auch sie Rücksicht auf Kunden und Lieferanten nehmen, brauchen ein gutes Verhältnis zu Bank und Vermieter. Sie leben in dieser Welt, nur Einsiedler brauchen niemand anderen. »Wer ein Geschäft eröffnen will, muss lächeln können«, heißt ein chinesisches Sprichwort.

Gestört wird die Balance, wenn nur noch Gewinnstreben, persönliche Vorteile und/oder Machtgier die Persönlichkeit prägen. Also was passiert, wenn ein Mensch nur noch professionell handelt, wenn von Authentizität keine Spur ist? Das kann zwei völlig unterschiedliche Auswirkungen haben. Entweder er wird zum angepassten Duckmäuser, der tut, was man ihm sagt, ohne nachzudenken, ohne den Verstand einzusetzen, ohne ein kritisches Bewusstsein zu entwickeln. Doch, wie hat schon Franz Josef Strauß gesagt: »Everybody's Darling is Everybody's Depp!« Nützliche Idioten nennt man Menschen, die alles machen, was man ihnen sagt.

Variante zwei: Der Mensch ist nur noch zynisch. »Ist doch egal, Hauptsache, es funktioniert«, hört man ihn sagen. »Denen verkaufe ich auch meine Großmutter.« Zyniker haben ihre innere Werteskala auf den Begriff Geldverdienen oder Macht fixiert. Zyniker machen sich über alles lustig (vor allem über »Gutmenschen«). Und sie haben ihre innere Stimme, die etwas von Verantwortung und Rücksicht sagt, ruhiggestellt.

Vor einiger Zeit hörte ich von der Personalchefin eines IT-Unternehmens, dass dort innerhalb kürzester Zeit zwei Abteilungsleiter tot umgefallen seien. Ich war entsetzt. Sie lächelte und sagte: »Ach, wissen Sie, niemand ist unersetzlich. Nach vier Wochen kennt hier in der Firma doch sowieso keiner mehr unseren Namen.« Das mochte ja so sein, ihre Art, davon zu sprechen, machte mir Angst. Wo war der Mensch hinter der Funktion?

Meine Beobachtung ist: Wenn Unternehmen nur noch von Zynikern beherrscht werden, vereist die Kultur. Mitarbeiter zählen nicht mehr als Menschen. Der Zweck heiligt die Mittel. Sie sehen, jede extreme Ausrichtung ist gefährlich.

Wo der ideale Balancepunkt zwischen Authentizität und Professionalität liegt, kann jede Frau nur für sich selbst bestimmen. Wie weit er sich auf Strategien, psychologische Methoden oder Abwägungen einlässt, kann jeder Mensch nur für sich entscheiden. Da gibt es kein Rezept, kein Richtig und Falsch.

Das entscheidende Zeichen: wenn das Handeln mit den Werten weitgehend übereinstimmt. Bestes Mittel, um das herauszufinden, ist der morgendliche Blick in den Spiegel: »Kann ich mir noch in die Augen schauen?« Wenn nicht, ist Veränderung angesagt, soll die Seele keinen Schaden nehmen.

Ich bin überzeugt: Die Balance von Authentizität und Professionalität bringt das, was wir Charisma nennen, sprich, eine starke Ausstrahlung. Wenn wir an Menschen denken, denen wir eine starke Authentizität zusprechen, so waren die nicht unstrategisch: Nelson Mandela, Gandhi, Mutter Teresa – sie wussten alle, was sie wollten, haben sich Ziele gesetzt und sind strategisch vorgegangen, um diese – idealistischen – Ziele zu erreichen. Und sie waren erfolgreich damit.

Richtig leben im richtigen Leben, das ist es. Die richtige Mischung aus Authentizität und Professionalität kann uns dabei helfen.

Übrigens: Die Teilnehmerin aus dem Genfer Seminar, die ihre Werte nicht mehr mit denen des Unternehmens, für das sie arbeitete, in Übereinstimmung bringen konnte, hat inzwischen für sich entschieden, dass sie nicht in einem Unternehmen arbeiten möchte, in dem sie regelmäßig gegen ihre Werte verstoßen muss. Sie hat sich erfolgreich selbstständig gemacht.

Foto: Constanze Wild

WER IST   SABINE ASGODOM?

Diesen Beruf/diese Berufe habe ich bereits ausgeübt: Ich war auf der Deutschen Journalistenschule in München und danach 25 Jahre lang Redakteurin
(*tz München, Eltern, Freundin, Cosmopolitan*). Dazwischen war ich anderthalb
Jahre Assistentin im Münchener Rathaus. Ich war drei Jahre lang Herausgeberin der Bürozeitschrift *Working@Office*. Derzeit bin ich Herausgeberin von
Women@Work (einer vierteljährlichen Beilage der Zeitschrift *Emotion*) und
des Internetmagazins *Coaching-heute* (www.coaching-heute.de). Außerdem
bin ich seit 28 Jahren Buchautorin.

Meine Berufung ist: Menschen Impulse für ein selbstbestimmtes Leben zu
geben

Meine Themen als Trainerin und/oder Coach sind: Selbstmanagement, Selbst-
PR, Gelassenheit, Führen mit S.E.E.L.E., Mut zu Veränderungen, Zufriedenheit

Am Coaching schätze ich besonders: Die intensive Arbeit an konkreten Lösungen

**Meine hilfreichste Erfahrung, die mir die Begleitung von Menschen ermög-
licht:** Wir sind keine armen Opfer, sondern können Handelnde auch in unan-
genehmen Lebenssituationen werden.

**Eine ausschlaggebende Situation/ein wichtiger Faktor in meiner Persönlich-
keitsentwicklung war/ist:** Das Jahr 1981, in dem ich das Buch *Halt's Maul,
sonst kommst nach Dachau* (Bund-Verlag) recherchiert habe. In den Interviews
mit Zeitzeugen aus dem Arbeiterwiderstand gegen die Nazis habe ich viele

Lektionen in Sachen Zivilcourage bekommen. Mein nachhaltigstes Mut-mach-Erlebnis.

Das will ich noch lernen: Da bin ich völlig offen!

In diesen Situationen empfinde ich Glück: Wenn ich da bin, wo ich sein mag, tue, was ich tun mag, mit den Menschen, mit denen ich zusammen sein mag

Ein Mensch ist reich, wenn er sagt: »Mir reicht's.«

Diese Eigenschaften schätze ich bei anderen Menschen am meisten: Aufrichtigkeit, Humor, Lebensfreude

Diese drei Stärken habe ich: Mut, Humor, Vergesslichkeit (heißt: kann schnell vergessen)

Diese Fehler entschuldige ich am ehesten (bei mir und bei anderen): Andere beim Reden unterbrechen

Meine Lieblingstugend: Wahrhaftigkeit

Mein Lieblingsautor/meine Lieblingsautorin:
Bei Romanen: Marian Keyes (zum Beispiel *Wassermelone)* • bei Sachbüchern: Irvin D. Yalom (zum Beispiel *Die rote Couch)*

Mein Buchtipp zum Thema Persönlichkeit: *Das Drama des begabten Kindes* von Alice Miller. Ich bin sicher, wir müssen zurückschauen, um nach vorne einen freien Blick zu bekommen.

Mein Lebensmotto: »Wenn du dein Schicksal nicht ändern kannst, dann ändere deine Einstellung.« (Amy Tan)

Bilen Asgodom

MUTMACHER GESUCHT – WIE SIE UNTERSTÜTZER FINDEN

Ja, bevor Sie lange nachdenken müssen: Ich bin die Tochter von Sabine Asgodom, bin Historikerin und absolviere ein zweijähriges Zusatzstudium an der Universität Salzburg zum »Master in Training and Development«. Im Weiterbildungsunternehmen *Asgodom Live* bin ich seit 2006 Projektmanagerin, ich organisiere beispielsweise 2010 zum dritten Mal den jährlich stattfindenden *Asgodom Live Persönlichkeitskongress*.

Meine Hauptaufgabe aber ist, Menschen, die für sich persönlich oder für ein Unternehmen Coaches, Trainer oder Redner suchen, mit passenden Experten zusammenzubringen. Expertinnen, um genau zu sein. Wir setzen nämlich auf Frauenpower. Ich vermittle erfahrene Trainerinnen, Rednerinnen und Coaches, die ihre innovative Sichtweise auf die Berufswelt und weibliche Expertise einsetzen, um vor allem Frauen (aber auch gemischten Teams und Zuhörern) Erfolgsstrategien und -methoden für die Zukunft zu vermitteln (die Autorinnen dieses Buchs gehören dazu): Soft Skills wie Körperenergie, Selbstmotivation, Stimmtraining, Redetraining, Durchsetzungsstrategien, Zielerreichung, Zeitmanagement, und, und, und – eben Anschub für die »Generation Erfolg«.

Die Mitglieder dieser »Generation Erfolg« sind, so meine Beobachtung, fachlich topfit, aufgeschlossen und veränderungsbereit. Doch manche Frauen fühlen sich als Einzelkämpferin, die sich ständig beweisen, behaupten und gegen Widerstände durchsetzen müssen. Die oft das Gefühl haben, alles alleine schaffen zu müssen. Das ist hart. Untersuchungen zeigen nämlich immer wieder: Beruflich am weitesten kommen Menschen, die Förderer haben – Mentoren, Mutmacher, Coaches.

THEMA MENTORING

Männer nutzen diese Form der generationenübergreifenden Unterstützung seit Jahrtausenden. Amerikanische Untersuchungen zeigen, dass dort so gut wie jeder der Top-500-Manager einen Mentor hatte.

Frauen tun sich da oft schwerer, weil ältere Chefs sich nicht unbedingt eine junge Frau als ihren Nachfolger vorstellen. Das heißt für Frauen: Suchen Sie sich einen Mentor/eine Mentorin. In vielen Bundesländern gibt es Initiativen für Frauen zum Thema Mentoring (Infos gibt es im Internet zuhauf), in einigen Unternehmen werden Mentoringprogramme für Nachwuchsführungskräfte oder speziell für Frauen angeboten. Wann immer Sie können, nutzen Sie diese Chance.

Wenn es kein offizielles Programm gibt, machen Sie sich selbst auf die Suche. Geeignete Mentoren gibt es sicher auch in Ihrem Umfeld. Schauen Sie sich um: Gibt es einen erfahrenen Menschen, der beruflich erfolgreich, aber nicht mehr mitten im Kampf um Aufstieg und Erfolg steht? Jemand, den Sie schätzen und dessen Rat Sie gerne einholen würden? Frühere Chef/innen, Kolleg/innen, eine/n Ihrer früheren Professor/innen oder Ausbilder? (Vielleicht sogar einen beruflich erfolgreichen Onkel oder eine Tante, deren Weisheit Sie schätzen? Der/die aber emotional weit genug entfernt ist, sodass er/sie »objektiv« Ihre Situation ansehen kann?) Fragen Sie diesen geschätzten Menschen geradeheraus: »Ich hätte Sie gern als Mentor. Wären Sie bereit, mich für ein Jahr lang mit Ihrer Erfahrung zu begleiten?« Begleiten heißt: monatlich oder vierteljährlich treffen, über Arbeitssituationen oder anstehende Entscheidungen sprechen, Feedback einholen, Ideen und Strategien entwickeln, bei aktuellen Fragen anrufen dürfen. Die Erfahrung zeigt, dass die meisten Angesprochenen sich freuen, wenn sie einem ehrgeizigen jungen Menschen helfen können (jung gilt in diesem Fall leicht bis über 40).

THEMA MUTMACHER

Oft haben wir zu viele Bedenkenträger um uns herum, Menschen, die uns eher warnen als ermutigen, eher abhalten als anhalten, aktiv zu werden. Schauen Sie sich in Ihrer privaten Umgebung um: Haben Sie genügend Unterstützer oder überwiegen die Bremser? Wer steht zu Ihnen, wenn Sie Neues wagen? Wer steht Ihnen bei, wenn mal etwas schiefgeht? Sollten Sie sich von manchen Schwarzmalern eher fernhalten? Sollten Sie sich mit Menschen verbünden, die ebenfalls ein selbstbestimmtes Leben führen wollen? Erweitern Sie Ihren Bekanntenkreis um ehrliche und offene In-die-Zukunft-Schauer.

THEMA COACHING

Die Nachfrage nach Coaching steigt. Immer mehr Menschen kommen zu dem Schluss, dass sie für die Lösung ihrer beruflichen Probleme gerne Impulse und neue Denkansätze von außen hätten. Viele haben das Gefühl, mit den gestiegenen Anforderungen im Berufs- und Privatleben alleine nicht mehr zurechtzukommen. Sie möchten neue Aspekte in ihrer persönlichen Weiterentwicklung entdecken. Zum Coach zu gehen, ist keine vermeintliche Bankrotterklärung mehr wie vielleicht noch vor zehn Jahren (»Die/der kommt mit dem Job nicht klar«), sondern Zeichen für Reflexion und gezielte Weiterentwicklung. Coaching ist auch nicht mehr nur Führungskräften vorenthalten, auch Existenzgründer und Angestellte gehören immer öfter zu den Interessenten. Sich Impulse von Profis zu holen, gilt heute als klug. (Dasselbe gilt ja schon lange für Seminare, aus denen man auch klüger rauskommt.)

Sich coachen lassen heißt, sich begleiten lassen auf der Suche nach den besten Lösungen. Das kann in einem vierstündigen »Kick-off-Coaching« geschehen oder regelmäßig über Monate. Entscheidend ist, was Sie sich wünschen.

Einige Beispiele von Anfragen für Coachings, die ich bekommen und weitervermittelt habe:

) Eine junge Führungskraft hat Probleme mit älteren Mitarbeitern. Sie möchte sich in drei Terminen coachen lassen, um das Verhältnis zu verbessern.

) Eine Berufsanfängerin hat das Gefühl, in ihrer Abteilung nicht ernst genommen zu werden. Sie braucht Methoden, um souveräner auftreten zu können.

) Ein Unternehmer ist am Rande der Erschöpfung. Er möchte Lösungen entwickeln, wie er Arbeit und Verantwortung besser delegieren kann, und bucht einen ganzen Coachingtag.

) Eine Uni-Absolventin sucht einen Job und sucht Hilfe bei der Vorbereitung auf Vorstellungsgespräche. Sie möchte bei den nächsten Terminen vorbereitend begleitet werden.

) Eine Spezialistin in einer Entwicklungshilfeorganisation möchte sich selbstständig machen und sucht nach einem erfolgreichen Konzept. Sie investiert zwei Stunden.

) Eine Trainerin möchte ihr erstes Buch schreiben und sucht einen Coach, der Erfahrung damit hat und mit ihr das zu ihr passende Thema entwickelt.

) Eine Architektin ist unzufrieden mit ihrem eigenen Auftreten. Sie möchte Körpersprache und Stimme kräftigen. Sie braucht eine Spezialistin dafür.

Wenn Sie sich coachen lassen, wollen Sie natürlich einen »guten« Coach finden. Die Frage nach »gut« oder »schlecht« kann nicht nach Schema F beantwortet werden. Denn jeder definiert »gut« anders. Dabei muss ein »guter« Coach nicht gleichbedeutend mit einem »studierten« Coach sein. Und nicht »Wie finde ich einen guten Coach?« sollte Ihre Leitfrage sein, sondern »Wie finde ich den für mich/mein Anliegen richtigen Coach?«. Lenken Sie den Fokus von »objektiven« Qualitätskriterien auf Ihre »subjektiven« Qualitätsansprüche. Von der Frage »Welche Deckel sind allgemein gut?« hin zur Frage »Welcher Deckel ist der passende zu meinem Topf?«.

Coaching ist die Arbeit mit Menschen, der Aufbau einer Beziehung zwischen Menschen und damit zwischen zwei Persönlichkeiten. Und erst in zweiter Linie die Beziehung zwischen einem Problem und einer be-

stimmten Methode. Nicht umsonst achten laut einer Studie der Kien-
baum-Unternehmensberatung 94 Prozent der befragten Führungskräfte
bei der Auswahl eines geeigneten Coachs auf das persönliche Auftreten.* Wachstum wird dadurch gefördert, dass man nach einem Coach
Ausschau hält, der etwas repräsentiert, das man selber gerne hätte/
wäre. Wie Sabine Asgodom es prägnant ausdrückt: Weiterentwicklung
findet auch in der Arbeit mit einem Coach statt, der »bereits eine
Wegbiegung weiter ist«. (Dies gilt übrigens auch für Trainer und Redner.)

Der Coach, der erfolgreich mit Ihnen arbeiten soll, muss Ihnen liegen. Und dies kann ein ehemaliger Diplom-Ingenieur, eine Sozial-
pädagogin oder ein Unternehmensberater genauso wie eine ehemalige
Assistentin sein – je nachdem, wonach Sie suchen, was Ihnen wichtig
ist. Vor Beginn der Suche notieren Sie sich daher am besten ein paar
Stichpunkte:

) Aus welchem Gefühl heraus ist bei Ihnen der Wunsch entstanden,
ein Coaching zu beginnen?
) Gibt es eine bestimmte berufliche Situation, in der Sie sich befinden,
in der der Wunsch entstanden ist?
) Haben Sie ein konkretes Problem, für das Sie eine Lösung möchten,
oder ist es eher ein allgemeines Gefühl von Veränderungswillen?
) Wollen Sie ein bestimmtes Ziel erreichen, für das Sie Unterstützung
brauchen?
) Was ist Ihnen wichtig bei einem Menschen, der Sie unterstützen soll?

Diese Aufzeichnungen bieten Ihnen im Laufe der Suche Anhaltspunkte,
wonach Sie bei einem Coach Ausschau halten könnten oder wonach Sie
fragen sollten. Und darüber hinaus erhalten Sie bereits mehr Klarheit
über Ihr Anliegen. Die Suche nach dem geeigneten Coach, der Vergleich,
die Gespräche sind nämlich bereits der erste Schritt im Coachingprozess.
Daher ist auch die Konzentration auf Ihre persönlichen Anliegen so
wichtig.

---

* *http://www.kienbaum.de/desktopdefault.aspx/tabid-502/650_read-1154*

Ähnliches wende ich übrigens auch in meiner Arbeit an, wenn ich die richtige Rednerin für eine Firma oder für einen Kongress suche. Abgeleitet von den Anforderungen des Kunden und dem Eindruck, den ich von der Firma/dem Umfeld in den Vorgesprächen erhalte, erstelle ich eine Auswahl. Denn die Themengebiete sind sich meist recht ähnlich. Vor allem aber bei Vorträgen gilt, dass bei einem sehr guten Redner nicht der Inhalt, sondern das *Wie* entscheidet – also die Persönlichkeit.

Egal wie Sie auf einen Coach stoßen – über eine Internet-Anfrage, den Blick in Coaching-Datenbanken, das Auftreten auf einer Veranstaltung, den Hinweis von Freunden, eines Berufsverbands oder über die Lektüre eines von einem Coach geschriebenen Buchs: Wichtig ist, die Erfahrung und die Persönlichkeit des Coachs unter die Lupe zu nehmen:

> Hat er/sie selbst in Unternehmen gearbeitet, hat er/sie also Hierarchieerfahrung?
> Gibt es ein Spezialgebiet, in dem er/sie sich besonders profiliert hat?
> Wie zeigt er/sie sich auf der Homepage?
> Wie gefällt Ihnen das, was er oder sie schreibt?
> Bekommen Sie schnell einen »Draht« zu seinem/ihrem Auftritt?
> Wie schnell wird Ihre Anfrage beantwortet?
> Wie professionell sehen die Unterlagen aus, die Sie zugeschickt bekommen?
> Gefallen Ihnen die Thesen, die der Coach vertritt?
> Wie sympathisch ist er/sie Ihnen beim Vorgespräch?
> Wie professionell wird das Coaching vorbereitet?

Neben der Zielgruppe, mit der der Coach arbeitet (und die auch den Preis der Coachingstunden bedingt), sollten Sie auch danach schauen, womit der Coach sonst noch sein Geld verdient. Die wenigsten Anbieter sind nur im Bereich Coaching tätig. Ein positiver Aspekt einer möglichst breiten Angebotspalette: Ein Coach, der auch als Trainer arbeitet und gut gebucht wird, ist nicht darauf angewiesen, jede Coachinganfrage anzunehmen. Das bedeutet, er wird Ihnen ehrlich sagen, wenn Ihr Anliegen besser bei jemandem anderen aufgehoben wäre. Fragen Sie ruhig nach den Grenzen der Arbeit: Wo sieht er/sie seine Grenzen? Und überzeugen diese?

Noch ein Wort zu den beruflichen Qualifikationen, die über »gut« oder »schlecht« entscheiden. Keine Frage, auch die Ausbildung des Coachs sowie die Methoden, nach denen er arbeitet, sollten von Ihnen unter die Lupe genommen werden. Als Laie ist es jedoch meist schwer, die Unterschiede der verschiedenen Coachingschulen zu kennen oder auf Anhieb zu wissen, welcher Ansatz zu Ihnen passen würde.

Viel aufschlussreicher sind in diesem Bereich die Offenheit des Coachs und der Wille, darüber Auskunft zu geben. Je transparenter, desto besser. Ähnliches gilt auch für die Frage, ob der Coach in einem Verband organisiert ist. Dass jemand Mitglied in einem Verband oder sogar von diesem zertifiziert ist, bedeutet nicht automatisch, dass er auch erfolgreich arbeitet. Es bedeutet jedoch, dass er bereit ist, Zeugnis über seine Arbeit abzulegen. Meist muss man bestimmte Kriterien erfüllen, um in Verbände aufgenommen zu werden oder von diesen zertifiziert zu werden. Zudem sind auch regelmäßige Weiterbildungen in Verbänden möglich und geregelt. All dies können Anhaltspunkte dafür sein, dass der Coach auf die Qualität seiner Arbeit Wert legt, nichts zu verbergen hat, sich regelmäßig weiterbildet und seine Arbeit reflektiert.

Der Preis für ein Coaching wird durch das Prinzip von Zielgruppe, Angebot und Nachfrage bestimmt. Preise für Coachings variieren stark, je nach Anbieter – mir sind Stundenpreise von 60 über 250 bis hin zu 700 Euro bekannt. Ein Coach, der mit Führungskräften arbeitet und nur wenige Termine pro Jahr vergeben kann, wird in der Regel höhere Stundensätze verlangen als ein Coach, der mit Wiedereinsteigern arbeitet. Also auch hier: Für jeden Topf findet sich ein Deckel. Wobei billig nicht immer schlechter sein muss – und umgekehrt. Ich denke aber, dass ein erfolgreicher Coach sich des Wertes seiner Arbeit bewusst ist und sich nicht unter Wert verkaufen wird. Sie als Coaching-Kundin sollten sich darüber klar werden, ob ein teures, aber erfolgreiches Coaching eine lohnende Investition in Ihre (berufliche) Zukunft sein könnte.

Fazit: Je transparenter ein Coaching-Anbieter seine Qualifikation, Ausbildung und auch Grenzen darlegt, umso besser. Der entscheidende Punkt bei der Auswahl eines Coachs bleibt, bei allen Versuchen, »objektive« Kriterien zu erfassen, das eigene Bauchgefühl. Vertrauen Sie einem Coach, der Ihnen offen Auskunft gibt, der Ihre Fragen und Zweifel ernst nimmt, Sie nicht zum Vertragsabschluss drängt und dessen Geschäftspraktiken Sie nachvollziehen können. Dieser Coach kann Sie dann mit seiner Persönlichkeit, kombiniert mit Methoden und Erfahrung, durch einen erfolgreichen Coaching-Prozess begleiten.

WER IST   BILEN ASGODOM?

Diesen Beruf/diese Berufe habe ich ausgeübt: Die Aufgabe als Projektmanagerin bei *Asgodom Live* ist meine erste Festanstellung. Vor und während meines Studiums habe ich in einer PR-Agentur gearbeitet sowie ein Praktikum bei einer Zeitung in Spanien gemacht. Und um mir meinen Führerschein zu verdienen, habe ich die Kühlregale eines Supermarkts eingeräumt.

Meine Themen als Trainerin und/oder Coach sind: Als Projektmanagerin Aufbau und Betreuung des Trainerinnen-Pools von Sabine Asgodom, Veranstaltungsorganisation, Seminarkonzeption, Betreuung des Internet- und Markenauftritts

Eine ausschlaggebende Situation/ein wichtiger Faktor in meiner Persönlichkeitsentwicklung war/ist: Mein einjähriger Studienaufenthalt in Barcelona

Das will ich noch lernen: Ich möchte nie aufhören, zu lernen.

In diesen Situationen empfinde ich Glück: Wenn es im Bauch kribbelt. Sei es in der Trambahn, weil ich an den kommenden Tag denke, oder nach einer Party, wenn morgens die Sonne aufgeht und die Vögel anfangen zu zwitschern. Viele kleine (oder größere), oft flüchtige Momente, die mich bewegen.

Ein Mensch ist reich, wenn er zwischen Gemeinschaft und Alleinsein gezielt wählen kann.

Diese Eigenschaften schätze ich bei anderen Menschen am meisten: Ich mag Menschen, die sich selber schätzen. Denn sie geben sich und anderen damit Raum für Entwicklung.

Diese drei Stärken habe ich: Ich kann mich in andere Menschen hineinversetzen, ich versuche, auch einen anderen Blickwinkel einzunehmen. Ich gebe nicht so schnell auf, glaube oft noch an einen guten Ausgang.

Diese Fehler entschuldige ich am ehesten (bei mir und bei anderen): Unpünktlichkeit und Emotionalität. Ob das immer »Fehler« sein müssen, kommt auf die Situation an.

Mein Lieblingsautor/meine Lieblingsautorin: Da Lesen eine meiner Leidenschaften ist, kann ich mich nur schwerlich auf einen Autor beschränken. Meine derzeitigen Lieblingsautoren sind Ian Rankin (Krimis), Clemens Meyer (deutsche Literatur) und Fritz B. Simon (Systemische Organisationsentwicklung). Meine Klassiker: Heinrich Heine, Gustavo Adolfo Bécquer und Friedrich Dürrenmatt (immer wieder, immer gerne).

Mein Buchtipp zum Thema Persönlichkeit: Gerhard Roth: *Persönlichkeit, Entscheidung und Verhalten.* Ein Buch darüber, warum es so schwer ist, sich und andere zu verändern – und wie es doch gelingen kann.

Mein Lebensmotto: »Abseits ist, wenn der Schiedsrichter pfeift.« (Franz Beckenbauer).

DAS BESTE ZUM SCHLUSS

Ich biete Ihnen einen exklusiven Service: Diskutieren Sie mit den Autorinnen von *Generation Erfolg*. Auf der Site meines Internetmagazins »Coaching heute« (www.coaching-heute.de) werden die in diesem Buch mitwirkenden Erfolgscoaches in regelmäßigen Abständen per Internet für Ihre Fragen zur Verfügung stehen. In Live-Chats und Webinars werden die Autorinnen ihre Themen vertiefen – Diskussionen erwünscht.

Themen und Termine können Sie sich per Mail zuschicken lassen, denn die Termine sind exklusiv für die Leserinnen dieses Buches (okay – und ihre Freundinnen). Einfach anmelden bei generation.erfolg@coaching-heute.de.

Wir schicken Ihnen dann die Ankündigung der aktuellen Termine zu.

Sabine Asgodom, CSP, Mitglied der Hall of Fame
der German Speakers Association (GSA)
Asgodom Live
Prinzregentenstr. 85
81675 München
info@asgodom.de
www.asgodom.de
www.coaching-heute.de